国家体育总局体育科学研究所基本科研业务费资助项目（21-27）

国际优秀男子高尔夫球员一号木技术研究

王泽峰　孟一山　牛幼美　兰梦轩　著

人民体育出版社

图书在版编目（CIP）数据

国际优秀男子高尔夫球员一号木技术研究／王泽峰等著. -- 北京：人民体育出版社，2023

ISBN 978-7-5009-6292-2

Ⅰ.①国… Ⅱ.①王… Ⅲ.①男性－高尔夫球运动－研究 Ⅳ.①G849.3

中国国家版本馆 CIP 数据核字（2023）第 055800 号

*

人民体育出版社出版发行
北京中献拓方科技发展有限公司印刷
新 华 书 店 经 销

*

710×1000　16 开本　14.5 印张　300 千字
2023 年 10 月第 1 版　2023 年 10 月第 1 次印刷

*

ISBN 978-7-5009-6292-2
定价：78.00 元

社址：北京市东城区体育馆路 8 号（天坛公园东门）
电话：67151482（发行部）　　邮编：100061
传真：67151483　　　　　　　邮购：67118491
网址：www.psphpress.com

（购买本社图书，如遇有缺损页可与邮购部联系）

前言
FOREWORD

纵观我国竞技高尔夫球运动发展历史，在20世纪80年代，随着我国第一家高尔夫球俱乐部在广东省成立，高尔夫球运动在我国迅速发展。2016年高尔夫球运动重返奥运赛场，我国女子球员冯珊珊获得高尔夫球项目铜牌，这也是我国历史上第一枚高尔夫球项目奥运奖牌。在2020年东京奥运会上，中国台北球员潘政琮获得铜牌。截至2022年11月，我国男子球员世界排名前300名仅4位，分别是袁也淳、李昊桐、吴阿顺、窦泽成，我国男子高尔夫球员的竞技能力仍有很大的发展空间，而优秀的高尔夫挥杆技术是赢得比赛的基础，因此，对高尔夫挥杆技术动作的分析研究是帮助我国球员跻身世界前列的重要途径。

在一场正式的高尔夫球运动比赛中，由于一号木杆杆身最长、杆面倾角最小、开球距离最远，它成为发球台开球的首选。相关研究表明，高质量的一号木杆挥杆技术有着较高的挥杆速度和精准的击球方向，使得高尔夫球沿目标方向飞行较远的距离并伴随一定的倒旋。在全挥杆技术动作中，一号木杆的全挥杆动作较难稳定发挥，球员通过全身肌肉协调爆发性用力，实现更精准、更远距离的开球。当一号木杆击球距离远时，第二杆距离果岭就更近，球员使用更短的杆去攻果岭，标on率也就随之增长，而且会有更大的把握把球送到离球洞更近的位置。在比赛中，我们经常看到世界顶尖优秀球员在五杆洞能够以两杆的杆数将球攻上果岭，为其"抓鹰"或"抓鸟"创造有利条件，增大球员的杆数优势，为在比赛中取得理想成绩创造更多的可能，因此高质量的一号木挥杆技术也是提高球员成绩的关键因素，而我国男子高尔夫球员的开球能力与世界优秀球员相比存在很大的差距，提高一号木挥杆技术应作为我国男子球员的首要任务。本研究拟对我国与欧美男子高尔夫球员的一号木挥杆过程进行三维运动学研究分析，探索我国与欧美男子高尔夫球员的差距，为我国男子高尔夫球员一号木挥杆技术水平的提高做出一定的理论补充。

"人心齐泰山移。"感谢国家体育总局体育科学研究所王泽峰老师团队人员的支持与帮助。感谢积极参与比赛现场三维视频拍摄的团队人员，不辞辛苦，密切配合，高质量地完成实验任务。感谢对视频数据进行解析的团队人员，为得到科学的数据奠定坚实的基础。感谢为本书做出专业而又具有创造力指导专家的意见，为本书的顺利撰写付出了极大的耐心和帮助。在本书的出版过程中，感谢工作人员竭尽全力地让本书顺利完成。最后，我要由衷地感谢我们实验组的成员，你们开拓性的实验研究拓展了我的学术视野，无数次的争论和探讨使我们研究工作有了长足的进展和不错的成果，希望我们一切顺利！

编　者
2023 年 3 月

目 录
CONTENTS

第一章 高尔夫技术概述 ……………………………………………… 001
　第一节　高尔夫发展现状 ……………………………………… 001
　　一、大众高尔夫发展 …………………………………………… 001
　　二、竞技高尔夫发展 …………………………………………… 001
　第二节　高尔夫挥杆技术研究现状 …………………………… 003
　　一、高尔夫挥杆技术研究方法与工具 ………………………… 003
　　二、高尔夫挥杆过程技术动作研究现状 ……………………… 006

第二章 中外优秀男子高尔夫球员一号木技术对比分析 …… 012
　第一节　球员基本信息介绍 …………………………………… 012
　第二节　相关概念界定 ………………………………………… 013
　第三节　击球效果指标对比分析 ……………………………… 015
　第四节　主要关节角度变化趋势及对比分析 ………………… 019
　　一、膝关节角度变化趋势及对比分析 ………………………… 019
　　二、髋转动角度变化趋势及对比分析 ………………………… 049
　　三、肩转动角度变化趋势及对比分析 ………………………… 054
　　四、肩-髋相对角度变化趋势及对比分析 …………………… 058
　第五节　重心位移趋势及对比分析 …………………………… 063
　　一、重心在 x 轴上的位移趋势及对比分析 ………………… 063
　　二、重心在 y 轴上的位移趋势及对比分析 ………………… 070
　　三、重心在 z 轴上的位移趋势及对比分析 ………………… 077

四、重心变化趋势分析 ··· 082

第三章　我国与欧美优秀男子高尔夫球员一号木技术对比分析 ········· 094

第一节　球员基本信息介绍 ··· 094

第二节　相关概念界定 ··· 095

第三节　击球效果指标对比分析 ··· 098

一、我国与欧美国家男子高尔夫球员一号木杆击球距离数据分析 ········· 098

二、我国与欧美国家男子高尔夫球员一号木球速数据分析 ····················· 099

三、我国与欧美国家男子高尔夫球员一号木挥速数据分析 ····················· 100

四、我国与欧美国家男子高尔夫球员一号木击球效率数据分析 ············· 102

五、我国与欧美国家男子高尔夫球员一号木起飞角度数据分析 ············· 104

六、我国与欧美国家男子高尔夫球员一号木挥杆过程时间特征对比分析 ··· 105

第四节　身体主要关节角度变化趋势及对比分析 ··· 109

一、肩关节旋转角度对比分析 ··· 110

二、髋关节旋转角度对比分析 ··· 112

三、肩-髋相对角度对比分析 ··· 115

四、膝关节角度对比分析 ··· 119

第五节　重心移动距离对比分析 ··· 125

一、重心在 x 轴上的移动距离对比分析 ··· 125

二、重心在 y 轴上的移动距离对比分析 ··· 133

三、重心在 z 轴上的移动距离对比分析 ··· 137

第四章　中日韩优秀男子高尔夫球员一号木全挥杆技术运动学分析 ··· 143

第一节　球员信息基本介绍 ··· 143

第二节　相关概念界定 ··· 144

第三节　一号木准备时刻运动学参数分析 ··· 146

一、准备时刻肩转动角度对比分析 ··· 147

二、准备时刻膝关节角度对比分析 ··· 148

第四节　一号木上杆阶段运动学参数分析 ··· 151

一、上杆阶段用时对比分析 ··· 151

二、上杆阶段肩转动角度对比分析 …………………………… 152

三、上杆阶段髋转动角度对比分析 …………………………… 155

四、上杆阶段肩-髋相对转动角度对比分析 ………………… 157

五、上杆阶段左膝关节角度对比分析 ………………………… 159

六、上杆阶段右膝关节角度对比分析 ………………………… 162

七、上杆阶段重心在 x 轴上的移动距离对比分析 …………… 166

八、上杆阶段重心在 y 轴上的移动距离对比分析 …………… 167

九、上杆阶段重心在 z 轴上的移动距离对比分析 …………… 169

第五节 一号木下杆阶段运动学参数分析 ………………………… 171

一、下杆阶段用时对比分析 …………………………………… 171

二、下杆阶段肩转动角度对比分析 …………………………… 173

三、下杆阶段髋转动角度对比分析 …………………………… 175

四、下杆阶段肩-髋相对转动角度对比分析 ………………… 178

五、下杆阶段左膝关节角度对比分析 ………………………… 180

六、下杆阶段右膝关节角度对比分析 ………………………… 183

七、下杆阶段重心在 x 轴上的移动距离对比分析 …………… 186

八、下杆阶段重心在 y 轴上的移动距离对比分析 …………… 187

九、下杆阶段重心在 z 轴上的移动距离对比分析 …………… 189

第六节 一号木击球瞬间运动学参数分析 ………………………… 191

一、击球瞬间肩转动角度对比分析 …………………………… 191

二、击球瞬间髋转动角度对比分析 …………………………… 192

三、击球瞬间肩-髋相对转动角度对比分析 ………………… 193

四、击球瞬间膝关节角度对比分析 …………………………… 194

五、击球瞬间重心在 x 轴、y 轴、z 轴上的移动距离对比分析 ……… 197

第七节 一号木随挥阶段运动学参数分析 ………………………… 199

一、随挥阶段用时对比分析 …………………………………… 199

二、随挥阶段肩转动角度对比分析 …………………………… 200

三、随挥阶段髋转动角度对比分析 …………………………… 201

四、随挥阶段肩-髋相对转动角度对比分析 ………………… 202

五、随挥阶段左膝关节角度对比分析 ……………………………… 203

六、随挥阶段右膝关节角度对比分析 ……………………………… 204

七、随挥阶段重心在 x 轴上的移动距离对比分析 ………………… 206

八、随挥阶段重心在 y 轴上的移动距离对比分析 ………………… 206

九、随挥阶段重心在 z 轴上的移动距离对比分析 ………………… 207

第八节　一号木全挥杆运动学参数分析 …………………………… 208

一、全挥杆用时对比分析 …………………………………………… 208

二、一号木挥速和击球距离对比分析 ……………………………… 209

三、一号木球速对比分析 …………………………………………… 212

四、一号木起飞角度对比分析 ……………………………………… 214

参考文献 ………………………………………………………………… 218

第一章 高尔夫技术概述

第一节 高尔夫发展现状

一、大众高尔夫发展

中国高尔夫球运动自 1984 年开始,逐步发展,至今取得了显著的成就。大众高尔夫球运动蓬勃开展,高尔夫球运动的区域不断扩充。截至 2021 年,全国高尔夫球场共有 496 家,练习场等其他形式的高尔夫球场地设施数以万计,遍布全国各省(自治区、直辖市)。全国高尔夫球人口接近 500 万人,核心人口约 40 万人,覆盖人群范围逐渐从高收入阶层向社会中间阶层延展,青少年人口增长迅速;高尔夫球活动类型丰富多彩,群众的参与热情逐渐升温;差点国际标准建立,体系建设初见成效,全国已有 253 家差点球场为爱好者提供服务。

在国家供给侧改革大背景下,为了解决现有场地供给存在的问题,经过多次研究与探讨,中国高尔夫球协会主席张小宁提出了"大众高尔夫"战略,旨在整合行业内有效资源,培育高尔夫球的增量市场。大众高尔夫的分类可以根据运动场所划分为大众室内高尔夫和大众室外高尔夫。大众室内高尔夫是指以高尔夫模拟器为主要方式,在室内环境完成教学、训练和比赛,面向全体民众经营开放的高尔夫运动方式。大众室外高尔夫是指以练习场和其他非标准 18 洞的球场(如小九洞场地等)为主要场地,在室外环境完成教学、训练和比赛,面向全体民众经营开放的高尔夫运动方式。与传统高尔夫球运动场所相比,室内高尔夫球馆具有建造和维护成本低、占地面积小、可灵活与其他业态结合等优势。随着我国中产阶级人群的增长,大众室内高尔夫有望成为推动我国高尔夫运动的新力量。

二、竞技高尔夫发展

随着我国高尔夫运动的快速崛起,高尔夫消费人群逐渐增多,一些国际赛事入驻中国，优秀职业高尔夫球员涌现，我国高尔夫球运动逐渐走向职业化、商业化和个体化的发展道路。但是，我国高尔夫球运动在职业化过程中缺乏整体产业导向和政策支持，未能给职业化发展创造一个良好的外部环境[1]。社会化程度是职业化发展的基础，美国高尔夫运动参与率达到10%，同处亚洲的日本和韩国的高尔夫参与比例分别为12.5%和3.3%，而中国的参与比例还不到0.1%。傅亮认为，职业和业余是相对应的，在高尔夫领域，主要是职业球员和业余球员的对应，在参加竞技运动的目的上，业余球员仅仅是为了健身、娱乐、社交等，而职业球员参加竞技运动是他们的工作，他们在为社会提供有观赏价值的高尔夫比赛的同时希望获取高额报酬和奖金[2]。

职业高尔夫赛事的举办不仅提高了高尔夫项目的影响力，更为进一步推动世界高尔夫运动的发展奠定了坚实的基础。吴亚初教授对我国职业赛事的影响因素做了阐述，将高尔夫赛事分为职业运动员、媒体、竞赛管理机构和商业赞助，并对各部分的功能和发展目的做了分析，其中职业运动员以参加职业比赛为谋生手段，目的是为了不断提高自身竞技水平，从而获取高额奖金和出场费[3]。李勇勤指出，由于中国经济的不平衡制约了高尔夫赛事的发展，缺乏舆论关注和企业赞助，我国在赛事运作、承办水准、场地建设与世界有很大差距，高尔夫协会对文化传播有限。并提出建议，应建立符合中国国情的巡回赛体系，利用媒体挖掘文化现象，培养专业赛事运作人才，普及高尔夫运动，发展高尔夫教育[4]。许沛东指出，中国的高尔夫运动发展很快，各类赛事数目在不断增加，但由于经济发展不平衡、赛事的宣传力度不够，缺乏顶尖明星、品牌赛事等一系列问题严重制约了中国高尔夫赛事的发展前景[5]，应以"入奥"为契机，运用传媒宣传手段，扩大高尔夫在民众中的影响力，加大对高尔夫人才培养力度，打造我国优秀球手，重点发挥业余赛事和青少年赛事的作用，打造出享誉世界的中国赛事，而由高尔夫赛事带动相关产业的发展并建立起完善的市场体系将是未来高尔夫发展的核心[6]。高尔夫作为一项体育运动，有其自身特有的文化属性。李洪梅、曹焕男从文化属性对高尔夫职业赛事进行了分析，分别从历史角度、传播角度和利

---

[1] 顾跃，辜德宏，陈志辉. 韩国高尔夫球运动的崛起及对我国的启示 [J]. 草业科学，2019，36（9）：2280-2291.

[2] 傅亮. 我国高尔夫职业化现状、问题及发展对策研究 [D]. 北京：北京体育大学，2007.

[3] 吴亚初. 试论我国高尔夫运动的产业发展特征 [J]. 中国体育科技，2004（3）：42-45.

[4] 李勇勤. 中国高尔夫职业巡回赛动态解析及其可持续发展策略选择研究 [J]. 南京体育学院学报（社会科学版），2009，23（6）：113-116.

[5] 许沛冬，张晓波. 中国高尔夫赛事发展现状及趋势 [J]. 体育文化导刊，2014（7）：79-82.

[6] 刘惠英，胡庆龙. 我国职业高尔夫运动的发展困境及对策思考 [J]. 西安体育学院学报，2008（4）：46-49.

益相关者角度对职业赛事的文化发展做出阐述，指出我国职业赛事文化的大众基础薄弱，受众具有局限性，国内优质赛事资源匮乏，传播媒介缺乏整合[1]。美国高尔基金会（NGF）在 1994 年出版的 *Planning and Conducting Competitive Golf Events* 一书中对举办和管理高尔夫赛事进行了比较详细的阐述，形成了一整套包含赛事申报、日程安排、媒体传播、商业赞助等相对完整的、可行的赛事运营方案，至今仍是高尔夫赛事运营研究分析上具有权威性的专著[2]。

第二节　高尔夫挥杆技术研究现状

一、高尔夫挥杆技术研究方法与工具

随着高尔夫行业的迅速发展，对于高尔夫技术科学化的研究水平也逐步提高，纵观国内外常用到的研究方法与手段主要有雷达捕捉模拟、三维高速录像解析法、肌电测试、测力台实验测试、运动录像解析等，其目的都是为了探寻合理的高尔夫挥杆技术。

目前较多的研究者使用 Track Man 雷达系统对球员的挥杆动作进行分析。雷达系统是通过对高尔夫球飞行路线的捕捉及模拟计算，得出球员相关挥杆击球参数，研究者通过数据对比分析球员动作。

肌电测试适合多种运动项目，薛知奇进行了青少年羽毛球运动中下肢收缩疲劳的研究[3]，李俊延对稳定与非稳定状况下屈伸及平板动作的核心机电特征进行了研究[4]，张志明通过肌电研究运动员在 100m 跑时下肢的肌电活动特征等[5]。肌电图可以将肌肉的活动参与时间、参与强度等特征表现出来[6]。肌电研究同样适用于高尔夫运动，朱瑶佳、霍洪峰通过肌肉的激活模式来对高尔夫挥杆技术进行研究，发现腹外斜肌与竖脊肌在挥杆全过程持续性激活，维持躯干转动的稳定；以右利手球员为例，球员在挥杆过程中，肌肉被激活顺序为从机体右侧肌肉到机体左侧肌肉；各时刻各肌肉被激活程度不同，可以此为依据进行高尔

---

[1] 李洪梅，曹焕男. 我国高尔夫球职业赛事文化发展研究［J］. 文体用品与科技，2019（21）：75-76.
[2] Steven M. Nesbit, Ryan S. McGinnis. Kinetic Constrained Optimization of the Golf Swing Hub Path［J］. Journal of Sports Science and Medicine，2014（13）：859-873.
[3] 薛知奇. 青少年羽毛球运动员下肢肌等速收缩诱发疲劳前后 EMG 信号特征分析［D］. 武汉：武汉体育学院，2020.
[4] 李俊延. 两种核心力量训练动作模式下核心区肌肉表面肌电特征对比研究［D］. 北京：首都体育学院，2020.
[5] 张志明. 大学生高水平男子 100 米运动员全程跑过程中下肢肌电活动特征研究［D］. 长春：吉林大学，2018.
[6] 赵焕彬，李建设. 运动生物力学［M］. 北京：高等教育出版社，2008：3，33.

夫挥杆技术研究[1]。张国杰等人通过肌电实验来研究体能训练项目对高尔夫挥杆的作用大小，发现长时间多数球员与教练存在的一个误区，即球员进行平板支撑练习相比侧拉练习、单腿环绕练习对高尔夫挥杆击球效果不理想[2]。尚明强研究发现，进行肌电实验时，由于高尔夫挥杆动作复杂，测试大肌肉群的同时也不能忽略小肌肉群及各种关节；肌电测试需结合球员挥杆速度、击球距离、击球角度、挥杆轨迹等参数，才能得出更准确的高尔夫挥杆技术参考数据[3]。

测力台试验测试较为常用，多数研究将其与动作解析系统一起使用，较为常见的有红外捕捉与录像解析系统、三维录像解析系统等。朱红将AMTI测力台与预热红外光点运动捕捉系统相结合，通过测试发现，一号木杆水平方向地面反作用力（GRF）小于铁杆，主要因为一号木杆站位时髋与膝的屈角及踝角大于铁杆；一号木杆挥杆时，下肢各关节力矩（除右髋关节外）均与其他球杆存在显著性差异[4]。

三维高速录像解析法在高尔夫技术分析的研究中较少使用，国内相关研究更加匮乏。关于三维录像解析方法使用，国外学者David W等学者使用三维摄像系统进行研究时，在研究对象身上捆绑42个反光标志点，摄像机频率为240Hz[5]。王德志使用黑白高速摄像机，两台相机主光轴夹角约为90°，以及PEAK三维解析系统[6]。朱黎明等使用了两台索尼9500WSP（日本）高速摄像机，研究参数为时间（引杆、挥杆、收杆）、速度（髋、肩、手腕、杆头）、角度（髋旋转角度、肩旋转角度、髋肩分离角度），运动技术解析使用APAS软件（Ariel美国系统），三维解析系统为DLT（美国），将两台相机架在1.5m高等距处，主光轴夹角为90°，相机帧频为100帧/秒，手动调焦[7]。李淑媛等学者进行研究时，使用松下相机进行高速摄像，两台相机距球员5m放置，且架在1.5m

---

[1] 朱瑶佳，霍洪峰．高尔夫不同球杆类型挥杆动作的肌电特征研究［J］．天津体育学院学报，2022（2）：233-237.

[2] 张国杰，王泽峰，韩丽菲，等．高尔夫球员不同体能训练方法肌肉工作特点比较分析［C］//中国体育科学学会．第十一届全国体育科学大会论文摘要汇编，2019：8026-8027.

[3] 尚明强．职业与业余男子高尔夫球手全挥杆表面肌电活动特征的对比分析［D］．天津：天津体育学院，2020.

[4] 朱红．高尔夫不同类型杆全挥杆动作中下肢的生物力学特征分析［D］．长春：东北师范大学，2021.

[5] David W. Meister, Amy L. Ladd, Erin E. Butler, et al. Rogers, Conrad J. Ray, Jessica Rose. Rotational Biomechanics of the Elite Golf Swing: Benchmarks for Amateurs［J］．Journal of Applied Biomechanics, 2011（4）：223-230.

[6] 王德志．我国高尔夫球手挥杆技术运动学特征的研究分析［D］．北京：北京体育大学，2010.

[7] 朱黎明，钟璧蔚，李晓峰，等．优秀高尔夫球手全挥杆技术运动学特征研究［J］．广州体育学院学报，2018（1）：90-93.

高处，主光轴夹角接近90°，相机帧频为200帧/秒[1]。董汉滨使用AMTI测力台结合100Hz红外高速摄像机进行三维拍摄，研究发现，在高尔夫挥杆过程中，新手或者本体感觉较差的球员，在挥杆时足底压力转移更大；X因素（肩与髋之间的夹角）的增加可以有效提高球杆挥速[2]。

Meister D. W.等人通过对20名右利手高尔夫球员（7名高水平和13名中级高尔夫球员）进行三维录像，采样频率为125Hz，三维运动学数据坐标使用Nexus软件导出，并用Matlab处理，使用VICON计算机辅助视频运动分析系统进行，使用6个反光标记（直径14mm），杆头贴有3个反光标记点，杆身贴有3个反光标记点，实验进行6次挥杆动作。与中级球员相比，高水平球员在击球时甜点与杆面中心之间的距离要短，仰角更大，方位角更小[3]。Vanessa MacKinnon等人使用8个高速分辨率相机（240Hz）对5名高尔夫球员进行了6次挥杆记录，在高尔夫球员及其球杆上的56个标记点，将标记轨迹用Eva运动分析系统处理为线性坐标。关节速度不完全符合近端到远端的动力学原理，在上杆阶段和下杆阶段有着不同的挥杆平面和杆头轨迹，髋关节角速度影响球的冲击，在下杆阶段由于向心和离心肌肉力量击打球增加腰椎负荷因素[4]。

Dong Jun Sung等研究发现，球员肩部肌肉群在使用不同高尔夫球杆挥杆时刻的参与度与发力程度不同，是高尔夫挥杆中值得重点关注的肌肉群[5]。NILS F.等研究发现，球员的膝、髋关节在挥杆过程中的表现对一号木杆的挥杆性能影响显著[6]。Jiann-Jyh Wang等对挥杆过程中的X因子（肩与髋的相对转动角度）进行了研究，发现挥杆击球瞬间X因子越大，则挥杆速度越快，球员应在击球瞬间增大X因子[7]。Steven M.等众多学者在进行高尔夫挥杆技术研究中，对一号木杆多项参数（挥杆速度、球速、起飞角度、击球距离等），以及膝关节角度、髋转动角度、肩转动角度、肩-髋相对角度、重心变化等多个部位变化进行测量，

---

[1] 李淑媛. 高尔夫球手全挥杆技术特征及其相关身体素质特征的研究 [D]. 北京：北京体育大学，2012.
[2] 董汉滨. 两种不同高尔夫挥杆模式的生物力学特征对比研究 [D]. 长春：东北师范大学，2021.
[3] Meister D W, Ladd A L, Butler E E, et al. Rotational biomechanics of the elite golf swing: Benchmarks for amateurs [J]. Journal of applied biomechanics, 2011, 27 (3): 242-251.
[4] Vanessa MacKinnon. Gender Differences in Golf Swing Technique from the Perspective of LPGA Professionals [J]. International Journal of Sport & Society, 2013 (3): 1-11.
[5] Dong Jun Sung, Seung Jun Park, Sojung Kim, et al. Effects of core and non-dominant arm strength training on drive distance in elite golfers [J]. Journal of Sport and Health Science, 2016 (5): 219-225.
[6] Nils F. Betzler, Stuart A. Monk, Eric S. Wallace, et al. Variability in club head presentation characteristics and ball impact loaction for golfers' drives [J]. Journal of Sports Sciences, 2012 (2): 231-236.
[7] Jiann-Jyh Wang, Pei-Feng Yang, Wei-Hua Bo, et al. Determine an effective golf swing by swing speed and impact precision tests [J]. Journal of Sport and Health Science, 2015 (4): 244-249.

并做出相应分析[1]。

以上研究均为在实验室或练习场地进行拍摄研究,研究对象多为业余球员、教练,仅少部分为职业球员。本书研究所使用的视频均来自国际赛事,且为比赛时挥杆,能更真实地反应高尔夫球一号木杆全挥杆应用。同时,所使用的研究视频拍摄频率均为1000Hz,更便于进行细节研究。在本书中,我们计划对一号木杆击球多项参数(挥杆速度、球速、起飞角度、击球距离等)、膝关节角度、髋转动角度、肩转动角度、肩-髋相对角度及重心变化等多个部位进行测量与研究。

二、高尔夫挥杆过程技术动作研究现状

高尔夫球运动作为竞技运动项目,最核心的部分为挥杆技术动作,高尔夫挥杆技术动作研究是提高高尔夫球员竞赛成绩最重要的环节。高尔夫挥杆动作是由沿着人体纵轴所做的整体回旋和局部肢体的挥摆鞭打动作构成的,高质量的挥杆技术要有较高的挥杆速度和精准方向的击球,可使高尔夫球沿着目标方向线飞行较远的距离[2]。国外关于高尔夫运动一号木杆的研究主要通过运动学、动力学、生物学、医学等研究方法,对高尔夫挥杆过程中骨盆和躯干旋转的稳定性及特点、挥杆过程中重心的转移及地面反作用力峰值特征、挥杆过程中主要参与肌肉及肌肉收缩顺序、高尔夫常见运动损伤与不当挥杆技术的关系等方面的研究[3]。国内关于高尔夫球运动一号木杆的研究主要包括挥杆动作研究、挥杆速度研究、挥杆节奏研究、肩髋关节研究、上下杆足底压力研究及击球位置研究等。

Cole M. H. 等人分析研究了X因素与一号木杆发球期间表现之间的关系,7名差点在0~10杆的高尔夫球员组成了低差点组,而高差点组由8名差点在11~20杆的高尔夫球员组成。高尔夫球员进行了20次挥杆,并使用三维运动学数据量化臀部和肩部旋转,以及随后的X因子。与低差点组相比,高差点组高尔夫球手在后挥杆顶部的臀部旋转往往更大,并且最大X因子值降低。下杆期间增加臀部与肩部的差异角度(X因素)可以更好地利用拉伸-缩短周期,提高高尔夫成绩[4]。

---

[1] Steven M. Nesbit, Ryan S. McGinnis. Kinetic Constrained Optimization of the Golf Swing Hub Path [J]. Journal of Sports Science and Medicine, 2014 (13): 859-873.

[2] 毕志远,王泽峰,何文捷,等. 国家女子高尔夫球队选手全挥杆技术生物力学分析 [J]. 中国体育科技,2021,57 (11): 20-29.

[3] Vanessa Mac Kin non. Gender Differences in Golf Swing Technique from the Perspective of LPGA Professionals [J]. International Journal of Sport & Society, 2013 (3): 1-11.

[4] Cole M H, Grimshaw P N. The X-factor and its relationship to golfing performance [J]. Journal of Quantitative Analysis in Sports, 2009, 5 (1).

BALL K. A. 等人将聚类分析应用于击球方向的压力中心，确定高尔夫挥杆中是否存在不同的重量转移方式，通过对 62 名专业级别和高差点级别高尔夫球员在两个测力板上的模拟挥杆测试，将高尔夫球击入网中，在从 200Hz 视频 8 次挥杆中量化了相对于脚的压力位置。准备阶段脚的压力位置均匀地分布在双脚之间，在后挥时移动到后脚，然后在早期下摆时向前移动。除了早期的下摆之外，专业组击球前到击球后随挥继续将脚的压力位置移动到前脚，而高差点组击球后将脚的压力位置向后脚移动[1]。

　　Beak S. H. 等人分析了职业高尔夫球员在下杆阶段，上躯干和骨盆之间 3 轴方向上的平移运动之间的相关性。他们通过对 14 名男子职业高尔夫球员的研究，放置 6 个 120Hz 摄像机，并采用 SB-Clinc 软件收集 9 个光学标记轨迹。骨盆和上躯干是启动高尔夫下杆运动的重要部分，当机体向球方向移动击球时，可以提高挥杆速度，因此会发生显著的重心转移现象；骨盆引导上躯干旋转增加角速度，以适当的幅度和顺序移动，从而最大限度地提高杆头速度，这种顺序运动可作为优化杆头速度的机制[2]。

　　KWON Y. H. 等人通过比较低水平和高水平的高尔夫球员来研究下杆运动。他们发现，低水平高尔夫球员在下摆位置顶部所表现出的杆头位置存在显著差异，而高水平的高尔夫球员在下摆前杆头的位置变化较小[3]。降低杆头下摆位置顶部的可变性可能是高尔夫球员提高竞技成绩的重要因素[4]。高水平高尔夫球员的下杆动作往往较顺畅，高尔夫球杆恰击中球的甜点（甜点是球面前缘上方约两个凹槽的微小点）[5]。从机械上讲，甜点撞击是杆头质量中心和高尔夫球之间的碰撞力[6]。在冲击球期间，球会发生扭曲变形运动[7]。据观察，在下杆过

---

[1] Ball K A, Best R J. Different centre of pressure patterns within the golf stroke I: Cluster analysis [J]. Journal of sports sciences, 2007, 25 (7): 757-770.

[2] Beak S H, Choi A, Choi S W, et al. Upper torso and pelvis linear velocity during the downswing of elite golfers [J]. Biomedical engineering online, 2013, 12 (1): 1-12.

[3] Kwon Y H, Han K H, Como C, et al. Validity of the X-factor computation methods and relationship between the X-factor parameters and club head velocity in skilled golfer [J]. Sports Biomechanics, 2013, 12 (3): 231-246.

[4] Nils F. Betzler, Stuart A. Monk, Eric S. Wallace, et al. Variability in club head presentation characteristics and ball impact loaction for golfers' drives [J]. Journal of Sports Sciences, 2012 (2): 231-236.

[5] David W. Meister, Amy L. Ladd, Erin E. Butler, et al. Rotational Biomechanics of the Elite Golf Swing: Benchmarks for Amateurs [J]. Journal of Applied Biomechanics, 2011 (4): 223-230.

[6] Villene Alderslade, Lynette C. Crous, Quinette A. LOUN. Correlation between Passive and Dynamic Range of Rotation in Lead and Trail Hips During a Golf Swing [J]. South African Journal for Research in Sport, Physical Education and Recreation, 2015, 37 (3): 15-28.

[7] David M Lindsay, Theo H Versteegh, Anthony A Vandervoort. Injury Prevention: Avoiding One of Golf's More Painful Hazards [J]. International Journal of Sports Science & Coaching, 2009, 20 (1): 129-148.

程中，任何轻微的身体摇摆都会错过甜点命中。因此，下杆阶段理想的杆头撞击球方向可能是低水平高尔夫球员提高竞技成绩的重要因素。

David F. 分析了10名高水平高尔夫球员的挥杆动作，将他们的挥杆平面拟合为几何平面，发现所有高尔夫球员在下杆时挥杆平面的角度均会发生改变，但变化程度因人而异[1]。Hume，P. A. 等人通过三维运动学分析，研究了挥杆平面倾斜度和挥杆平面方向，他们发现，挥杆平面有很大的变化，左臂和肩部在整个下杆过程中没有在一个一致的平面上移动[2]。Jiann-Jyh Wang 等人提出高尔夫挥杆动力学连接原理，最远端关节的速度需要从较大的近端关节到远端关节连续激活[3]。MEISTER D. W. 等人认为臀部在向下摆动时带动肩膀运动，增加了它们之间的分离角，并产生了所谓的X因子拉伸，该假设得到了运动学证据的支持。在解剖学上，X因子与左肩的肌肉预拉伸程度和躯干旋转程度有关，在杆头加速阶段其促进更强的肌肉收缩[4]。

李淑媛通过研究全挥杆技术动作运动学特征得出下杆阶段用时长短是影响最大杆头线速度的重要因素之一，从动力学特征得出上杆阶段后足施力增大，高水平球员下杆阶段前足施力更大[5]。毕志远等人通过研究国家女子高尔夫球队球员全挥杆技术动作特点得出下杆阶段各环节正确的转动启动顺序对挥杆效果的影响，骨盆、躯干、球杆转动角速度峰值时间顺序应依次进行加速与制动，有利于球员充分发挥肌肉力量和控制击球准确性，准备姿势时髋轴中立位置与肩轴的适度偏移可能与更有效的击球瞄准体系相关，不需要刻意要求运动员肩轴指向要与目标线方向平行，上杆顶点时防止骨盆过度转动和躯干过度伸展，击球时刻较大的躯干侧弯角可以形成挤压式击球，但过度的侧弯角会使腰椎承受过大的压力[6]。

徐华雨通过三维高速录像法得出国内外优秀男子球员上下杆用时比值约为3∶1，且挥速、球速、击球距离三者之间具有显著相关性，球员准备时刻与击球时刻重心左右位移变化最大，上下位移变化最小，击球时刻左膝关节角度与最大

---

[1] David F. Wright. Weight Transfer, Golf Swing Theory and Coaching [J]. ARGC, 2008 (1): 69-70.

[2] Hume, P. A., Keogh, J., Reid, D. The Role of Biomechanics in Maximising Distance and Accuracy of Golf Shots [J]. Sports Med, 2005, 35 (5): 429-449.

[3] Jiann-Jyh Wang, Pei-Feng Yang, Wei-Hua Bo, et al. Determine an effective golf swing by swing speed and impact precision tests [J]. Journal of Sport and Health Science, 2015 (4): 244-249.

[4] Meister D W, Ladd A L, Butler E E, et al. Rotational biomechanics of the elite golf swing: Benchmarks for amateurs [J]. J Appl Biomech, 2011, 27 (3): 242-251.

[5] 李淑媛，罗冬梅，周兴龙. 高尔夫球员全挥一号木杆技术动作运动学分析 [J]. 北京体育大学学报. 2013 (6): 131-135.

[6] 毕志远，王泽峰，何文捷，等. 国家女子高尔夫球队选手全挥杆技术生物力学分析 [J]. 中国体育科技，2021，57 (11): 20-29.

杆头线速度和球速之间具有显著相关性[1]。赵紫龙等人通过实地考察法发现我国男子职业球员在一场完整比赛中可能因一号木技术不自信，而不完全使用一号木开球，并且我国男子职业球员一号木的平均开球距离、上球道率均落后于世界高水平男子球员[2]。徐华雨等人通过二维录像解析法研究得出世界高水平女子职业球员准备姿势时的膝关节角度与踝关节角度具有显著相关性，并且准备姿势时杆颈角度比击球瞬间时杆颈角度小[3]。吴淑元通过三维录像解析法得出中韩女子球员挥速与球速呈显著正相关，准备时刻的肩关节角度与击球效率呈显著负相关，肩-髋相对旋转角度在上杆顶点时刻与开球距离呈显著性正相关[4]。

在高尔夫比赛中，全挥杆技术使用频率高达50%~60%，且推杆以外的木杆、铁木杆、铁杆均涉及全挥杆，因此，高尔夫全挥杆技术是值得研究并掌握的。其中，一号木杆全挥杆技术好坏对球员成绩高低有着重要的影响，其开球距离与球员的杆数呈正相关，在一号木杆击球距离更远的情况下，球员会取得相对较低的球杆数的概率更大，从而会取得较好的成绩[5]。我国学者对高尔夫运动有着多方面的研究，但关于高尔夫球一号木杆的全挥杆技术的研究仍较为匮乏。高尔夫球技术的研究根据球杆类型可分为木杆技术、铁杆技术及推杆技术三大类。

一号木杆在整场比赛中有着很高的使用频率与要求，球员在四杆洞与五杆洞时（整场高尔夫运动基本上由4个三杆洞、4个四杆洞、10个五杆洞构成），都期望使球在第一杆开球后落在距离球洞更近的位置，为下一次击球尽可能提供更有利的条件。在此情形下，一号木杆作为球员的最佳选择，在整场比赛中有着极高的使用频率[6]。李淑媛、罗冬梅、周兴龙发现，一号木杆全挥杆所需要的时间极为短暂，一号木杆从准备时刻到上杆顶点仅需要约1秒钟的时间，下杆所使

---

[1] 徐华雨. 国内外优秀男子高尔夫球员一号木杆挥杆技术运动学分析[D]. 北京：首都体育学院，2021.

[2] 赵紫龙，王泽峰，展更豪. 我国高尔夫球奥运选手与世界优秀选手一号木数据对比分析[J]. 河北体育学院学报，2020，34（6）：85-90.

[3] 徐华雨，王泽峰，朱鹏岳，等. 世界优秀女子高尔夫球员准备姿势对挥杆技术的影响研究[J]. 河北体育学院学报，2020，34（4）：19-23.

[4] 吴淑元. 中、韩优秀女子高尔夫球员一号木全挥杆技术动作比较研究[D]. 北京：首都体育学院，2022.

[5] 吴淑元，展更豪，赵紫龙，等. 髋部旋转对我国优秀女子高尔夫球员一号木开球距离的影响[C]//中国体育科学学会运动生物力学分会. 第二十二届全国运动生物力学学术交流大会论文摘要集，2022：77-78.

[6] 赵紫龙，韩丽菲，崔岩，等. 高尔夫铁杆全挥杆技术生物力学研究[C]//中国体育科学学会运动生物力学分会. 第二十二届全国运动生物力学学术交流大会论文摘要集，2022：655-656.

用的时间更少，仅为上杆时间1/3左右[1]。车旭生、金春光等学者通过使用两台高速摄像机进行定点拍摄发现，职业球员上杆时间平均为1.24s，业余球员为1.13s，业余球员较职业球员用时短，他们对球的控制能力不如职业球员[2]；职业球员上下杆时间比例为79.7∶20.3，业余球员比例为77.8∶22.2，与国外学者对职业球员上下杆时间比例研究结果为80∶20，两者结果极为接近[3]；球员在使用一号木杆上下杆时，要尽量把握好上下杆时间比例，且要使身体重心在X、Y、Z三个方向上合理稳定的运动[4]。朱黎明、钟璧蔚等使用高速摄像机对8名球员定点拍摄研究发现，引杆、挥杆、收杆三者时间比例为4∶1∶2；球员合理挥杆时，从髋部到肩部、腕部，再到球杆杆头，角动量依次传递，转动速度依次叠加，最后一个环节——杆头速度才会变得更快[5]。

木杆是高尔夫球杆中杆身最长的球杆，其杆面角度较小，杆头最大且重量极轻，球员挥杆时挥杆幅度大，杆身折点高，对击球瞬间的精准性控制难度大，击球距离远，方向控制较其他球杆更精准。木杆被公认为高尔夫球杆中最难控制的球杆[6]。朱红通过研究各种挥杆力矩发现，其他球杆的挥杆发力方式不能生搬硬套在一号木杆的挥杆上，有必要对一号木杆挥杆技术进行单独研究[7]。

在铁杆技术研究中，钟璧蔚研究发现，使用铁杆进行挥杆击球时，球员骨盆前冲与后置会对击球瞬间球杆杆身回弹产生直接的影响。当骨盆前冲时，球员身体在击球瞬间会处于大幅打开状态，容易使球杆杆头打到球上部，从而"打薄"。如果骨盆处于后置状态，击球瞬间球杆杆面角度将变大，击球距离缩短[8]。张方同、周兴龙等研究发现职业球员与业余球员使用铁杆挥杆击球时，在

---

[1] 李淑媛，罗冬梅，周兴龙. 高尔夫球员全挥一号木杆技术动作运动学分析 [J]. 北京体育大学学报，2013（6）：131-135.

[2] 车旭升，金春光. 高尔夫木杆挥杆技术动作的运动力学分析 [J]. 河北体育学院学报，2012（4）：41-45.

[3] N. Zheng, S. Barrentine, G. Fleisig, J. Andrews. Swing Kinematics for Male and Female Pro Golfers [J]. Int J Sports Med，2008，29（12）.

[4] 王泽峰，毕志远，展更豪，等. 我国与世界优秀男子职业高尔夫球员一号木挥杆技术的运动学比较研究 [C] //中国体育科学学会运动生物力学分会第二十二届全国运动生物力学学术交流大会论文摘要集，2022：45-47.

[5] 朱黎明，钟璧蔚，李晓峰，余瑛，王立清. 优秀高尔夫球手全挥杆技术运动学特征研究 [J]. 广州体育学院学报，2018（1）：90-93.

[6] Zhang X, Shan G. Where do golf driver swings go wrong? Factors influencing driver swing consistency [J]. Scandinavian Jouranl of Medicine Science in Sports，2014，24（5）：749-757.

[7] 朱红. 高尔夫不同类型杆全挥杆动作中下肢的生物力学特征分析 [D]. 长春：东北师范大学，2021.

[8] 钟璧蔚，朱进虎，张剑，等. 高尔夫铁杆击球时骨盆位置对击球瞬间的影响研究 [J]. 体育世界（学术版），2019（9）：19-21.

击球瞬间左足底压力值差异具有显著性[1]。石晓苏等研究发现良好的铁杆击球效果需要上肢关节具有一定的灵活性及腕部的柔韧性，且在上杆顶点处，右上臂应紧贴右侧躯干，这样有利于支撑双臂，并使用躯干旋转发力；铁杆技术水平较高的球员，身体重心在上下杆阶段移动距离小，挥杆呈现稳定的状态[2]。朱红在研究中发现，铁杆之间的挥杆技术要领相似，铁杆与木杆之间则有着较大的差异，主要表现在下杆阶段与随挥阶段。挥动一号木杆与铁杆相比，球员左膝关节承受的力与力矩大；铁杆与一号木杆之间的右髋关节与左膝关节的转动加速度存在较为显著的差异[3]。

关于推杆的研究主要有挥杆动作、站位宽度、膝关节角度方面的研究。于术君运用 APAS 运动技术解析系统研究发现，球员挥动推杆时，身体下肢的稳定性对挥杆的稳定性有着决定性作用，且球员使用推杆击球时，双膝微屈有利于减小球员重心在前后方向上的晃动，增加挥杆的稳定性，从而提高推杆击球准确性。当球员采取宽站位与微屈膝的姿势时，挥动推杆击球的稳定性与准确性有所提高[4]。孙胜研究发现，球员推杆上杆时要慢，通过慢速上杆来保证上杆过程节奏的连贯性，尽可能地保证完美击球；球员进行推杆挥杆时，都会有意识地使用手腕与手臂推杆挥杆，应改变这种意识，在训练时，结合钟摆动作进行，这对增强球员挥杆节奏与提高推杆成功率有所帮助[5]。

综合相关文献来看，我国高尔夫运动虽起步晚，但发展迅猛，已取得相对不错的成绩，但理论系统与教学体系仍不完善，值得进一步研究。我国球员不断在世界舞台上绽放光彩，但竞技能力同世界优秀水平球员还有着一定的差距，其中较为明显的是一号木杆的击球距离。我国男子优秀球员一号木杆击球距离同国外优秀球员之间有着一定的差距，一号木杆也有着较高的研究价值，且国内有关技术的研究匮乏。关于木杆的挥杆技术研究都是在实验条件下进行的，且实验对象很少有优秀球员，世界优秀球员更是寥寥无几。本书拟对参加"汇丰冠军赛"的国内外优秀男子高尔夫职业球员的一号木杆挥杆全过程进行分析研究，探寻一号木杆挥杆技术的规律特征，发现我国高尔夫男子运动员的优势与不足，为我国高尔夫球员与高尔夫球运动的研究提供参考。

---

[1] 张方同，周兴龙. 对高尔夫挥杆技术动作左足底的力学参数研究[C]//中国体育科学学会运动生物力学分会. 第十五届全国运动生物力学学术交流大会（CABS 2012）论文摘要汇编，2012：1.
[2] 石晓苏. 不同训练水平男子高尔夫专业学生挥杆动作中下肢关节的运动学分析[C]. 中国体育科学学会运动生物力学分会. 第十八届全国运动生物力学学术交流大会（CABS 2016）论文集，2016：1.
[3] 朱红. 高尔夫不同类型杆全挥杆动作中下肢的生物力学特征分析[D]. 长春：东北师范大学，2021.
[4] 于术君. 站位宽度和膝关节弯曲角度对高尔夫长距离推杆影响的研究[D]. 长春：东北师范大学，2018.
[5] 孙胜. 职业高尔夫球运动员推杆技术动作的运动学分析[J]. 中国体育科技，2012，48（1）：86-88.

第二章 中外优秀男子高尔夫球员一号木技术对比分析

第一节 球员基本信息介绍

本书以"汇丰"冠军赛中（世界高尔夫锦标赛之一）国内外优秀男子高尔夫球员一号木杆全挥杆视频为研究对象，分别选取12名国外优秀球员与6名中国优秀球员，共18名球员的一号木杆挥杆视频。详细信息如表2-1所示。

表2-1　18位球员信息

球员	国籍	身高/cm	体重/kg	年龄/岁	转职业时间/年	赛前世界排名
罗里·麦克罗伊	北爱尔兰	178	73	32	2007	2
贾斯汀·罗斯	英国	191	88	41	1998	8
赞德·谢奥菲勒	美国	178	79	28	2015	9
保罗·卡西	英国	178	82	44	2000	12
托尼·弗诺	美国	193	91	32	2007	14
亚当·斯科特	澳大利亚	183	82	41	2000	16
帕特里克·瑞德	美国	183	91	31	2011	17
汤米·弗利特伍德	英国	180	76	30	2010	18
肖恩·劳瑞	爱尔兰	185	98	34	2009	19
松山英树	日本	180	90	29	2013	22
本德维斯·伯格	奥地利	188	—	36	2006	23
路易斯·乌修仁	南非	178	82	39	2002	26
李昊桐	中国	185	75	26	2012	59

续表

球员	国籍	身高/cm	体重/kg	年龄/岁	转职业时间/年	赛前世界排名
张新军	中国	185	75	34	2010	123
白政凯	中国	180	77	—	2019	—
梁文冲	中国	176	72	43	1999	—
吴阿顺	中国	181	80	36	2007	—
袁也淳	中国	177	90	24	2019	—

注：表中球员数据均来自2021年12月PGA、中国巡回赛官方网址。

第二节 相关概念界定

为了使研究更精准，我们对一号木杆全挥杆技术动作划分为6个部分：准备时刻、上杆、上杆顶点时刻、下杆、击球瞬间时刻及随挥。准备时刻为球杆挥动前做瞄准准备的那一帧。上杆（准备时刻到上杆顶点时刻之间）分为上杆前期、上杆中期、上杆后期3个阶段，其中包含上杆7、8、9、10、11、12点钟6个关键时刻。上杆顶点时刻既是球杆上杆最高点，也是下杆前一帧。下杆（上杆顶点到击球瞬间之间）分为下杆前期、下杆中期、下杆后期3个阶段，其中包含下杆12、11、10、9、8、7点钟6个关键时刻。击球瞬间时刻为球杆击球的一帧，位于下杆阶段结束与随挥开始之间。随挥阶段为击球结束后到挥杆动作结束。本书仅选取准备时刻到击球瞬间时刻的挥杆范围进行研究，表2-2和表2-3为详细释义，图2-1和图2-2为详细示意图。

表2-2 上杆动作划分

动作划分名称	释义
上杆7点钟	上杆过程中，球员挥杆到杆身指向时钟7点钟的一帧
上杆8点钟	上杆过程中，球员挥杆到杆身指向时钟8点钟的一帧
上杆9点钟	上杆过程中，球员挥杆到杆身指向时钟9点钟的一帧
上杆10点钟	上杆过程中，球员挥杆到杆身指向时钟10点钟的一帧
上杆11点钟	上杆过程中，球员挥杆到杆身指向时钟11点钟的一帧
上杆12点钟	上杆过程中，球员挥杆到杆身指向时钟12点钟的一帧

表 2-3　下杆动作划分

动作划分名称	释义
下杆 12 点钟	下杆过程中，球员挥杆到杆身指向时钟 12 点钟的一帧
下杆 11 点钟	下杆过程中，球员挥杆到杆身指向时钟 11 点钟的一帧
下杆 10 点钟	下杆过程中，球员挥杆到杆身指向时钟 10 点钟的一帧
下杆 9 点钟	下杆过程中，球员挥杆到杆身指向时钟 9 点钟的一帧
下杆 8 点钟	下杆过程中，球员挥杆到杆身指向时钟 8 点钟的一帧
下杆 7 点钟	下杆过程中，球员挥杆到杆身指向时钟 7 点钟的一帧

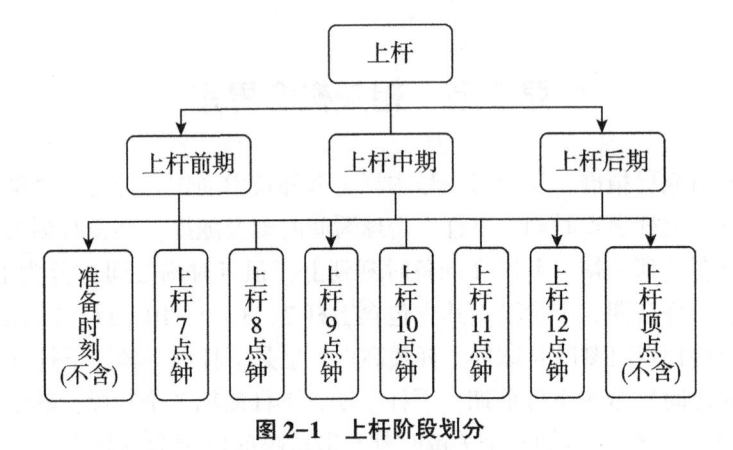

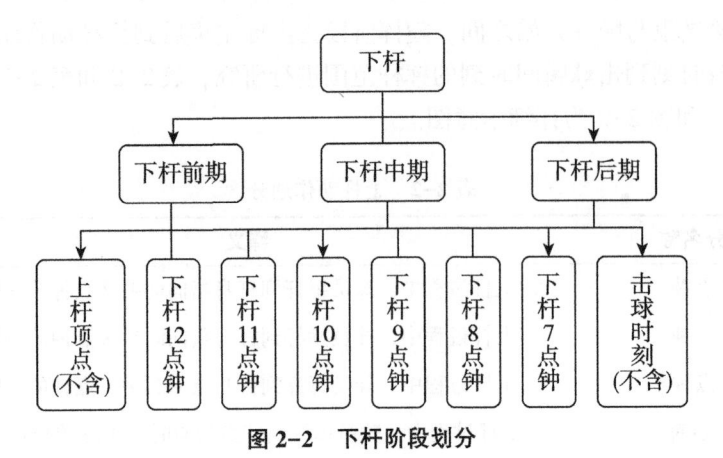

图 2-1　上杆阶段划分

图 2-2　下杆阶段划分

借鉴前人一号木杆运动学研究、结合高尔夫一号木杆挥杆技术要领，本书决定从以下几方面进行运动学分析。一号木杆挥速：一号木杆杆头击球前一帧的速度，根据所用时间通过距离来计算，单位为"英里/时"，英文简写"mph"

（1mph≈1.609km/h）。高尔夫球速：高尔夫球被一号木杆杆头撞击后一帧的速度，根据所用时间通过距离来计算，单位为"英里/时"，英文简写 mph。高尔夫球起飞角度：高尔夫球起飞路径与水平面之间的夹角。一号木杆击球距离：高尔夫球从击球前到落地停点之间的直线距离，单位为"码"，英文简写"Y"（1Y≈0.914m）。重心在 x 轴变化量：动作结束时刻与初始时刻重心在 x 轴的坐标差值，单位为"米"，英文简写"m"。重心在 y 轴变化量：动作结束时刻与初始时刻重心在 y 轴的坐标差值，单位为"米"，英文简写"m"。重心在 z 轴变化量：动作结束时刻与初始时刻重心在 z 轴的坐标差值，单位为"米"，英文简写"m"。肩转动角度：在动作开始时刻与结束时刻，人体左右肩峰连线所形成的夹角，以右利手为例，夹角开口向右侧为负值，反之为正值，正负号仅代表肩转动方向。髋转动角度：在动作开始时刻与结束时刻，人体左右大转子中心点连线所形成的夹角，以右利手为例，夹角开口向右侧为负值，反之为正值，正负号仅代表髋转动方向。肩-髋相对角度：在某一时刻，人体左右肩峰连线与左右大转子中心点连线，垂直于水平面所形成的夹角，以右利手为例，夹角开口向右侧为负值，反之为正值，正负号仅代表肩与髋的空间位置前后。左膝关节角度：球员左膝关节点与左大转子中心点连线，同左膝关节点与左踝关节点连线之间所形成的夹角。右膝关节角度：球员右膝关节点与右大转子中心点连线，同右膝关节点与右踝关节点连线之间所形成的夹角。三维框架坐标定义：x 轴为平行于人体矢状轴，自后向前为 x 轴正方向；y 轴：平行于人体额状轴，自后向前为 y 轴正方向；z 轴：平行于人体垂直轴，自后向前为 z 轴正方向。运用 Excel 软件将 Simi Motion 三维运动解析软件导出的原始数据进行计算，得出参数的变化。由于重心数值在保留一到两位小数的情况下，较难观察出差异，所以本文重心相关数据保留到小数点后三位。此外，其他相关数据均保留一位小数，以便于研究。

第三节　击球效果指标对比分析

在高尔夫运动中，球员使用一号木杆挥杆击球时，挥速、球速、起飞角度、击球距离是 4 个重要的评判指标。

在表 2-4、图 2-3 中可以看出，一号木杆全挥杆挥速大小与球速大小呈极显著性正相关（$P<0.01$），与高尔夫球起飞角度大小呈显著性负相关（$P<0.05$），与高尔夫球击球距离呈极显著性正相关（P 值<0.01）。这表明在一定范围内且同等条件下，当高尔夫球一号木杆挥速越大时，高尔夫球球速越大、起飞角度则越小，高尔夫球击球距离越远。因此，一号木杆挥速也常常被作为测量与评定一号木杆击球的重要数据之一。有许多高尔夫爱好者在练球时，一味地追求较远的

击球距离，他们往往忽略了取得较远击球距离的方法与途径。这些球员通常知晓一号木杆挥速的存在，但对提高一号木杆的挥速并不重视，在练习时，没有思考如何去提高一号木杆挥速，常常劳而少功，收效甚微。

表 2-4 中外球员挥速、球速、起飞角度、击球距离相关性（$\bar{x}\pm SD$）

统计项目	挥速/mph	球速/mph	起飞角度/°	击球距离/Y
球员参数	118.53±4.90	175.54±4.84	10.3±2.2	300.2±14.2
相关性	a+、b-、c+	a+、d-、e+	b-、d-、f-	c+、e+、f-

注："a""c""e""f"表示 $P<0.01$，两者具有极显著相关性；"b"表示 $P<0.05$，两者具有显著相关性；"+"表示正相关，"-"表示负相关。

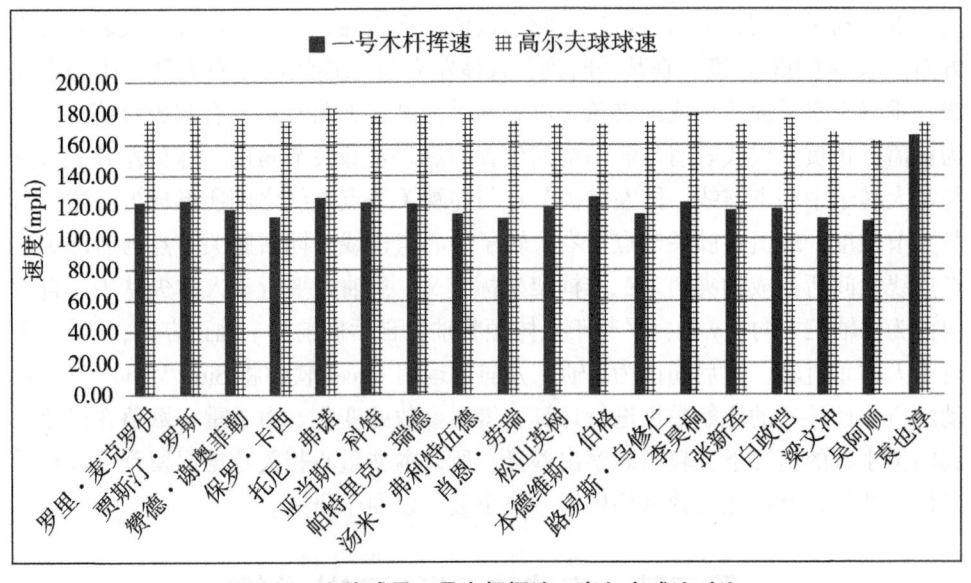

图 2-3 中外球员一号木杆挥速、高尔夫球速对比

由表 2-4 和图 2-4 可知，高尔夫球速大小与其起飞角度大小呈极显著负相关关系，与击球距离呈极显著正相关关系。这说明在一定范围内且同等条件下，当高尔夫球速越快，高尔夫球起飞角度越小，击球距离越远。

高尔夫球起飞角度与一号木杆击球距离呈极显著负相关关系（$P<0.01$），说明在一定范围内且同等条件下，当一号木杆击球距离越远，所表现出的高尔夫球起飞角度越小，反之，一号木杆击球距离越近，所表现出的高尔夫球起飞角度越大。一号木杆的杆面角度（球杆垂直于地面时，球杆击球面与垂直线之间的夹角）与高尔夫球的起飞角度有着密不可分的关系，现在市面上常见的一号木杆杆

面角度为9°~10.5°，因此有着较远击球距离的球员较多使用杆面角度较小的球杆，更有甚者，包括部分职业球员，他们会通过调整球杆杆身与杆头之间的连接方式，将一号木杆杆面角度变得更小，这样击球距离会更远，为取得好成绩做铺垫。

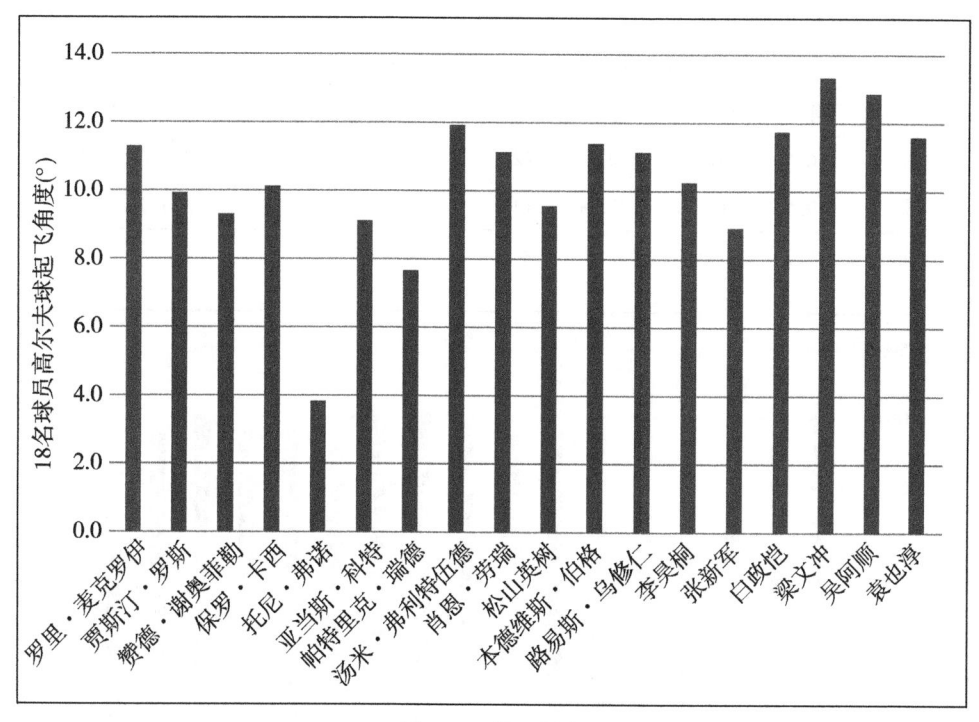

图 2-4 起飞角度

球员想要尽可能地为后续击球取得有利条件并发挥一号木杆优势时，则应在相同条件下，尽量获得更远的击球距离。由一号木杆击球参数之间的相关关系可知，球员应以提高一号木杆挥速为主要目标，在一号木杆挥速达到一定数值后，高尔夫球球速、起飞角度、击球距离都会出现有利的结果。球员应结合自己挥杆技术特点及教学系统，针对性地提升挥速，从而提高比赛成绩。

由表2-5可以看出，中外优秀男子高尔夫球员在挥速、球速、起飞角度3个运动参数中并未呈现出显著的差异性。从数据中可以看出，国内优秀男子高尔夫球员的挥速、球速水平均低于国外优秀男子高尔夫球员，国内高尔夫球起飞角度大于国外优秀男子高尔夫球员的平均水平。如表2-5和图2-5所示，我国球员的击球距离为（291.0±10.2）Y，国外优秀高尔夫球员击球距离为（304.7±14.0）Y，中外优秀男子高尔夫球员的击球距离呈现显著性差异，我国优秀男子球员的击球距离显著小于国外优秀男子球员，因此我国球员的第二杆及后面的挥杆击球压力比国外优秀球员要大，他们需要用角度更小、杆身更长的球杆，在距离果岭更远的地方，让球尽可能地到达洞口边，显然比国外优秀男子球员用大角度、短杆身，在距离果岭相对更近的情况下击球更难控制精准性。球离洞口越远，控制难度越大，失误的可能性越大，不利于取得好的竞赛成绩。

表 2-5 中外球员挥速、球速、起飞角度及击球距离差异性（x̄±SD）

球员国籍	挥速/mph	球速/mph	起飞角度/°	击球距离/Y
中国	116.50±4.36	172.49±6.42	11.5±1.6	291.0±10.2[a]
外国	119.55±5.01	177.06±3.14	9.7±2.2	304.7±14.0[a]

注："a"表示 $P<0.05$，两者差异性显著。

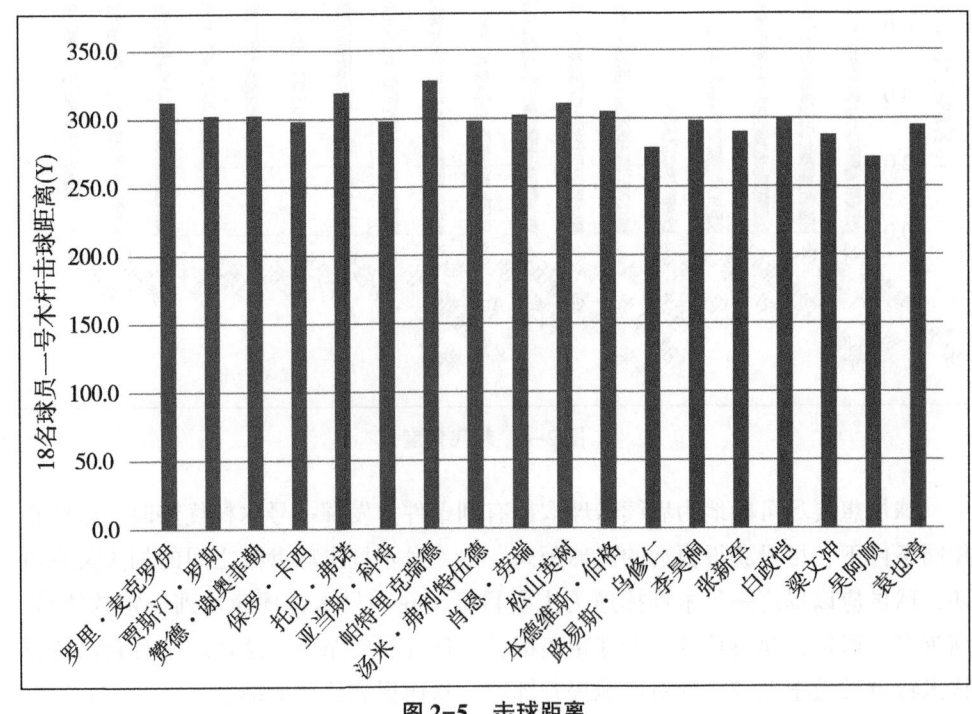

图 2-5 击球距离

综上所述，挥速直接决定着球速和起飞角度，进而决定着击球距离。因此，提升高尔夫球员一号木杆全挥杆的挥速是技术训练中的核心。虽然我国优秀男子高尔夫球员的平均挥速、平均球速等越来越接近国外优秀男子高尔夫球员的平均水平，但仍有一定的差距。我国优秀球员李昊桐在男子高尔夫世界排名中的最佳报名为 32 名，极其接近世界第一的水平。此次实验中，他与挥速最快的球员相差 3.19mph，与球速最快的球员相差 2.77mph，击球距离比击球最远的球员还要远 34.5Y，这表明我国的球员是可以达到甚至超越目前世界最高水平的。与李昊桐在同一时期，最佳男子高尔夫世界排名为 120 名的球员吴阿顺，同为国内优秀球员中的佼佼者，但在此次实验中，其与挥速最快的球员相差 15.79mph，与球速最快的球员相差 20.45mph，击球距离与击球最远的球员相差超过 54Y，尚存在较大的差距。由此看出，我国优秀男子高尔夫球员之间的技术水平相差比较大，与世界优秀男子高尔夫球员也有着巨大的差距，故如何提高我国优秀男子高尔夫球员的挥杆核心要素——挥速、球速、击球距离，意义重大。

第四节　主要关节角度变化趋势及对比分析

高尔夫全挥杆动作的动力链是自下而上传递的，球员各关键时刻的膝关节角度、髋转动角度、肩转动角度，以及各阶段相关的变化量、变化趋势及变化时刻极为重要。本次研究主要针对球员挥杆中膝关节角度、髋转动角度、肩转动角度、肩-髋相对角度及其变化进行分析与研究，寻找共性规律，发现国内外球员之间的差异，分析我国球员的技术优势及不足，为提高球员挥杆技术提供重要的参考。

一、膝关节角度变化趋势及对比分析

在各种运动项目中，运动员下肢的动作变化与力量大小对运动结果有着重要的意义，而膝关节角度是其中的一项重要指标。球员挥动一号木杆击球时，其各时刻膝关节角度及整体变化趋势对挥杆时身体重心、挥杆平面、挥杆轨迹、挥杆节奏等有着重要的影响，以至于影响到击球距离。若膝关节不灵活，则不利于球员取得较好的成绩。

本研究中，我们先对球员的左右膝关节角度分别进行分析，再对国内外球员膝关节角度进行对比。

（一）左膝关节角度对击球的影响

1. 中外优秀球员左膝关节角度变化分析

由图 2-6 可以看出，球员在准备时刻的左膝关节角度为 155.6°±6.6°，球员准备时刻的左膝关节角度各不相同，最小与最大相差 23.8°。准备时刻球员左膝关节角度集中分布在 4 个区域，罗里·麦克罗伊单独处于一个区域，且位于最大值处。

使用高尔夫一号木杆挥杆击球时，在上杆过程中，优秀的高尔夫球员左膝关节处于一直减小状态，在上杆顶点时达到最小值。从上杆顶点到击球瞬间，左膝关节角度越来越大。

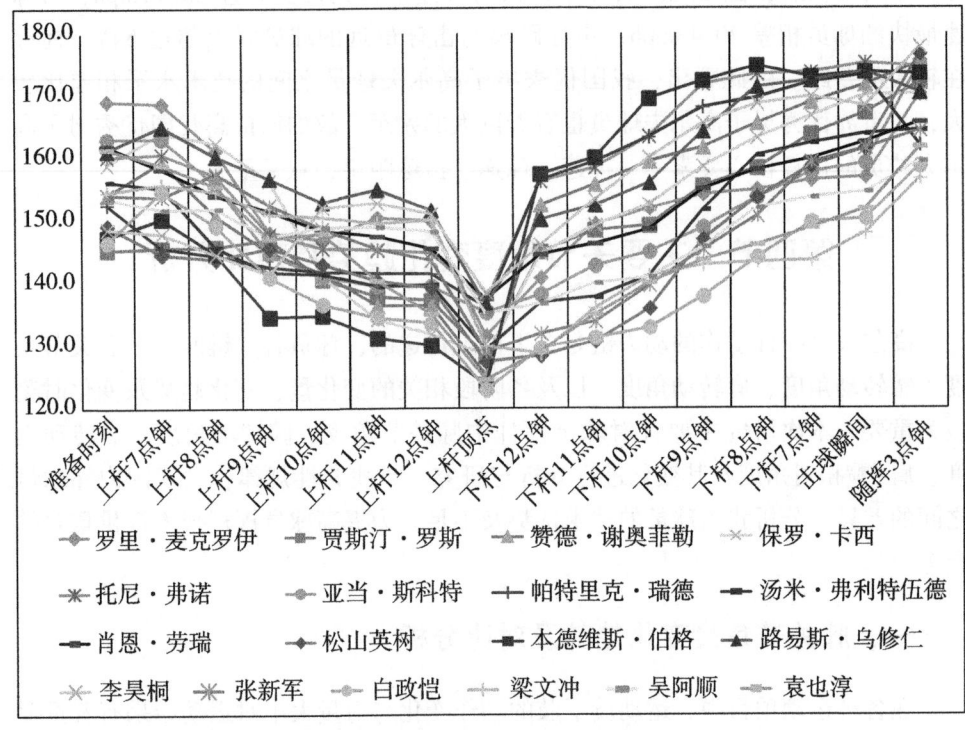

图 2-6　全挥杆过程各关键时刻左膝关节角度变化趋势

（1）上杆前阶段球员左膝关节角度变化

由图 2-6 和图 2-7 可知，球员在从准备时刻到上杆 7 点钟，左膝关节角度变化不一致，有 9 名球员呈增大趋势，其余 9 名球员呈减小趋势。在上杆 7 点钟到上杆 8 点钟，球员左膝关节角度也是增减不一的，但相对于准备时刻到上杆 7 点钟，球员左膝关节角度的变化趋于减小者增多，仅有 3 名球员左膝关节角度仍处于增加趋势。在 3 名球员中，仅有 1 名球员左膝关节角度在准备时刻，到上杆 7 点钟，以及上杆 7 点钟到上杆 8 点钟两个上杆阶段持续增大，而其余 2 名球员左膝关节角度在第一阶段减小，第二阶段增加，出现了反向运动趋势。在第一阶段呈增加趋势的 9 名球员中，有 8 名球员左膝关节角度在第二阶段减小，出现了反向运动趋势。

在上杆 8 点钟到上杆 9 点钟，18 名国内外球员中有 2 名球员左膝关节角度增加,其中 1 名球员在前两个阶段均增加,而另一名球员则在前两个阶段减小,第三阶段才增加。此外,其余 16 名球员左膝关节角度在该阶段均减小,其中 2 名球员的左膝关节角度在第一阶段减小,第二阶段增加,第三阶段减小。

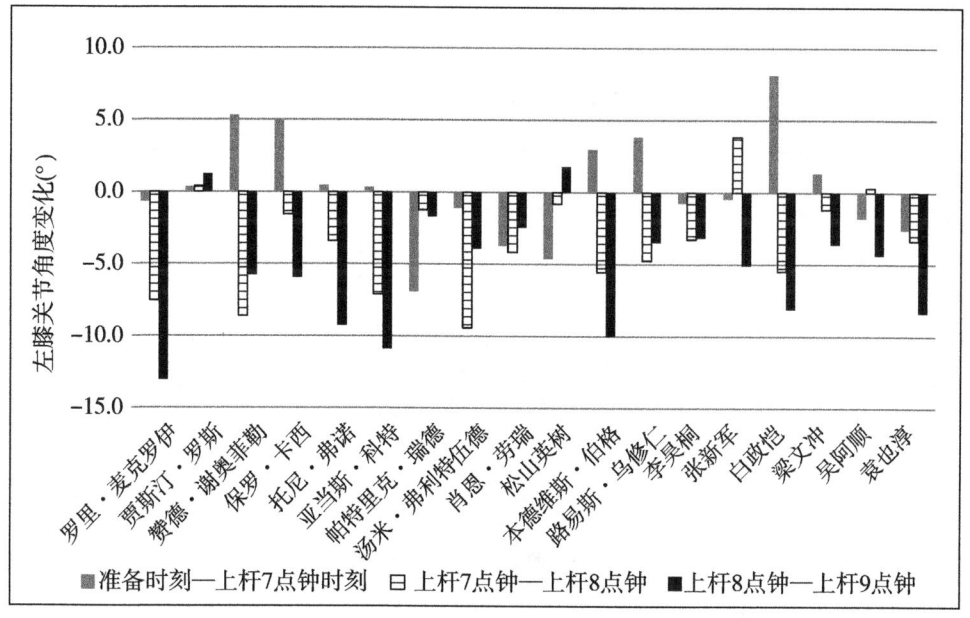

图 2-7 上杆前阶段球员左膝关节角度增减对比

(2) 上杆中阶段球员左膝关节角度变化

由图 2-8 可知,在上杆 9 点钟到上杆 10 点钟,有 4 名球员左膝关节角度呈增大趋势,有 2 名球员前三个阶段左膝关节角度均减小趋势,另有 2 名球员,一名球员左膝关节角度在第一阶段呈增大趋势,第二和第三阶段呈减小趋势,另一名球员左膝关节角度在第一阶段呈减小趋势,第二阶段呈增加趋势,第三阶段呈减小趋势,而在第四阶段又呈增加趋势,技术动作较为复杂。在其他 14 名球员中,有 2 名球员较为特殊,一名球员左膝关节角度在前三个阶段都呈增大趋势,在第四阶段转为减小趋势;另一名球员左膝关节角度在第一和第二阶段呈减小趋势,第三阶段呈增加趋势,在第四阶段又变为减小趋势。

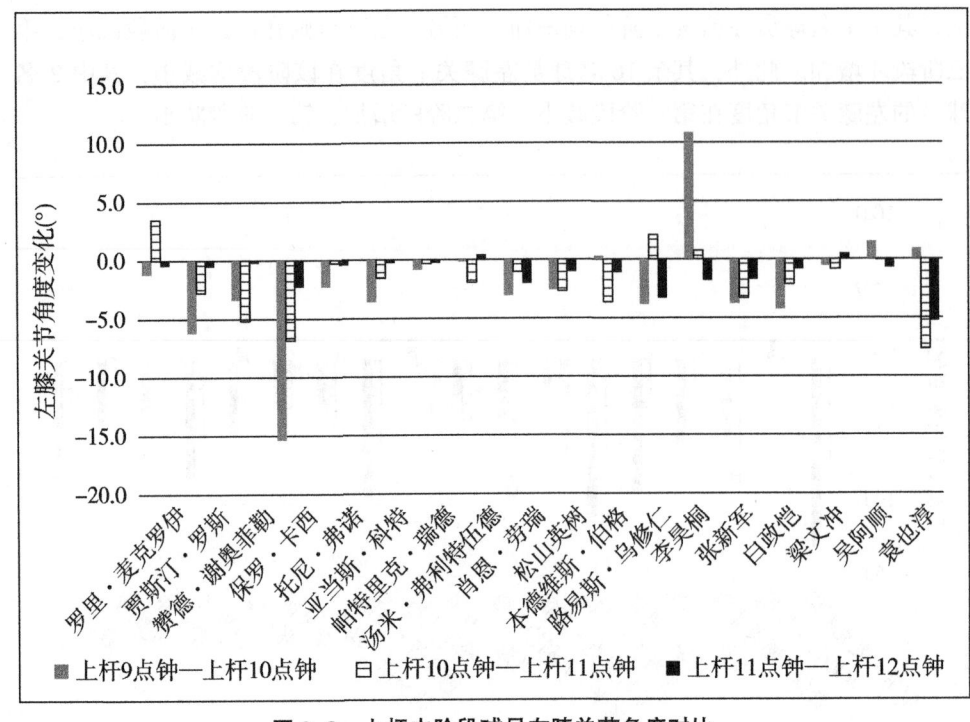

图 2-8 上杆中阶段球员左膝关节角度对比

从上杆 10 点钟到上杆 11 点钟，有 3 名球员左膝关节角度呈增加趋势，1 名球员没有变化，14 名球员左膝关节角度呈减小趋势。在 3 名左膝关节角度增加的球员中，第 1 名球员左膝关节角度在前四个上杆阶段持续减小；第 2 名球员左膝关节角度在前三个上杆阶段持续减小，在第四阶段与第五阶段呈增加趋势；第 3 名球员左膝关节角度在上杆第一阶段呈增加趋势，在第二阶段到第四阶段均呈减小趋势，在第五阶段呈增加趋势。在从上杆 10 点钟到上杆 11 点钟的上杆第五阶段，有 1 名球员左膝关节角度并未增加或减小，其在上杆第一阶段呈减小趋势，在上杆第二阶段呈增加趋势，在上杆第三阶段呈减小趋势，在上杆第四阶段左膝关节角度呈增加趋势，但在第 5 阶段未产生变化。由此可见，该球员左膝关节角度技术动作在一号木杆前五个上杆阶段较为复杂，相对其他球员较难掌握。在 14 名左膝关节角度减小的球员中，有 2 名球员左膝关节角度在上杆第四阶段呈增加趋势，第 1 名球员左膝关节角度在上杆第一阶段呈增加趋势，第二、三阶段呈减小趋势，在第四阶段呈增加趋势，在第五阶段再次呈减小趋势，球员左膝关节角度变化较为复杂；另一名球员左膝关节在上杆前三个阶段持续减小，在上杆第四阶段增加，但在上杆第五阶段时，左膝关节角度再次减小。

从上杆 11 点钟到上杆 12 点钟，有 2 名球员左膝关节角度呈增加趋势，其余

16 名球员呈减小趋势。在 2 名球员中，第 1 名球员左膝关节角度在从准备时刻到上杆 11 点钟的前五个上杆阶段中，均呈减小趋势，在上杆 11 点钟到上杆 12 点钟的上杆第六阶段中呈增加趋势，在挥杆前六个阶段，球员左膝角度变化趋势相对稳定；第 2 名球员左膝关节角度在上杆第一阶段呈增加趋势，从上杆 7 点钟到上杆 11 点钟的四个上杆阶段持续减小，随后在上杆 11 点钟到上杆 12 点钟再次呈增加趋势，球员左膝关节角度变化趋势在前六个阶段相对稳定。在 16 名左膝关节角度减小的球员中，4 名球员左膝关节角度在前一个上杆阶段（从上杆 10 点钟到上杆 11 点钟）左膝关节角度呈增加趋势，第 1 名球员左膝关节角度从准备时刻到上杆 10 点钟的前四个阶段，左膝关节角度一直呈减小趋势，在上杆第五阶段（从上杆 10 点钟到上杆 11 点钟），左膝关节角度呈增加趋势，在上杆第六阶段（从上杆 11 点钟到上杆 12 点钟）再次呈减小趋势；第 2 名球员左膝关节角度在上杆前三个阶段（从准备时刻到上杆 9 点钟）呈减小趋势，在上杆第四、第五阶段（从上杆 9 点钟到上杆 11 点钟）左膝关节呈增加趋势，在上杆第六阶段（从上杆 11 点钟到上杆 12 点钟），球员左膝关节角度再次呈减小趋势，在上杆前六个阶段，该球员左膝关节角度增减趋势与第 1 名球员较为相似，但相对于第 1 名球员，该球员左膝关节角度提前一个阶段由减小转为增加，两者左膝关节角度在上杆前六个阶段中增减趋势相对稳定；第 3 名球员左膝关节角度在上杆第一阶段呈增加趋势，在上杆第二到第四阶段中呈减小趋势，在上杆第五阶段再次呈增加趋势，紧接着在上杆第六阶段呈减小趋势；第 4 名球员左膝关节角度在上杆第一阶段呈减小趋势，在上杆第二阶段呈增加趋势，在第三阶段呈减小趋势，紧接着在第四阶段呈增加趋势，在上杆第五阶段没有增减，随后在上杆第六阶段呈减小趋势，在上杆前六个阶段，球员的左膝关节角度增减趋势变化频繁，技术动作较为复杂。在 16 名左膝关节角度呈减小趋势的球员中，有 2 名球员的左膝关节角度在从准备时刻到上杆 12 点钟的六个上杆阶段均呈减小趋势。

（3）*上杆后阶段球员左膝关节角度增减*

由图 2-9 可知，从上杆 12 点钟到上杆顶点，18 名球员左膝关节角度均呈减小趋势，左膝关节角度变化趋势保持高度统一。其中有 2 名球员左膝关节角度在整个上杆过程中持续减小，增减趋势单一，难度系数低，有利于技术动作的稳定与多次重复；有 6 名球员左膝关节角度在开始时呈增加趋势，之后呈减小趋势，膝关节角度增减趋势的变化较为稳定；有 6 名球员左膝关节角度在开始时呈减小趋势，期间在不同阶段呈增加趋势，随后再次呈减小趋势，相对来说，球员的左膝关节角度的增减趋势在该过程中较为稳定；有 3 名球员的左膝关节角度在整个上杆阶段表现为先增加后减小，再次增加，最后减小的趋势，具体表现为在上杆第一阶段呈增加趋势，第二阶段转为减小趋势，在随后三个阶段呈增加趋势，最后在上杆第七阶段（从上杆 12 点钟时刻到上杆顶点时刻）呈减小趋势；仅 1 名球员左膝关节角度在上杆第一阶段呈减小趋势，第二阶段呈增加趋势，第三阶段呈减小趋势，第四阶段呈增加趋势，第五阶段保持稳定，在第六、第七阶段转为减小趋势，如此看来，球员左膝关节角度在整个上杆过程中有着较为频繁的增减趋势变化，在挥杆过程中存在着较大难度与不稳定性。

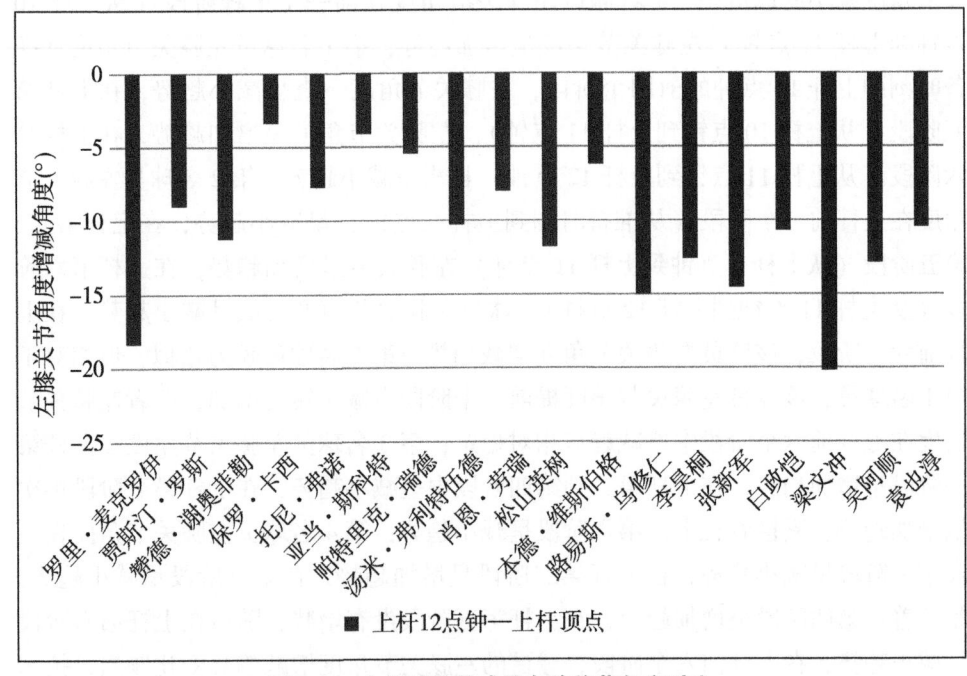

图 2-9 上杆后阶段球员左膝关节角度对比

（4）上杆阶段球员左膝关节角度变化

由图 2-10 可知，李昊桐在上杆 10 点钟到上杆 12 点钟，左膝关节角度变大，呈反向趋势；白政恺在上杆 7 点钟，左膝关节角度变大，呈反向趋势；梁文冲左膝关节角度最小时刻为下杆 12 点钟，膝盖增加的趋势略晚，在下杆 9 点钟到击球瞬间左膝关节角度增加少。吴阿顺在上杆阶段的左膝关节角度变化不大，在上杆 8 点钟、上杆 10 点钟左膝关节角度反向增大；袁也淳在上杆 10 点钟，左膝关节角度增加。

(A) 李昊桐 上杆 10 点钟左膝关节角度

(B) 李昊桐 上杆 12 点钟左膝关节角度

(C) 梁文冲 下杆 9 点钟左膝关节角度

(D) 梁文冲 击球瞬间左膝关节角度

图 2-10　中国球员左膝关节角度对比图

(5) 下杆前阶段球员左膝关节角度变化

由图 2-11 可知，在上杆顶点到下杆 12 点钟的下杆第一阶段，18 名球员中有 17 名球员的左膝关节角度均呈增大趋势，仅有 1 名球员的左膝关节角度在此阶段呈减小趋势，很有可能该球员上杆过程到下杆过程间的转接有延迟，由于动作技术是环环相扣的，或许该技术动作前的其他环节也存在不合理之处，甚至还会影响到同一时刻以及后面过程中的技术动作与击球效果。

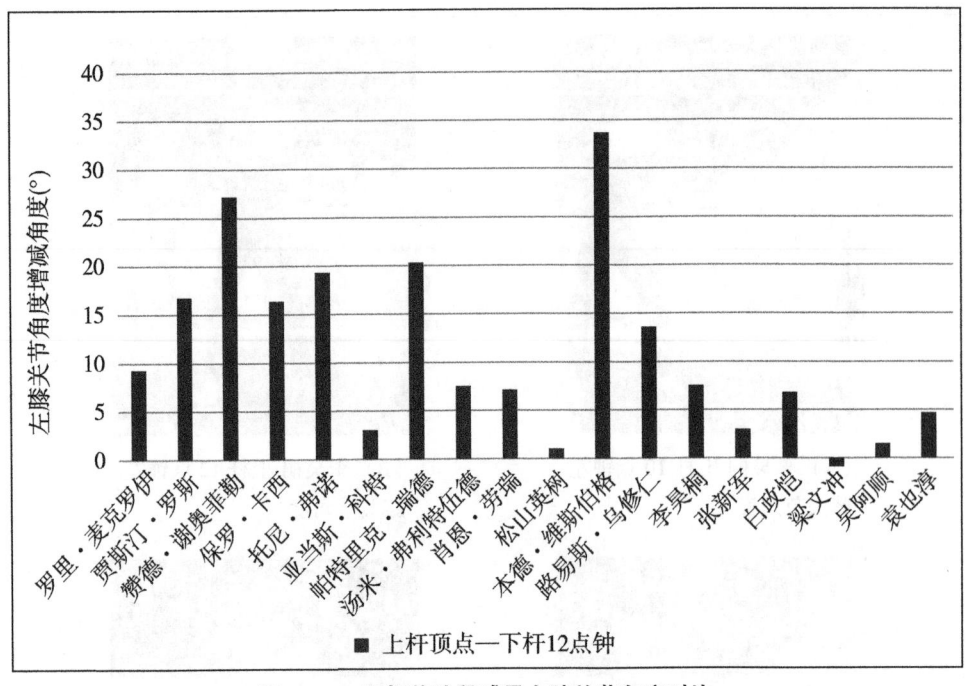

图2-11 下杆前阶段球员左膝关节角度对比

（6）下杆中阶段球员左膝关节角度变化

由图2-12可知，从下杆12点钟到下杆8点钟，18名球员的左膝关节角度均呈增加趋势，且每个下杆阶段的增加幅度相近，呈相对稳定增加趋势，说明18名高水平球员在下杆过程中，左膝关节角度增加趋势相对稳定且具有高度相似。在挥杆过程中（特别是下杆击球过程中），此动作对膝关节以上的身体部位技术动作起到了特别好的支撑作用，同时为击球瞬间杆面与球之间的准确接触提供了更好的保障。

从下杆8点钟到下杆7点钟，18名球员左膝关节角度增加趋势出现一定变化，其中1名球员的左膝关节角度呈减小趋势，但减小幅度不大，球员挥杆动作相对稳定。其余17名球员中，有10名球员左膝关节角度的增加趋势较前一个下杆阶段（从下杆9点钟到下杆8点钟）增加幅度减小，挥杆动作也相对趋于稳定，为即将到来的击球瞬间做好准备；有5名球员左膝关节角度在该阶段增加，但增加角度小于1°，增加幅度较小，对在即将到来的击球瞬间保持挥杆动作的稳定性有着很大的优势，较好地保持了身体动作的稳定性；有2名球员左膝关节角度的增加趋势在该下杆阶段较前一下杆阶段增大。

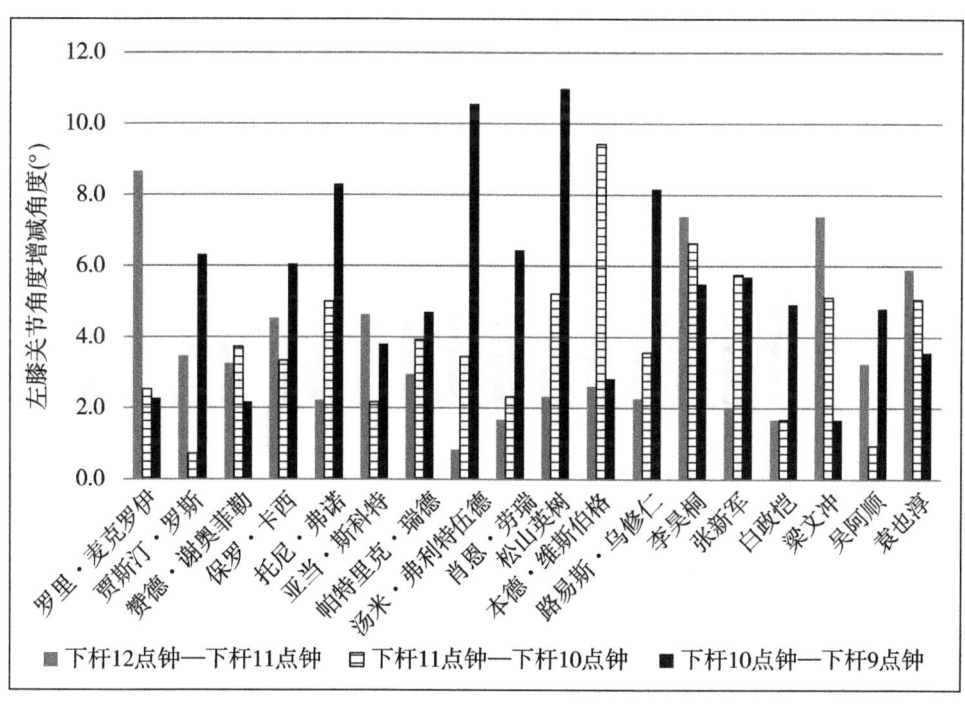

图 2-12　下杆中阶段球员左膝关节角度对比

（7）下杆后阶段球员左膝关节角度变化

由图 2-13 可知，从下杆 7 点钟到击球瞬间，18 名球员中的 17 名球员左膝关节角度呈增大趋势，其中有 6 名球员左膝关节角度增加幅度较前一个下杆阶段大，容易造成击球瞬间膝关节及膝关节以上的身体关节角度不稳定，从而导致挥杆动作以及击球瞬间的身体动作不稳定，挥杆动作稳定性对较远的一号木杆挥杆距离有着重要的影响；有 11 名球员左膝关节角度较前一个下杆阶段的增加幅度小，有利于增加击球瞬间左膝关节动作的稳定性，为提高球杆挥速，增加一号木杆击球距离创造有利的条件。另有 1 名球员左膝关节角度在该阶段呈减小趋势，同样也不利于击球瞬间一号木杆杆面甜蜜点与高尔夫球精准撞击，而且左膝关节角度在下杆 7 点钟时刻到击球瞬间时刻呈减小趋势，常常会导致球员身体偏向左侧，出现轻微的倾倒动作，在挥杆轨迹与击球动态杆面角度不变的情况下，击球角度会变得陡立，易出现"砸击"动作，也会对球杆的击球质量与高尔夫球的起飞角度造成一定程度的影响。18 名球员左膝关节增减角度在下杆 7 点钟时刻到击球瞬间时刻，控制在 1°内的球员有 4 名；控制在 1°~2°的球员有 6 名；控制在 2°~3°的球员有 5 名；其余 3 名球员左膝关节角度变化控制在 3°及以上。

— 027 —

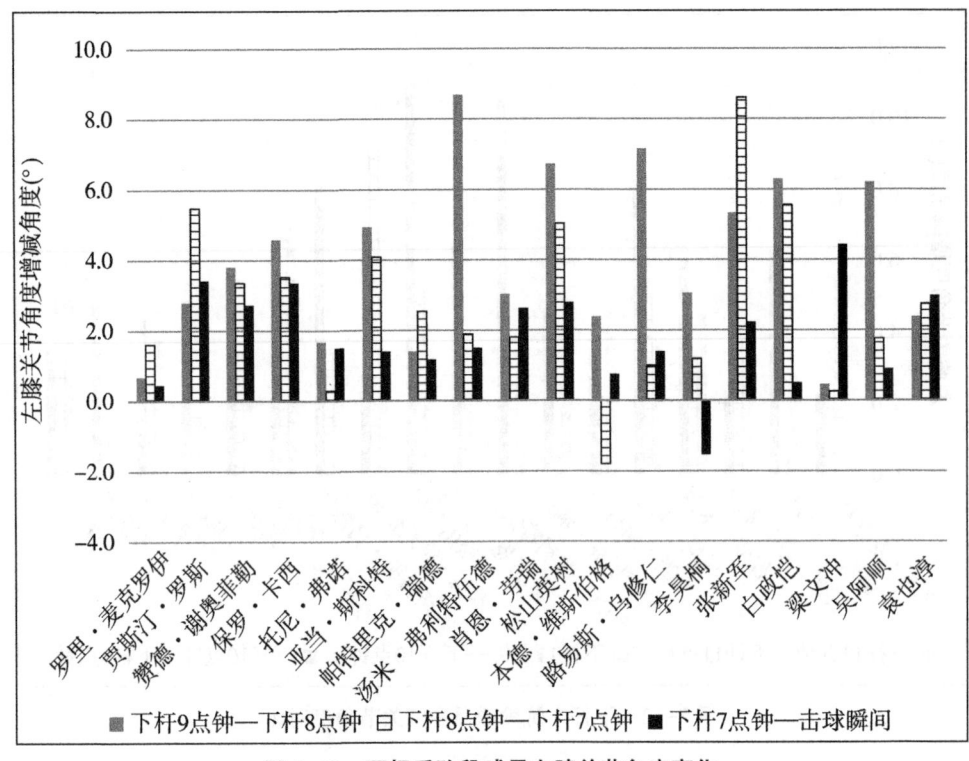

图 2-13 下杆后阶段球员左膝关节角度变化

（8）击球瞬间到随挥 3 点钟球员左膝关节角度变化

由图 2-14 可知，在击球瞬间到送杆 3 点钟的随挥阶段，18 名球员中有 4 名球员的左膝关节角度呈减小趋势，且 4 名球员都是由增加转变而来。目前有一部分教练与球员认为从下杆过程到击球瞬间，球员左膝关节角度应持续增大，尽可能地蹬伸左腿，这样有利于减小球杆击球瞬间的击球角度等，从而增加击球距离。在击球蹬伸动作结束后，有部分球员左脚后跟乃至整个左脚面都会蹬离地面，随后自然下落，通过减小膝关节角度来缓冲身体下落产生的力量，以上 4 名球员有较大可能在运用此种挥杆技术动作。其余 14 名球员中，有 1 名球员左膝关节角度是由前一阶段的减小趋势转为增加趋势，球员在击球前后的变化为增加—减小—增加，球员很可能在击球瞬间有保持左膝关节角度的意识，为精准击球提供一定的保障；另有 13 名球员的左膝关节角度都是从下杆最后一阶段（从下杆 7 点钟到击球瞬间）到随挥第一阶段（从击球瞬间到随挥 3 点钟）一直保持增加状态，这样有利于球员保证击球瞬间左膝关节角度稳定，给膝关节及以上的身体角度提供稳定支撑，有利于球员挥杆技术发挥及稳定性，有利于球员增加—

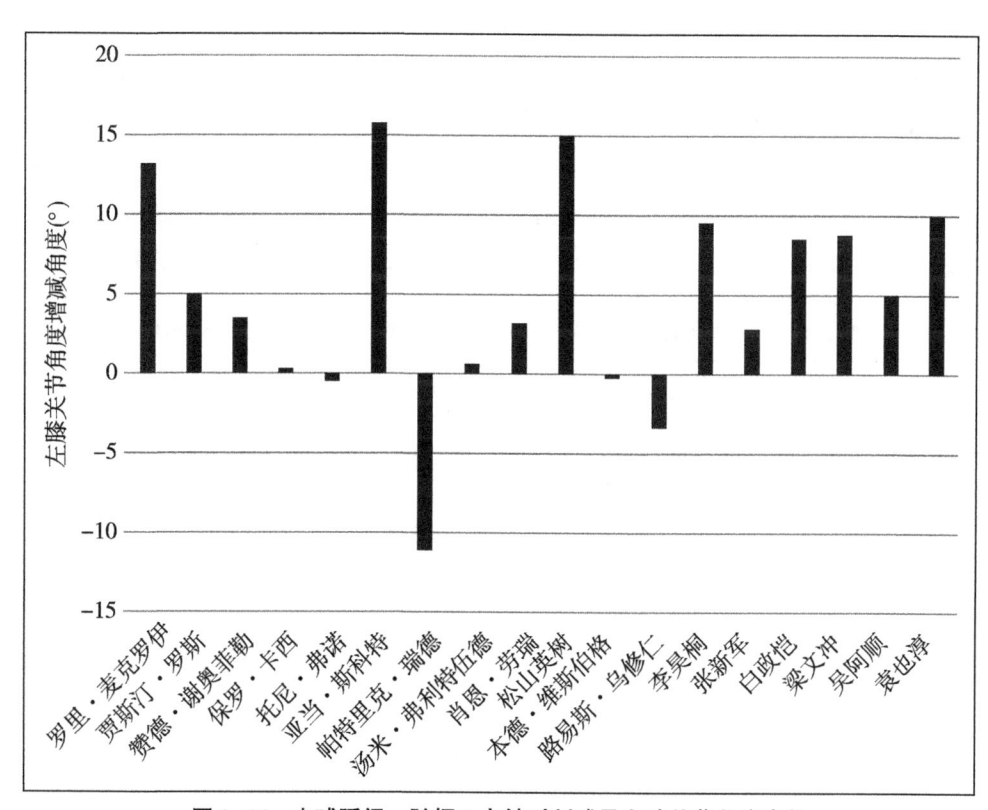

号木杆挥速与杆面甜蜜点击球准确性，从而增加击球距离。

图2-14　击球瞬间—随挥3点钟时刻球员左膝关节角度变化

虽然18名国内外顶级球员的左膝关节角度在一号木杆上杆过程中，有先减小后增大，也有先增大后减小，甚至还有较为复杂的先减小—增加—减小、增加—减小—增加—减小、减小—增加—减小—保持不变—减小等变化趋势，而且由于挥杆技术动作的个性化，存在多种变化情况，但从上杆顶点转为下杆时，有17名球员的左膝关节角度呈增加趋势，从下杆12点钟开始，18名球员的左膝关节角度均呈增加趋势，且在四个下杆阶段连续保持。虽然在下杆的最后两个阶段，各有一名球员的左膝关节角度变化趋势有所变化，绝大部分球员的左膝关节角度变化还是比较稳定的。

由此看出，虽然国内外顶尖球员上杆各时刻的阶段与左膝关节角度及变化程度差异很大，但是在下杆过程中各球员的左膝关节角度变化基本呈增大趋势，特别是在下杆12点钟到下杆8点钟，所有球员左膝关节角度均呈增加趋势。18名球员的左膝关节角度在下杆过程中，增减程度逐渐变小，在下杆7点钟时刻到击球瞬间更加稳定，有一半以上的球员左膝关节角度变化保持在2°内，这么精准的控制，足以体现出国内外顶尖球员技术水平之高。

2. 中外顶尖球员左膝关节角度差异分析

由表2-6可以看出，国内外顶尖球员的左膝关节角度在击球瞬间比准备时刻大。在击球瞬间，国外顶尖男子高尔夫球员左膝关节角度平均大于准备时刻 $10.8°±11.2°$，我国顶尖男子高尔夫球员左膝关节角度平均大于准备时刻 $2.6°±10.5°$，与国外顶尖球员相比，我国顶尖男子高尔夫球员在击球瞬间的左膝关节角度偏小。由表2-6可知，击球瞬间左膝关节角度与高尔夫球速呈正相关。

表2-6 中外顶尖球员左膝关节角度平均值、标准差、差异性（$\bar{x}±SD$）

挥杆时刻	中国顶尖球员/°	外国顶尖球员/°	显著性	Sig.（双尾）
准备时刻	153.2±5.2	156.7±7.1	0.3	0.3
上杆7点钟	153.9±3.8	156.8±8.4	0.0	0.3
上杆8点钟	152.3±4.8	152.3±7.2	0.1	1.0
上杆9点钟	146.8±4.8	146.9±6.2	0.7	1.0
上杆10点钟	147.5±5.5	143.3±4.6	0.9	0.1
上杆11点钟	145.3±6.8	141.6±6.9	1.0	0.3
上杆12点钟	143.7±7.6	140.7±6.6	0.56	0.4
上杆顶点	130.0±6.0	131.4±4.9	0.851	0.61
下杆12点钟	133.7±6.7	146.0±9.0	0.389	0.01**
下杆11点钟	138.3±8.0	149.3±9.0	0.701	0.022*
下杆10点钟	142.5±9.2	153.1±9.9	0.523	0.044*
下杆9点钟	146.9±9.6	159.1±8.6	0.741	0.014*
下杆8点钟	150.9±9.4	163.1±7.7	0.929	0.009**

续表

挥杆时刻	中国顶尖球员/°	外国顶尖球员/°	显著性	Sig.（双尾）
下杆 7 点钟	154.2±9.3	165.5±6.4	0.495	0.008**
击球瞬间	155.8±7.7	167.5±6.4	0.716	0.004**
随挥 3 点钟	163.2±7.6	170.9±4.7	0.376	0.017*
上杆阶段	−23.2±8.8	−25.3±5.8	0.47	0.552
下杆阶段	25.8±5.8	36.1±8.2	0.493	0.015*
击球瞬间与准备时刻相比	2.6±10.5	10.8±11.2	0.799	0.156

注：* 在 0.05 级别（双尾），差异性显著；** 在 0.01 级别（双尾），差异性极显著。

由表 2-6 可以看出，从准备时刻到上杆顶点及上杆阶段，国内外顶尖男子高尔夫球员的左膝关节角度具有显著差异，但国内外顶尖球员在准备时刻到上杆顶点的，左膝关节角度平均值有一定差异。在准备时刻，我国顶尖男子高尔夫球员的左膝关节角度平均值为 153.2°±5.2°，与国外顶尖球员的平均左膝关节角度（156.7°±7.1°）相比，相对较小；在上杆 8 点钟与上杆 9 点钟，左膝关节角度平均值几乎相等。在上杆 10 点钟到上杆 12 点钟，我国顶尖男子高尔夫球员的左膝关节角度平均值大于国外顶尖男子高尔夫球员，在上杆顶点，我国顶尖男子高尔夫球员左膝关节角度平均值略小于国外顶尖男子球员。在整个上杆过程中，我国顶尖男子高尔夫球员的左膝关节角度平均减小 23.2°±8.8°，国外顶尖男子高尔夫球员平均减小 25.3°±5.8°，比我国顶尖男子高尔夫球员减小幅度更大。根据肌肉牵张反射原理可推断出，国外顶尖男子高尔夫球员在上杆顶点左膝关节获得更大的蹬伸力量。国内外顶尖男子高尔夫球员从下杆 12 点钟开始到击球结束后的随挥 3 点钟及下杆阶段的左膝关节角度都存在显著性差异，在下杆 12 点钟、下杆 8 点钟、下杆 7 点钟、击球瞬间的左膝关节角度具有极显著差异。我国顶尖男子高尔夫球员在下杆 12 点钟到随挥 3 点钟的左膝关节平均角度一直小于国外顶尖男子高尔夫球员，在整个下杆过程中，左膝关节平均增加角度也显著区别于国外顶尖男子高尔夫球员。

表 2-7 击球瞬间左膝关节角度与球速、起飞角度相关因素分析

统计项目	左膝关节角度/°	球速/mph	起飞角度/°
球员参数	163.6±8.7[a+、b-]	175.54±4.84[a+]	10.3±2.2[b-]
中国球员	155.8±7.7	172.49±6.42	11.5±1.6
外国球员	167.5±6.4	177.06±3.14	9.7±2.2

注："a""b"表示 P 值<0.05 两者具有显著性相关；"+"表示正相关，"-"表示负相关。

由表 2-7 可以看出，击球瞬间左膝关节角度大小与高尔夫球速快慢呈显著正相关，与起飞角度大小呈显著负相关，且两个相关 P 值均小于 0.05，说明一定范围内且同等条件下，球员击球瞬间左膝关节角度越大，高尔夫球速越快，起飞角度越小，反之亦然。击球瞬间，我国优秀球员左膝关节角度为 155.8°±7.7°，球速为（172.49±6.42）mph（1mph≈1.609km/h），起飞角度为 11.5°±1.6°；国外优秀球员左膝关节角度为 167.5°±6.4°，球速为（177.06±3.14）mph，起飞角度为 9.7°±2.2°。我国优秀球员左膝关节角度较国外球员小，球速较慢，起飞角度较大。我国优秀球员击球瞬间左膝关节角度很可能是制约其击球距离的重要因素之一，在一定范围内增大我国球员击球瞬间左膝关节角度，对于增加击球距离可能会有意想不到的收获。

（二）右膝关节角度对击球的影响

1. 中外顶尖球员右膝关节角度变化分析

当髋关节处于同样的高度，且球员在上杆过程中髋部最右侧与右脚踝同时处于一个冠状面内时，其他条件不变，此时右膝关节角度最小，若髋部只围绕髋部矢状轴向身体前侧与后侧转动时，无论髋部右侧向前还是向后转动，球员的右膝关节角度都会逐渐增大。如果球员的髋部在空间位置不变的情况下，在垂直于地面的方向上单纯向下移动，球员右膝关节角度也同样会因为髋部右侧与右脚踝距离变小而呈减小趋势。

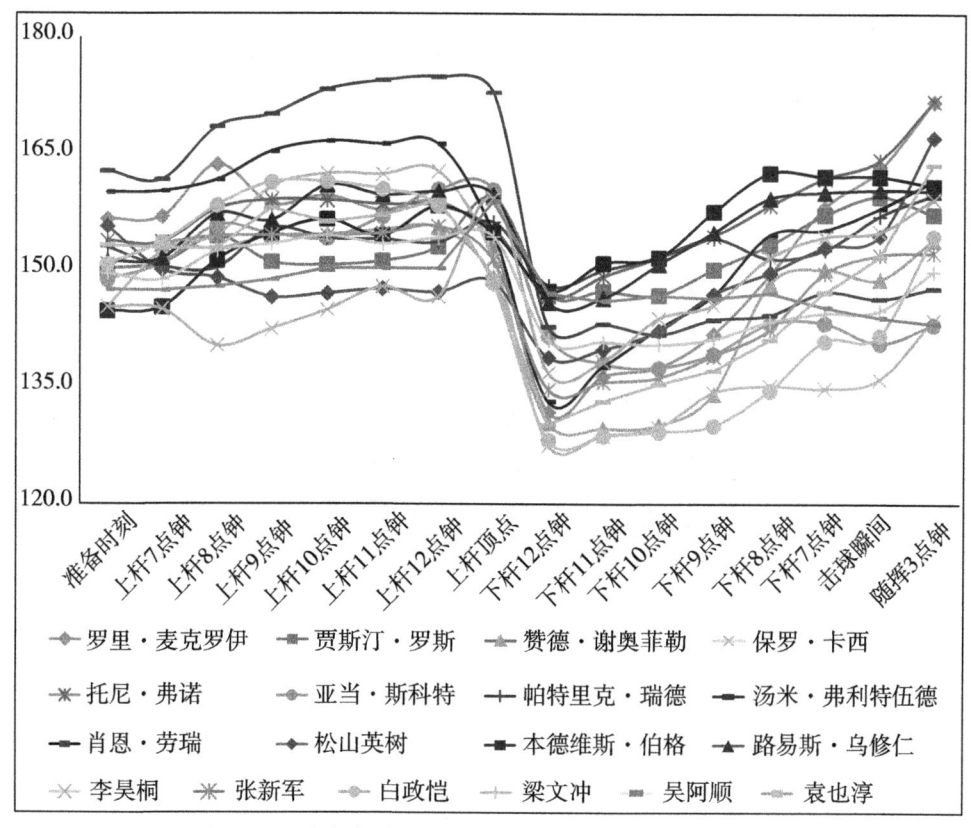

第二章　中外优秀男子高尔夫球员一号木技术对比分析

图 2-15　全挥杆过程各关键时刻右膝关节角度变化趋势

(1) 上杆前阶段球员右膝关节角度变化

由图2-15和图2-16可以看出，在从准备时刻到上杆7点钟的上杆第一阶段，18名球员中有10名球员的右膝关节角度呈增大趋势。在这10名球员中，有5名球员右膝关节角度增加1°以内；有1名球员右膝关节角度增加1°~2°；有3名球员右膝关节角度增加2°~3°；有1名球员较为特殊，右膝关节角度增加7°~8°。在上杆第一阶段，右膝关节角度增加比较大，不利于球员在挥杆过程中保持技术动作稳定。

在上杆7点钟到上杆8点钟，18名球员中有4名球员右膝关节角度呈减小趋势，其中有1名球员右膝关节角度在上杆第一阶段呈增加趋势；其余3名球员右膝关节角度在上杆前两个阶段都呈减小趋势。在3名右膝关节角度减小的球员中，有2名球员右膝关节角度在上杆第二阶段减小的角度比第一阶段小；仅有1名球员右膝关节角度在上杆第二阶段的减小角度较上杆第一阶段大，球员在上杆过程中会存在身体向右侧倾倒、身体下蹲等身体动作变化。在18名球员中，仅有 1 名球员在上杆第二阶段的右膝关节角度维持不变，且上杆第一阶段的减小幅度在 1°以内，该球员右膝关节角度乃至其他挥杆动作在上杆前两个阶段处于稳定状态，有利于挥杆过程中一号木杆杆头挥动轨迹稳定。

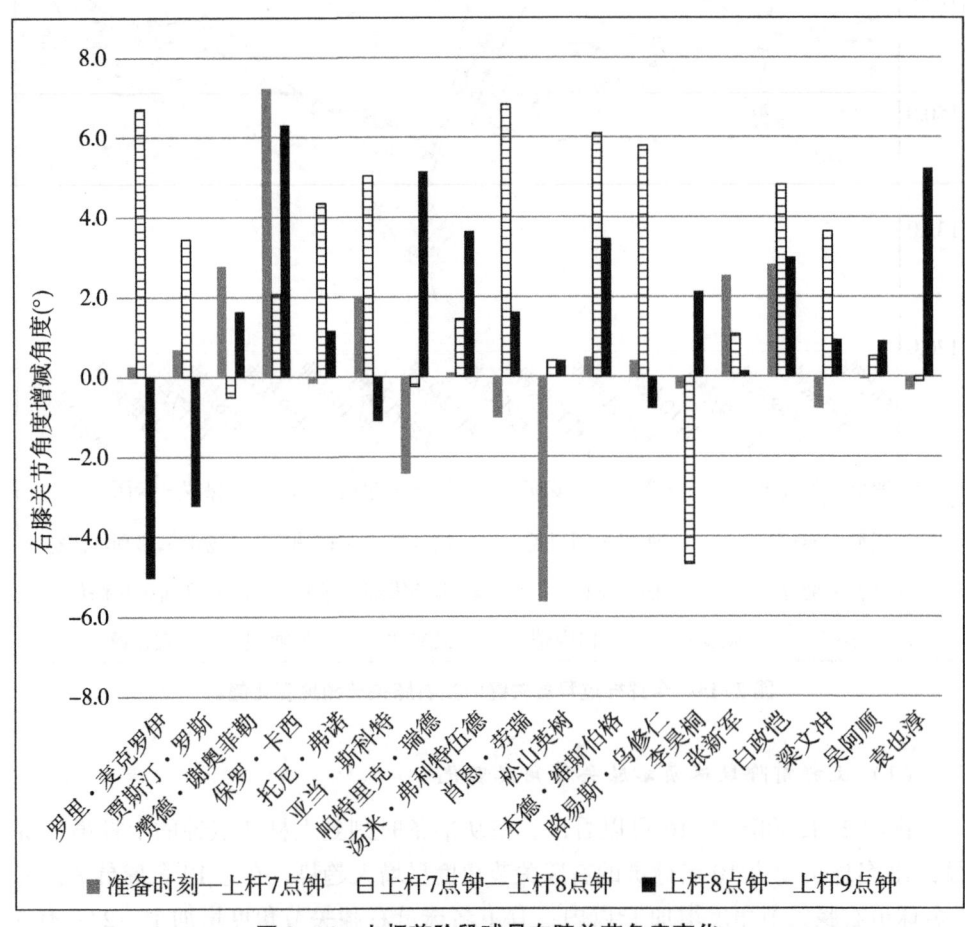

图 2-16　上杆前阶段球员右膝关节角度变化

在 18 名球员中，有 13 名球员的右膝关节角度在上杆第二阶段呈增加趋势。关于右膝关节角度增加幅度，有 2 名球员保持在 ≤1°；有 2 名球员保持在 >1°且 ≤2°；没有球员保持在 >2°且 ≤3°；有 2 名球员保持在 >3°且 ≤4°；有 3 名球员保持在 >4°且 ≤5°；有 2 名球员保持在 >5°且 ≤6°范围内；有 2 名球员保持在 >6°且 ≤7°范围内。由此可见，在上杆第二阶段，球员的右膝关节角度增减趋势、增减程度有着较大的不一致性，且不同变化的球员分布较为均匀，明确体现了右膝关节角度增加的球员人数占比大，但右膝关节角度增大未集中体现在某个阶段与时刻。

在从上杆 8 点钟到上杆 9 点钟的上杆第三阶段，18 名球员中有 5 名球员右膝关节角度呈减小趋势，其中在≥0°且≤1°、>1°且≤2°、>2°且≤3°、>3°且≤4°、>4°且≤5°的五个范围，各有 1 名球员右膝关节角度减小幅度处于相应范围，分布较为均匀，未体现出较为明显的特征。在其余 13 名球员中，有 3 名球员右膝关节角度增加幅度≤1°，有 3 名球员>1°且≤2°的范围内；有 2 名球员>2°且≤3°；有 2 名球员>3°且≤4°；没有球员>4°且≤5°的范围内；有 2 名球员>5°且≤6°；有 1 名球员>6°且≤7°。由此可以看出，当球员右膝关节角度增加时，大多数球员的右膝关节角度在 2°内，且增加幅度越大，球员数量越少。在右膝关节角度减小的 5 名球员中，有 4 名球员右膝关节角度在前一阶段呈增加趋势，仅有 1 名球员右膝关节角度在前一上杆阶段呈减小趋势。在其余 13 名球员中，有 3 名球员右膝关节角度在前一上杆阶段呈减小趋势；有 1 名球员保持不变；其余 9 名球员右膝关节角度在前一上杆阶段呈增加趋势。由此看出，在该上杆阶段，右膝关节角度增加普遍，且增大的 13 名球员中有 9 名球员在前一个阶段到上杆第三阶段结束，右膝关节角度都呈稳定增加趋势。

从上杆 9 点钟到上杆 10 点钟，18 名球员中有 5 名球员右膝关节角度呈减小趋势，其中有 3 名球员右膝关节角度减小幅度>0°且≤1°；有 2 名球员右膝关节角度减小幅度>1°且≤2°。由此可以看出，球员右膝关节角度减小幅度较多集中在 0°~1°，与在前三个上杆阶段右膝关节角度呈减少趋势的球员相比，此阶段球员右膝关节角度减小幅度变小且集中。5 名右膝关节角度减小的球员中，有 2 名球员是在前一上杆阶段基础上继续减小，有 3 名球员右膝关节角度在前一上杆阶段呈增加趋势，在该阶段呈减小趋势，与前一个阶段膝关节角度变化不同，有可能是因为技术要领，或者球员技术不稳定影响，需结合球员右膝关节角度变化趋势进一步观察与判断。

（2）*上杆中阶段球员右膝关节角度变化*

由图 2-17 可知，在 18 名球员中仅 1 名球员右膝关节角度在上杆第四阶段保持不动，其余 12 名球员右膝关节角度呈增加趋势，有 4 名球员右膝关节角度增加幅度≤1°，有 5 名球员>1°且≤2°；有 1 名球员>2°且≤3°；有 1 名球员>3°且≤4°；有 1 名球员>4°且≤5°。在该阶段右膝关节角度增加的球员中，大部分球员增加幅度都在 2°内。在该上杆阶段右膝关节角度增加的 12 名球员中，有 3 名球员右膝关节角度在前一个阶段呈减小趋势，而在该阶段呈增加趋势，其余 9 名球员右膝关节角度从前一个挥杆阶段到该挥杆阶段均呈增加趋势，其中 5 名球员该阶段右膝关节角度增加幅度较前一个阶段小，其余 4 名球员则相反，稳定的膝关节角度变化有利于其他动作的稳定发挥。

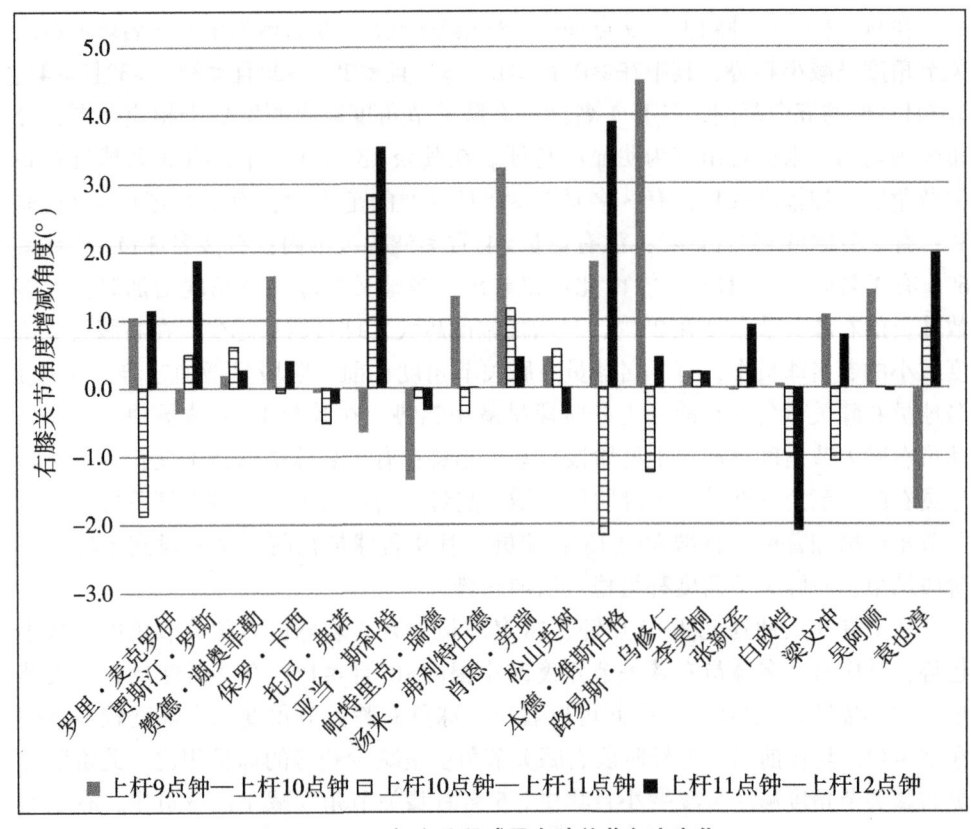

图 2-17 上杆中阶段球员右膝关节角度变化

从上杆 10 点钟到上杆 11 点钟，18 名球员中有 9 名球员左膝关节角度呈减小趋势，有 5 名球员的右膝关节角度减小幅度>0°且≤1°；有 3 名球员>1°且≤2°；有 1 名球员>2°且≤3°的范围内。有 8 名球员右膝关节角度在该阶段呈增加趋势，有 5 名球员的右膝关节角度增加幅度>0°且≤1°；有 1 名球员>1°且≤2°；有 2 名球员>2°且≤3°。18 名球员中仅 1 名球员右膝关节角度在该上杆阶段维持得最好，右膝关节角度未出现变化。

在 9 名右膝关节角度减少的球员中，有 7 名球员在前一挥杆阶段呈增加趋势，在该阶段呈减小趋势。在 8 名右膝关节角度增加的高尔夫球员中，有 4 名球员右膝关节角度在前一个挥杆阶段呈减小趋势，在该阶段呈增加趋势。由此可以看出，该挥杆阶段，18 名球员右膝关节角度变动较多、技术动作较不稳定。该阶段右膝关节角度维持不变的球员在上杆第一阶段呈减小趋势，在第二到第四上杆阶段一直呈增加趋势，技术动作相对稳定。

从上杆 11 点钟到上杆 12 点钟，18 名球员中有 5 名球员左膝关节角度呈减小趋势，有 3 名球员的右膝关节角度减小幅度>0°且≤1°；有 1 名球员>1°且≤2°；有 1 名球员>2°且≤3°。有 11 名球员右膝关节角度在该阶段呈增加趋势，有 6 名球员的右膝关节角度增加幅度>0°且≤1°；有 3 名球员>1°且≤2°；有 2 名球员>3°且≤4°。18 名球员中有 2 名球员右膝关节角度在该上杆阶段未发生变化。由此可以看出，职业球员在上杆过程中，对右膝关节角度有一定控制，以尽可能地维持动作稳定来提高击球准确性。

在 9 名右膝关节角度减少的球员中，有 7 名球员在前一个挥杆阶段呈增加趋势，在该阶段呈减小趋势。在 8 名右膝关节角度增加的高尔夫球员中，有 4 名球员右膝关节角度在前一个挥杆阶段呈减小趋势，在该阶段呈增加趋势。由此可以看出，在该挥杆阶段中 18 名球员右膝关节角度变动较多、技术动作较不稳定。该阶段右膝关节角度维持不变的 2 名球员中，一名球员在上杆第一阶段呈减小趋势，在第二到第四上杆阶段一直呈增加趋势，技术动作相对稳定；另一名球员在上杆前四个阶段的右膝关节角度均呈增加趋势，在上杆第五阶段在 1°范围内小幅减小，在上杆第六阶段（该上杆阶段）稳定不变。由此可以看出，这 2 名球员在上杆过程中，右膝关节角度变化相对稳定。

（3）上杆后阶段球员右膝关节角度变化

由图 2-18 可知，从上杆 12 点钟到上杆顶点，18 名球员中仅有 6 名球员右膝关节角度呈增加趋势，其中有 1 名球员的右膝关节角度增加幅度>0°且<1°；有 1 名球员>1°且≤2°；有 1 名球员>2°且≤3°；有 1 名球员>5°且在该上杆阶段 6°；有 1 名球员>7°且≤8°；有 1 名球员>12°且≤13°。6 名球员右膝关节角度增加趋势较为分散，且跨度较大，有 1 名球员在前一个挥杆阶段的右膝关节角度保持不变，而在该阶段呈增加趋势；有 2 名球员在前一个挥杆阶段右膝关节角度呈增加趋势，在该阶段保持增加趋势，但 2 名球员在两个阶段的增加幅度不一，第一名球员右膝关节角度在前一个挥杆阶段小于后一个挥杆阶段，第二名球员恰好相反；其余 3 名球员在前一个挥杆阶段的右膝关节角度均呈减小趋势，在该阶段呈增加趋势，且在该阶段的增加幅度明显大于前一个挥杆阶段的减小幅度。

在 12 名右膝关节角度减小的球员中，有 2 名球员的右膝关节角度减小幅度>0°且≤1°；有 2 名球员>2°且≤3°的范围内；有 1 名球员>3°且≤4°；有 1 名球员>4°且≤5°的范围内；有 1 名球员>5°且≤6°；有 1 名球员>6°且≤7°；有 2 名球员>9°且≤10°；有 2 名球员>10°且≤11°。在 12 名球员中，右膝关节角度减小在 2°范围内的球员相对集中一些，其余球员右膝关节角度减小幅度变化范围较为分散，且分散程度较高，球员右膝关节角度在该阶段最多减小 11°以上。在 12

名球员中仅有 2 名球员右膝关节角度在前一个挥杆阶段呈减小趋势，并在该阶段继续保持减小趋势；其余 10 名球员在前一个挥杆阶段均呈增加趋势，并在该阶段呈减小趋势，其中 7 名球员右膝关节角度在该阶段减小幅度大于前一个挥杆阶段增加幅度，1 名球员右膝关节角度在前一个阶段增加幅度与该阶段减小幅度相等，2 名球员右膝关节角度减小幅度小于前一个挥杆阶段增加幅度。

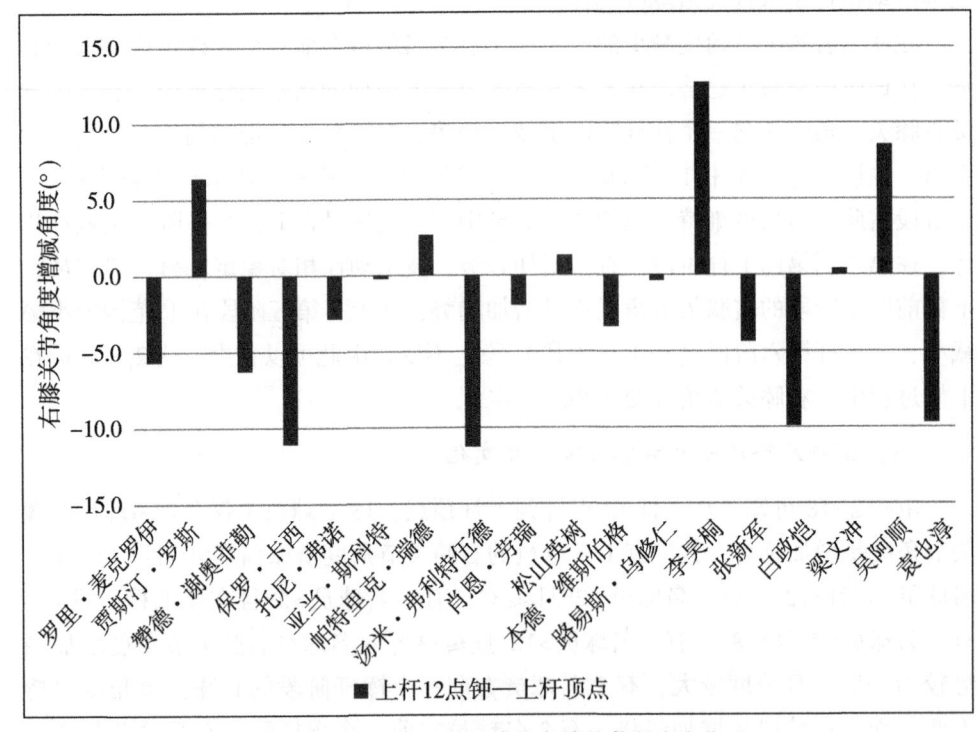

图 2-18　上杆后阶段球员右膝关节角度变化

从以上内容可以看出，在该挥杆阶段中，右膝关节角度呈增加趋势的球员的右膝关节角度增加幅度不一、前后挥杆阶段增减不一，增减幅度没有明显特征。反观右膝关节角度减小的球员，右膝关节角度减小幅度不一，但在 2°范围内集中；减小幅度跨度大；前后阶段增减不一，但大部分球员右膝关节角度在前一个阶段增加，在后一个阶段减小的变化趋势。可以看出，从上杆 11 点钟到上杆 12 点钟，球员右膝关节角度增加，从上杆 12 点钟到上杆顶点，球员右膝关节角度减小是大部分球员的变化规律。

由以上数据看出，有 4 名球员右膝关节角度减小趋势>0°且≤10°、有 8 名球员>10°且≤20°、有 5 名球员>20°且≤30°、有 1 名球员>30°且≤40°，大部分球员右膝关节角度减小幅度在 10°~30°，且在 10°~20°范围内人数最多。

上杆过程中，18名球员右膝关节角度变化情况比左膝关节角度变化情况更为复杂多变，且只有白政恺的变化情况相对简单，右膝关节角度增减由上杆前四个阶段的增加趋势转为之后的减小趋势，变化相对单一，右膝关节运动方向较为稳定，而其余17名球员右膝关节角度变化趋势经历了数次变化。

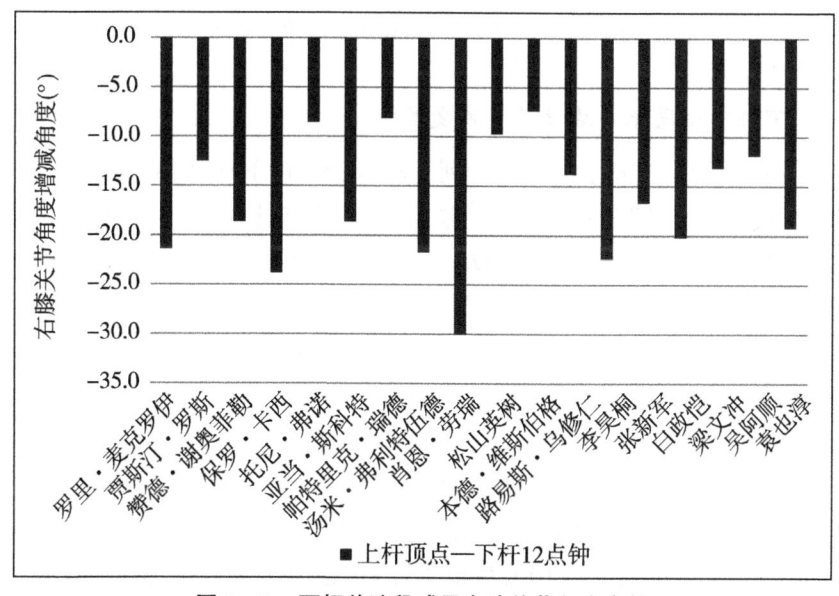

（4）下杆前阶段球员右膝关节角度变化

由图2-19可知，在从上杆顶点到下杆12点钟的下杆第一阶段，18名球员右膝关节角度全部转为减小趋势，无一例外。其中本德·维斯伯格右膝关节角度减小幅度最小，紧接着为帕特里克·瑞德（图2-20）。18名球员中，右膝关节角度减小幅度>7°且≤8°的球员有1名；右膝关节角度减小幅度>8°且≤9°的球员有2名；右膝关节角度减小幅度>9°且≤10°的球员有1名；右膝关节角度减小幅度>11°且≤12°的球员有1名；右膝关节角度减小幅度>12°且≤13°的球员有1名；右膝关节角度减小幅度>13°且≤14°的球员有2名；右膝关节角度减小幅度>16°且≤17°的球员有1名；右膝关节角度减小幅度>18°且≤19°的球员有2名；右膝关节角度减小幅度>19°且≤20°的球员有1名；右膝关节角度减小幅度>20°且≤21°的球员有1名；右膝关节角度减小幅度>21°且≤22°的球员有2名；右膝关节角度减小幅度>22°且≤23°的球员有1名；右膝关节角度减小幅度>23°且≤24°的球员有1名；右膝关节角度减小幅度>30°且≤31°的球员有1名。

图2-19 下杆前阶段球员右膝关节角度变化

（A）本德·维斯伯格 上杆顶点右膝关节角度

（B）本德·维斯伯格 下杆 12 点钟右膝关节角度

（C）帕特里克·瑞德 上杆顶点右膝关节角度

（D）帕特里克·瑞德 下杆 12 点钟右膝关节角度

图 2-20 国外球员下杆阶段右膝角度对比

（5）**下杆中阶段球员右膝关节角度增减**

由图 2-21 可知，在从下杆 12 点钟到下杆 11 点钟的下杆第二阶段，18 名球员中仅有 4 名球员右膝关节角度保持减小趋势，其中 3 名球员右膝关节角度减小>0°且≤1°范围内；有 1 名球员右膝关节角度减小>3°且≤4°。可以看出虽有 4 名球员右膝关节角度继续保持减小，但有 3 名球员的右膝关节角度减小幅度较小，均保持在≤1°范围内。在 14 名右膝关节角度增加的球员中，6 名球员右膝关节角度增加>0°且≤1°；有 3 名球员右膝关节角度减小>1°且≤2°；有 2 名球员右膝关节角度减小>2°且≤3°；有 1 名球员右膝关节角度减小>3°且≤4°；有 2 名球员右膝关节角度减小>4°且≤5°。由此可以看出，当 14 名球员右膝关节角度由减小趋势转为增加趋势时，大部分球员的增加幅度保持在 2°范围内，其中增加幅度在 1°范围内的球员居多。

在从下杆 11 点钟到下杆 10 点钟的下杆第三阶段，有 4 名球员右膝关节角度呈减小趋势，但仅有 2 名球员是在前一个下杆阶段右膝关节角度减小的基础上继续减小，且该 2 名球员右膝关节角度减小>0°且≤1°；其余 2 名球员右膝关节角度在前一个挥杆阶段均呈增加趋势，增加幅度>0°且≤1°范围内，在该阶段均呈减小趋势，一名球员右膝关节角度减小>0°且≤1°范围内；另1名球员右膝关节角度减小>1°且≤2°。整体来看，4名球员的右膝关节角度在该阶段均减小1°以内。其余14名球员右膝关节角度均呈增加趋势，其中2名球员右膝关节角度在前一个挥杆阶段呈减小趋势，在该阶段转为增加趋势，且增加>0°且≤1°，球员右膝关节角度增减趋势虽有变化，但均为小幅度变化，可以看出球员在尽可能地保持右膝关节角度不变，增加挥杆动作的稳定性，球员可以在挥杆时保持膝盖以上的其他部位稳定发挥。在14名球员中，有6名球员右膝关节角度减小>0°且≤1°；有2名球员右膝关节角度减小>1°且≤2°；有3名球员右膝关节角度减小>2°且≤3°；有2名球员右膝关节角度减小>4°且≤5°；有1名球员右膝关节角度减小>5°且≤6°范围内。由此看出，在右膝关节角度增大的球员中，绝大部分球员右膝关节角度增大范围在5°以内，其中较多的球员集中在1°范围内。这说明球员在下杆过程中会尽可能地保持右膝关节角度保持不变，以增加下杆过程中膝关节以上其他身体部位的稳定性。

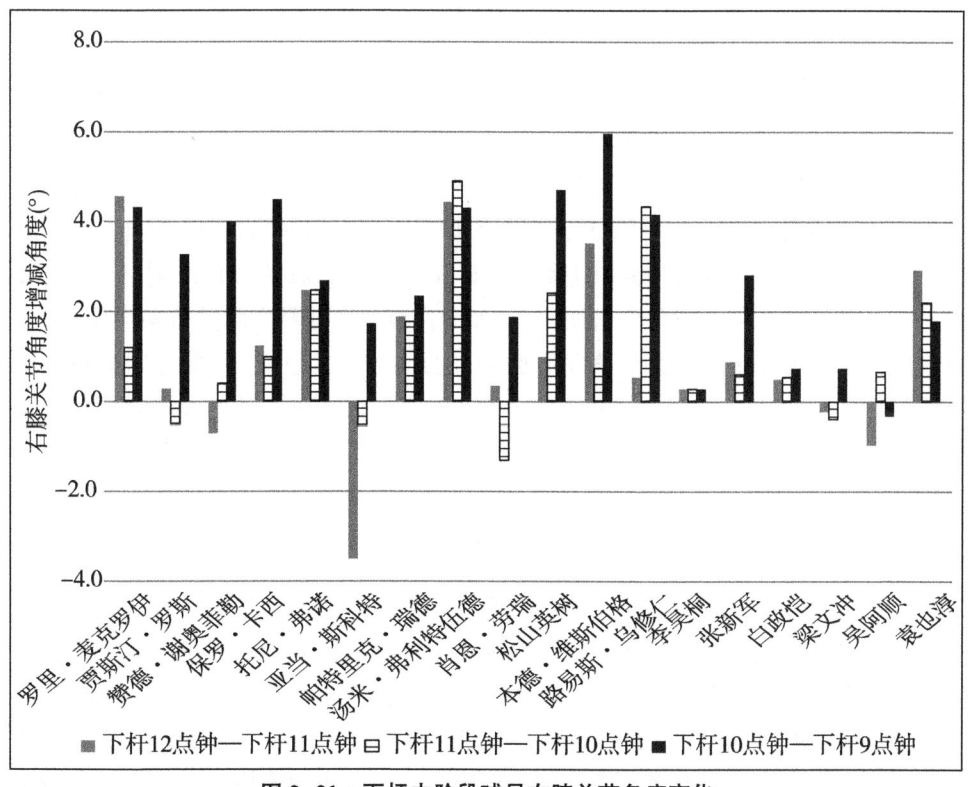

图2-21 下杆中阶段球员右膝关节角度变化

在从下杆10点钟到下杆9点钟的下杆第四阶段，18名球员仅有1名球员右膝关节角度呈减小趋势，且右膝关节角度减小>0°且≤1°。前一个下杆阶段，球员右膝关节角度呈增加趋势，随后球员右膝关节角度开始减小。球员右膝关节角度虽然呈减小趋势，但减小幅度较小，说明球员在该阶段尽可能维持右膝关节角度稳定，为其他身体部位稳定挥杆提供好的基础。其他17名球员的右膝关节角度均呈增加趋势，有2名球员右膝关节角度减小>0°且≤1°；有4名球员右膝关节角度减小>1°且≤2°；有3名球员右膝关节角度减小>2°且≤3°；有2名球员右膝关节角度减小>3°且≤4°；有5名球员右膝关节角度减小>4°且≤5°；有1名球员右膝关节角度减小>5°且≤6°。由此看出，17名球员右膝关节角度增加幅度集中在5°范围内，超过一半球员集中在3°范围内。大部分球员的右膝关节角度在前一个下杆阶段也呈增加趋势，由此可见，在下杆第三到第四阶段，球员都会尽可能地保持右膝关节角度不变，为精准击球做好准备。

在下杆9点钟到下杆8点钟的下杆第五阶段，与第四下杆阶段相似，仅有1名球员右膝关节角度呈减小趋势，减小角度>2°且≤3°。该球员与前一个下杆阶段右膝关节角度减小的球员并非同一名球员，但与其有着相似的特点，如右膝关节角度在前一个挥杆阶段均呈增加趋势、该阶段减小幅度相对较小等，侧面体现出球员想尽可能地保持右膝关节角度不变，为膝关节以上部位的其他动作提供保证。在右膝关节角度增加的17名球员中，有1名球员右膝关节角度在前一个挥杆阶段呈减小趋势，在该阶段转为增加趋势。在17名球员中，有3名球员右膝关节角度增加>0°且≤1°；有2名球员右膝关节角度增加>2°且≤3°；有5名球员右膝关节角度增加>3°且≤4°；有3名球员右膝关节角度增加>4°且≤5°；有1名球员右膝关节角度增加>5°且≤6°；有2名球员右膝关节角度增加>7°且≤8°；有1名球员右膝关节角度增加>14°且≤15°。其中绝大部分球员右膝关节角度增加幅度在5°范围内，较多集中在3°~4°，其次为≤1°，大部分球员在下杆第五阶段会尽可能保持右膝关节角度变化较小，一部分球员可以控制在1°范围内。

(6) **下杆后阶段球员右膝关节角度变化**

由图2-22可知，在从下杆8点钟到下杆7点钟的下杆第六阶段，有3名球员右膝关节角度减小，且这3名球员在前一个挥杆阶段右膝关节角度均呈增加趋势，有2名球员右膝关节角度>0°且≤1°范围内，有1名球员右膝关节角度>1°且≤2°。由此看出，这3名球员的右膝关节角度虽然由前一上杆阶段的增加趋势转为减小趋势，但是右膝关节角度在下杆第六阶段减小幅度均在2°范围内，越接近击球瞬间，球员右膝关节角度保持得越稳定。在其余15名球员中，有1名球员右膝关节角度在前一个挥杆阶段呈减小趋势,在该阶段转为增加趋势。在15名球员中,有3名球员右膝关节角度增加≥0°且≤1°;有3名球员右膝关节角度增加>1°且≤2°;有2名球员右膝关节角度增加>2°且≤3°范围内;有3名球员右膝关节角度增加>3°且≤4°范围内;有1名球员右膝关节角度增加>5°且≤6°范围内;有1名球员右膝关节角度增加>6°且≤7°;有1名球员右膝关节角度增加>7°且≤8°;有1名球员右膝关节角度增加>8°且≤9°范围内。由此看出,下杆第六阶段与击球瞬间在时间上很接近,大多数球员的右膝关节角度增加,增加幅度集中在4°范围内,其中较多球员集中在2°范围内。各有3名球员右膝关节角度在下杆第六阶段增加>0°且≤1°、>1°且≤2°。这说明球员右膝关节角度会尽可能保持增加,且增加幅度尽可能小,但在击球瞬间时,球员精准控制右膝关节角度增加幅度就变得更有难度,精准度降低。

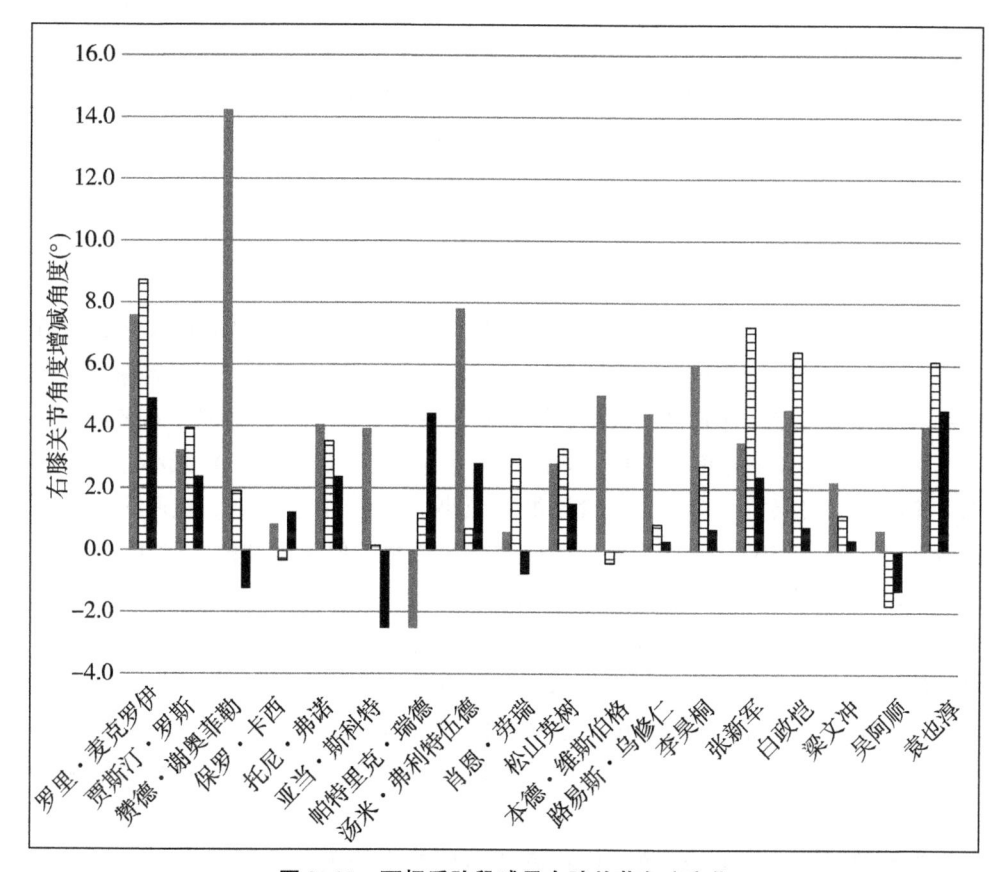

图 2-22 下杆后阶段球员右膝关节角度变化

从下杆 7 点钟到击球瞬间的下杆第七阶段,18 名球员中有 4 名球员右膝关节角度呈减小幅度，其中仅有 1 名球员右膝关节角度在前一个挥杆阶段呈减小趋势，其他 3 名球员右膝关节角度在前一个挥杆阶段均呈增加趋势，增加幅度在 3°范围内。在 4 名球员中，有 1 名球员右膝关节角度减小>0°且≤1°；有 2 名球员右膝关节角度减小>1°且≤2°内；有 1 名球员右膝关节角度减小>2°且≤3°，在击球前一个下杆阶段，虽然少数球员右膝关节角度呈减小趋势，但减小幅度都在 3°范围内，相对于下杆前几个阶段，球员右膝关节角度增减幅度较为稳定。在 18 名球员中仅有 1 名球员右膝关节角度在该下杆阶段保持不变，该球员右膝关节角度变化在前一个下杆阶段呈减小趋势，但减小>0°且≤1°，该球员在击球前两个阶段明显做出尽可能保持右膝关节角度不变的动作。在其余 13 名球员中，有 4 名球员右膝关节角度减小>0°且≤1°范围内；有 2 名球员右膝关节角度减小>1°且≤2°；有 4 名球员右膝关节角度减小>2°且≤3°；有 3 名球员右膝关节角度减小>4°且≤5°。由此看出，13 名球员中的大部分球员右膝关节角度增加幅度保持在 3°范围内，且>0°且≤1°、>2°且≤3°球员人数最多，外加击球瞬间球员挥杆动作非常快，所以球员要想将右膝关节角度增加幅度保持在尽可能小的范围内很难，但大多数球员选择在击球瞬间增加右膝关节角度。

(7) 击球瞬间到随挥 3 点钟球员右膝关节角度变化

如图 2-23 所示，球员在从击球瞬间到随挥 3 点钟的送杆阶段，18 名球员中仅有 4 名球员右膝关节角度呈减小趋势，4 名球员中有 2 名球员右膝关节角度在前一个挥杆阶段呈增加趋势，在该阶段呈减小趋势（图 2-24）。这 2 名球员击球时的右膝关节角度增加到最大限度，同时伴着蹬伸右腿的动作趋势。4 名球员中第 3 名球员右膝关节角度在下杆第六阶段呈小幅度（>0°且≤1°）减小趋势，在前一个挥杆阶段保持不动，在该阶段继续减小，减小>1°且≤2°。在两个下杆阶段及送杆阶段，球员右膝关节角度整体呈减小趋势，但在击球前一个下杆阶段，球员为了提高击球准确性，右膝关节角度保持稳定。4 名球员中的第四名球员，右膝关节角度在下杆第六阶段到随挥阶段均呈减小趋势，由于在做挥杆动作时，身体转动的部位越多，幅度越大，球员击球瞬间的准确性就越低。其余 14 名球员中，有 1 名球员右膝关节角度减小>0°且≤1°；有 1 名球员右膝关节角度减小>1°且≤2°；有 2 名球员右膝关节角度减小>2°且≤3°范围内；有 1 名球员右膝关节角度减小>3°且≤4°；有 2 名球员右膝关节角度减小>4°且≤5°；有 1 名球员右膝关节角度减小>5°且≤6°范围内；有 2 名球员右膝关节角度减小>7°且≤8°；有 1 名球员右膝关节角度减小>8°且≤9°；有 1 名球员右膝关节角度减小>11°且≤12°范围内；有 2 名球员右膝关节角度减小>12°且≤13°范围内。由此看出，在击球结束后的随挥阶段，较多球员的右膝关节角度呈增加趋势，但增加幅度较为分散，在13°范围内较为均匀地分布。这说明球员右膝关节角度增减变化在击球结束后仍然重要，对击球瞬间的变化有引导作用，但对增加幅度要求相对较低。

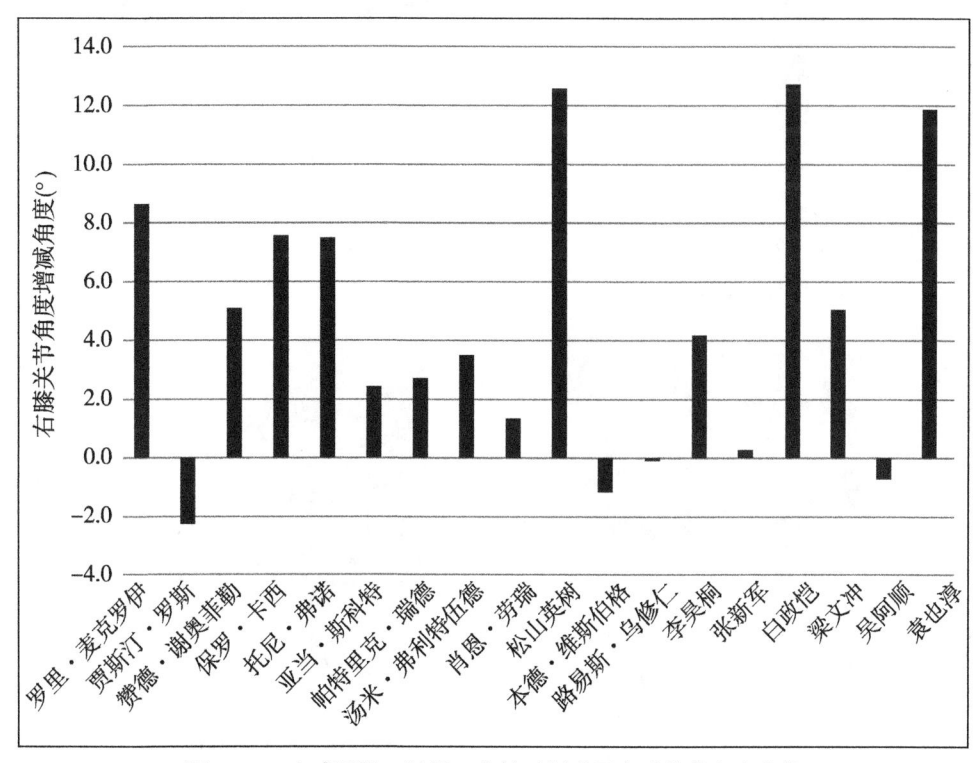

图 2-23　击球瞬间—随挥 3 点钟时刻球员右膝关节角度变化

整体看球员右膝关节角度在整个下杆过程中的变化，在下杆第一阶段，全部球员均呈减小趋势，但在随后的下杆阶段，仅有少部分球员右膝关节角度呈减小趋势，大部分球员右膝关节角度仍在小幅增加。虽然少部分球员右膝关节角度在下杆阶段呈减小趋势，而且多名球员之间交替出现该趋势，右膝关节角度也并未出现类似左膝关节角度的整体增加趋势，说明右利手球员在下杆过程中，左膝关节角度变化较右膝关节角度稳定，球员控制的难易程度也不一。

(A) 贾斯汀·罗斯 击球瞬间右膝关节角度

(B) 本德·维斯伯格 击球瞬间右膝关节角度

(C) 路易斯·乌修仁 击球瞬间右膝关节角度

(D) 吴阿顺 击球瞬间右膝关节角度

图2-24 中外球员击球瞬间右膝关节角度对比

2. 中外顶尖球员右膝关节角度差异分析

由表2-8可以看出，上杆阶段右膝关节角度变化与下杆阶段右膝关节角度变化的相关系数为0.549（P 值=0.018<0.05），呈正相关，即上杆阶段右膝关节角度增大幅度越小，下杆阶段右膝关节角度减小幅度越小。我国顶尖男子高尔夫球员在上杆阶段右膝关节角度增加（4.1±7.3）°，下杆阶段右膝关节角度减少（5.4±6.4°），国外顶尖男子高尔夫球员在上杆阶段右膝关节角度增加（3.6±6.6°），下杆阶段右膝关节角度减小（2.1±11.9°）。

表 2-8　上下杆阶段右膝关节角度变化与挥速相关因素分析

统计项目	相关性	上杆阶段右膝关节角度变化/°	下杆阶段右膝关节角度变化/°	挥速/mph
上杆阶段右膝关节角度变化/°	皮尔逊相关性	1	0.549*	0.025
	Sig.（双尾）		0.018	0.921
下杆阶段右膝关节角度变化/°	皮尔逊相关性	0.549*	1	-0.564*
	Sig.（双尾）	0.018		0.015
挥速/mph	皮尔逊相关性	0.025	-0.564*	1
	Sig.（双尾）	0.921	0.015	

注：*在 0.05 级别（双尾），相关性显著。

下杆阶段右膝关节角度变化与挥速的相关系数为 -0.564（P 值 = 0.015 < 0.05），呈负相关，即下杆阶段右膝关节角度减小幅度越小，挥速越大，意味着击球距离越远。我国顶尖男子高尔夫球员下杆阶段右膝关节角度减小 5.4°±6.4°，挥速为（116.50±4.36）mph，击球距离为（288.8±24.3）Y；国外顶尖男子高尔夫球员下杆阶段右膝关节角度减小 2.1°±11.9°，挥速为（119.55±5.01）mph，击球距离为（303.1±15.8）Y。

由表 2-9 可以看出，国内外顶尖男子高尔夫球员的右膝关节角度在一号木杆全挥杆中差异，但可以看出，从准备时刻到击球结束后随挥 3 点钟，国内顶尖男子高尔夫球员的右膝关节平均角度都比同一时刻国外顶尖球员右膝关节平均角度小。综上所述，我国顶尖球员与国外顶尖球员相比，上杆阶段右膝关节平均增加角度大，下杆阶段右膝关节平均减小角度小，且在同一时刻右膝关节角度小，而右膝关节角度对挥速以及击球距离有着重要影响。右膝关节角度很可能是影响我国顶尖球员挥速与击球距离的一个重要因素。

表 2-9　中外顶尖球员右膝关节角度平均值、标准差、差异性（$\bar{x}$±SD）

挥杆时刻	中国顶尖球员/°	外国顶尖球员/°	显著性	Sig.（双尾）
准备时刻	149.6±2.8	152.7±5.5	0.1	0.2
上杆 7 点钟	150.2±3.6	153.1±4.6	0.8	0.2
上杆 8 点钟	151.1±6.2	156.4±5.8	0.9	0.1
上杆 9 点钟	153.1±6.7	157.3±6.2	0.8	0.2
上杆 10 点钟	153.7±5.6	158.3±7.1	0.5	0.2

续表

挥杆时刻	中国顶尖球员/°	外国顶尖球员/°	显著性	Sig.（双尾）
上杆11点钟	154.0±4.5	158.2±7.1	0.5	0.2
上杆12点钟	154.1±4.8	159.2±7.0	0.614	0.13
上杆顶点	153.6±4.7	156.4±6.5	0.766	0.369
下杆12点钟	136.4±7.0	140.1±7.5	0.522	0.322
下杆11点钟	137.1±6.1	141.5±7.6	0.341	0.244
下杆10点钟	138.7±6.3	142.9±8.0	0.509	0.28
下杆9点钟	139.9±6.0	146.5±8.0	0.324	0.096
下杆8点钟	143.4±5.8	150.8±7.6	0.429	0.053
下杆7点钟	147.0±4.6	153.0±8.1	0.235	0.116
击球瞬间	148.2±5.4	154.2±9.2	0.193	0.161
随挥3点钟	153.8±7.2	158.2±9.7	0.4	0.336
上杆阶段	4.1±7.3	3.6±6.6	0.869	0.903
下杆阶段	-5.4±6.4	-2.1±11.9	0.18	0.544
击球瞬间与准备时刻相比	-1.3±6.4	1.5±9.7	0.169	0.526

注：* 在 0.05 级别（双尾），差异性显著；** 在 0.01 级别（双尾），差异性极显著。

由表 2-10 可以看出，下杆阶段右膝关节角度变化与挥速的相关系数为-0.564（P 值=0.015<0.05），呈负相关。这说明在一定范围内且同等条件下，下杆阶段球员右膝关节角度减小幅度越小，一号木杆挥速越大，击球距离越远，反之亦然。由表 2-11 看出，在下杆阶段，我国优秀高尔夫球员右膝关节角度变化为-5.4°±6.4°，挥速为（116.50±4.36）mph；国外优秀高尔夫球员右膝关节角度变化为-2.1°±11.9°，挥速为（119.55±5.01）mph。下杆整体阶段，我国优秀球员右膝关节减小角度大于国外球员，说明我国球员下杆阶段的蹬伸情况并不理想，导致挥速慢，这很可能是影响我国球员一号木杆击球距离的重要因素之一。

表 2-10　下杆阶段右膝关节变化角度与挥速相关性分析

统计项目	相关性	挥速/mph
下杆阶段右膝关节角度变化/°	皮尔逊相关性	-0.564*
	Sig.（双尾）	0.015

注：* 在 0.05 级别（双尾），相关性显著。

表 2-11　中外球员下杆阶段右膝关节变化角度与挥速对比

球员国籍	下杆阶段右膝关节变化角度/°	挥速/mph
中国球员	-5.4±6.4	-2.1±11.9
国外球员	116.50±4.36	119.55±5.01

由表 2-12 和表 2-13 可以看出，球员击球瞬间右膝关节角度与挥动高尔夫球一号木杆挥速相关系数为 0.581（P 值=0.011<0.05），呈显著正相关，说明在一定范围内且同等条件下，球员击球瞬间右膝关节角度越大，球员一号木杆挥速越大，反之亦然。由表 2-13 看出，在击球瞬间，我国优秀球员右膝关节角度为 148.2°±5.4°，挥速为（116.50±4.36）mph；国外优秀球员右膝关节角度为 154.2°±9.2°，挥速为（119.55±5.01）mph。我国优秀球员右膝关节角度比国外球员小，挥速小，导致球速小，击球距离近。这很可能是制约我国优秀球员一号木杆击球距离的重要因素之一，在一定范围内增加我国优秀球员击球瞬间右膝关节角度可能会有意想不到的收获。

表 2-12　击球瞬间右膝关节角度与挥速的相关因素分析

击球瞬间右膝关节角度/°	挥速/mph	相关性系数	P 值
152.2±8.5	118.53±4.90	0.581*	0.011

注：* 在 0.05 级别（双尾），相关性显著。

表 2-13　中外球员击球瞬间右膝关节角度、挥速对比

球员国籍	右膝关节角度/°	挥速/mph
中国球员	148.2±5.4	116.50±4.36
外国球员	154.2±9.2	119.55±5.01

二、髋转动角度变化趋势及对比分析

高尔夫挥杆是一个转体发力的动作，肩转动角度、髋转动角度、肩-髋相对

角度是不可忽视的影响因素，三者对高尔夫一号木挥杆击球效果有着重要的影响。本书未计算出髋转动角度、肩转动角度与挥速、球速、高尔夫球起飞角度和击球距离四项参数之间的显著相关性。

有相关学者已求证出它们之间具有一定相关性，如徐华雨指出，髋在上杆12点钟与上杆顶点时的转动角度与球速相关系数分别为-0.887（值=0.018<0.005）、-0.892（P值=0.017<0.005），两个时刻髋转动角度与高尔夫球速呈负相关。这说明在一定范围内且同等条件下，当上杆12点钟与上杆顶点的髋关节向目标反方向转动角度越小，球速会越快，本次研究中，髋转动角度的正负值仅代表旋转方向，我国优秀球员髋在上杆12点钟与上杆顶点时角度平均值与标准差分别为-26.1°±10.1°、-38.2°±11.3°，球速平均值与标准差为（172.49±6.42）mph，国外优秀球员髋在上杆12点钟与上杆顶点时角度平均值与标准差分别为-23.7°±7.8°、-26.9°±9.3°，球速平均值与标准差为（177.06±3.14）mph，与该研究结果一致。

（一）中外优秀球员髋转动角度特点分析

由图2-25可以看出，国内外优秀男子高尔夫球员从准备姿势时刻到上杆顶点，球员髋部向目标反方向转动的角度呈现逐步增大的趋势，且在上杆7点钟，路易斯·乌修仁、托尼·弗诺、肖恩·劳瑞三位球员髋转动角度明显大于其他几位球员（图2-26），在上杆9点钟之前，单位挥杆阶段内转动角度不大。在上杆9点钟到上杆10点钟，大部分优秀球员单位挥杆阶段内髋转动角度明显增大，而在随后上杆10点钟到上杆12点钟，髋转动的角度相对较小。肩-髋相对角度对高尔夫一号木杆挥杆速度有着重要的影响，肩-髋相对角度越大，挥速越大，击球距离越远。可以推测出大部分优秀球员在上杆阶段有意识地控制髋转动角度增加，这样可以在肩转动相同角度的前提下，增加上杆顶点肩-髋相对角度，从而为增加一号木杆的击球距离做准备。在上杆顶点，其他球员的髋向目标反方向转动角度为16.6°~42.7°，而李昊桐的髋向目标反方向转动角度为58.9°，明显大于其他球员，很可能是限制李昊桐一号木杆击球距离增加的关键因素之一。

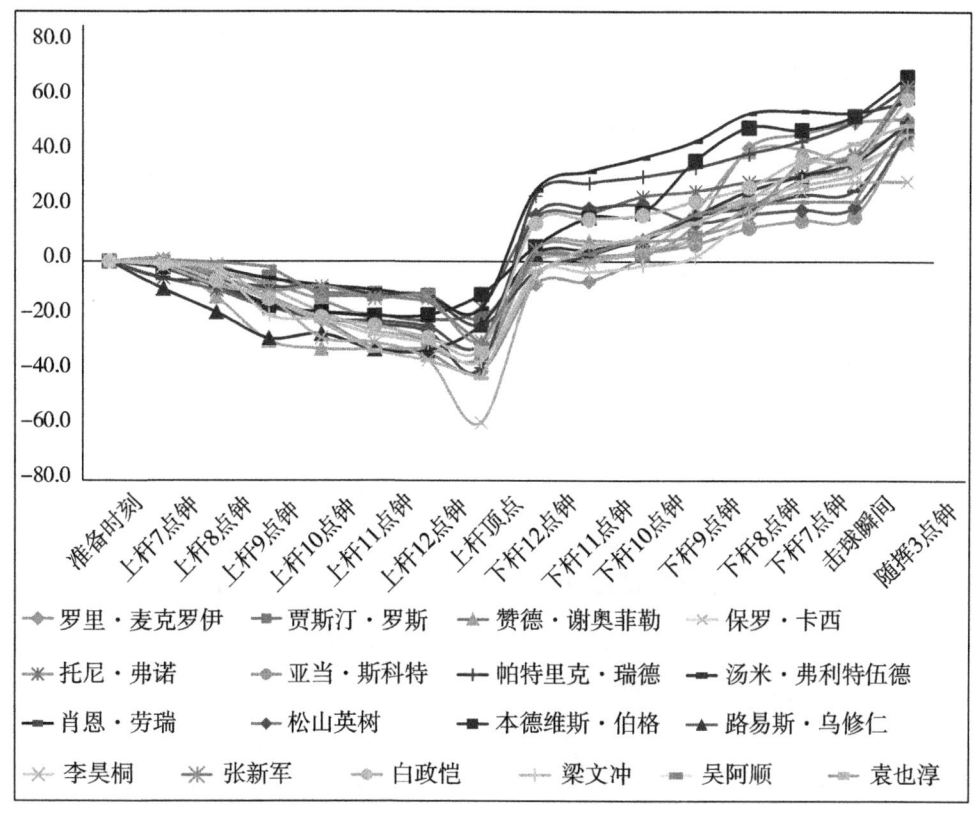

图 2-25 挥杆过程髋转动角度变化

大部分优秀球员从上杆顶点开始到击球后的随挥 3 点钟，髋开始向目标方向转动。从上杆顶点到下杆 12 点钟，单位挥杆阶段内髋部向目标反方向转动最多，有 12 名优秀球员在下杆 12 点钟，髋向目标方向转动且超过准备时刻，其中国外球员有 9 名，而我国球员仅有 3 名，我国部分球员在下杆 12 点钟髋向目标方向转动不足，肩髋之间相关肌肉没有处于最佳的牵张反射状态，肌力没有处于最能大状态，这可能是我国优秀球员一号木杆挥速小、击球距离近的重要原因。

(A) 路易斯·乌修仁 上杆 7 点钟髋转动角度

(B) 托尼·弗诺 上杆 7 点钟转动角度

(C) 肖恩·劳瑞 上杆 7 点钟髋转动角度

(D) 李昊桐 上杆 7 点钟髋转动角度

图 2-26 中外球员上杆 7 点钟髋转动角度对比

(二) 中外优秀球员髋转动角度差异性分析

如表 2-14 所示，对国内外优秀男子高尔夫球员各关键时刻的髋转动角度进行差异性分析发现，在上杆顶点与下杆 8 点钟两个关键时刻，国内外优秀男子高尔夫球员存在显著差异，其余时刻未发现显著差异。我国球员从准备时刻到上杆 9 点钟的髋部角度小于国外优秀球员，增加肩-髋相对角度可以增加击球距离，上杆过程中尽可能地保证髋部较少地转动，同等条件下，尽可能地增加肩-髋相对角度。从上杆 10 点钟到上杆顶点，我国优秀球员的髋转动角度大于国外优秀球员，同等条件下，不利于通过增加肩-髋相对角度来增加一号木杆的击球距离。

从下杆12点钟开始到击球结束后随挥3点钟，我国优秀球员的髋部向目标方向的平均回转角度总是小于同一时刻的国外优秀球员，相同情况下，由于髋部向目标方向回转角度小，会减小肩-髋相对角度，从而影响高尔夫一号木杆的击球距离，这很可能是我国优秀球员的平均击球距离短于国外优秀球员的重要原因之一。

表 2-14　中外优秀球员髋转角度差异性分析

挥杆时刻	中国球员	外国球员	显著性	Sig.（双尾）
上杆顶点	-38.2±11.3	-26.9±9.3	0.88	0.039*
下杆8点钟	20.6±4.0	31.0±13.5	0.004	0.028*

注：* 在0.05级别（双尾），差异性显著。

如表2-15所示，对国内外顶尖男子高尔夫球员各关键时刻的髋转动角度进行差异性分析发现，在上杆顶点与下杆8点钟两个关键时刻，国内外顶尖男子高尔夫球员存在显著差异，其余时刻未发现显著差异。我国球员从准备时刻到上杆9点钟髋部平均角度小于国外顶尖球员，增加肩-髋相对角度可以增加击球距离，上杆过程中尽可能地保持髋部较少地转动，同等条件下，尽可能地增加肩-髋相对角度。从上杆10点钟到上杆顶点，我国顶尖球员的髋转动角度大于国外顶尖球员，同等条件下，不利于通过增加肩-髋相对角度来增加一号木杆的击球距离。从下杆12点钟开始到击球结束后随挥3点钟，我国顶尖球员的髋部向目标方向的平均回转角度总是小于同一时刻的国外顶尖球员平均回转角度，相同情况下，由于髋部向目标方向回转角度小，会减小肩-髋相对角度，从而影响高尔夫一号木杆的击球距离，这很可能是我国顶尖球员的平均击球距离短于国外顶尖球员的重要原因之一。

表 2-15　中外顶尖球员全挥杆髋旋转角度差异性分析

挥杆时刻	中国球员	外国球员	显著性	Sig.（双尾）
准备时刻	0	0	—	—
上杆7点钟	-0.4±1.0	-2.6±3.2	0.062	0.125
上杆8点钟	-4.4±3.2	-7.6±4.8	0.501	0.162
上杆9点钟	-12.2±5.7	-14.5±7.6	0.395	0.516
上杆10点钟	-18.9±6.8	-18.3±6.8	0.87	0.873
上杆11点钟	-23.1±8.4	-21.8±7.7	0.71	0.741

续表

挥杆时刻	中国球员	外国球员	显著性	Sig.（双尾）
上杆12点钟	−26.1±10.1	−23.7±7.8	0.403	0.581
上杆顶点	−38.2±11.3	−26.9±9.3	0.88	0.039*
下杆12点钟	1.2±7.5	7.2±11.0	0.23	0.25
下杆11点钟	4.1±6.7	10.4±12.4	0.054	0.262
下杆10点钟	7.4±6.2	13.9±12.2	0.034	0.155
下杆9点钟	12.1±7.3	21.0±11.7	0.203	0.111
下杆8点钟	20.6±4.0	31.0±13.5	0.004	0.028*
下杆7点钟	30.9±6.1	34.5±12.4	0.057	0.516
击球瞬间	34.0±7.7	37.7±12.8	0.228	0.531
随挥3点钟	50.1±12.1	53.1±8.0	0.6	0.527

注：* 在0.05级别（双尾），差异性显著；** 在0.01级别（双尾），差异性极显著。

三、肩转动角度变化趋势及对比分析

徐华雨发现，在上杆9点钟和上杆12点钟肩转动角度与击球距离相关系数分别是0.825（P 值=0.043<0.05）、0.925（P 值=0.008<0.05），两个时刻肩向目标反方向转动角度与高尔夫球击球距离呈显著正相关。这说明在一定范围内且同等条件下，当球员在上杆9点钟与上杆12点钟的肩向目标反方向转动角度越大，一号木杆击球距离越远。在本次研究中，肩转动角度的正负值仅代表旋转方向，我国优秀球员在上杆9点钟与12点钟肩角度为−34.8°±8.0°、−69.8°±12.8°，一号木杆击球距离平均值与标准差为（288.8±24.3）Y，国外优秀球员上杆9点钟与12点钟肩角度为−35.2°±9.5°、−73.9°±10.4°，一号木杆击球距离平均值与标准差为（303.1±15.8）Y，与该研究结果一致。

同时发现，击球瞬间肩转动角度与挥速相关性系数为−0.837（P 值=0.038<0.05），呈显著负相关。这说明在一定范围内且同等条件下，当球员击球瞬间挥速越大时，球员的肩向目标方向转动角度越小。本次研究中，肩转动角度的正负值仅代表方向，我国球员击球瞬间的肩角度平均为−5.3°±10.3°，挥速平均值与标准差为（116.50±4.36）mph，而国外优秀球员为10.7°±12.2°，挥速平均值与标准差为（119.55±5.01）mph，与该研究结果不一致，说明我国球员在此方面具有优势，但却未能发挥出来，通过调整球员击球瞬间肩转动角度很可能会增加一号木杆击球距离。

(一) 中外优秀球员肩转动角度特点分析

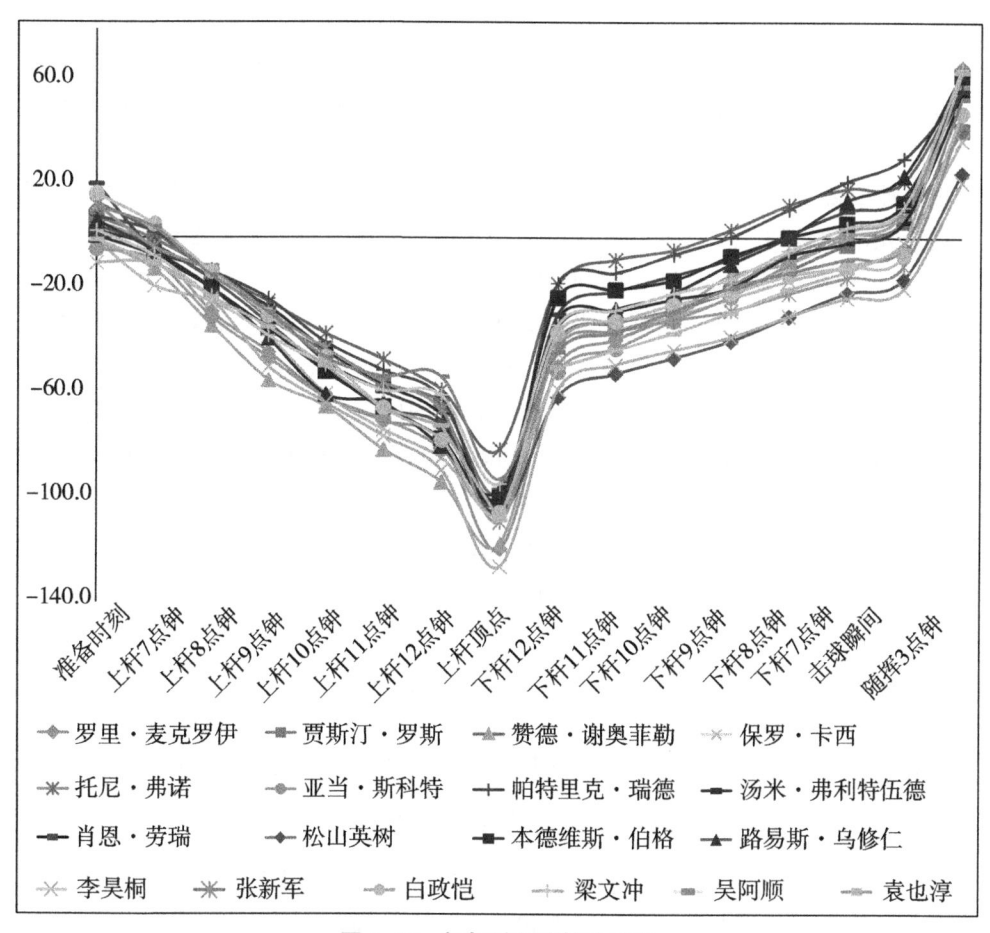

图 2-27 挥杆过程肩转动角度

由图 2-27 可以看出，在准备时刻，优秀球员的肩部角度范围为向目标方向转动 20°到向目标反方向转动 10°，多数球员准备时刻的肩角度相对于髋角度转向目标方向，仅赞德·谢奥菲勒、保罗·卡西、亚当斯·科特、李昊桐、袁也淳五名球员小幅向目标反方向转动，其中李昊桐在准备时刻向目标反方向转动角度最大。在上杆顶点，优秀球员向目标反方向转动角度为 80°~140°，更多球员的转动角度集中在向目标反方向转动 90°~110°，仅罗里·麦克罗伊、赞德·谢奥菲勒与李昊桐三人肩转动角度大于 110°，仅托尼·弗诺在上杆顶点向目标反方向转动角度小于 90°。上杆顶点肩转动角度与击球距离呈显著正相关，上杆顶点肩转动角度越大，击球距离越远。我国球员在上杆顶点肩向目标反方向转动角度为

106.0°±12.1°，国外优秀高尔夫球员上杆顶点肩向目标反方向转动角度为102.7°±9.7°，我国优秀球员上杆顶点时肩向目标反方向转动角度大于国外优秀球员，但我国优秀球员击球距离为（291.0±10.2）Y，国外优秀球员击球距离为（304.7±14.0）Y，虽然我国优秀球员在上杆顶点肩向目标反方向转动角度大于国外优秀球员，但击球距离却小于国外优秀球员，我国优秀球员在上杆顶点的肩转动角度有着明显的优势，但却未能合理利用，这可能是影响我国球员击球距离的重要原因之一，如果我国球员可以优化全挥杆动作，很有可能获得更远的击球距离。在击球瞬间，优秀球员肩转动角度比较大，为目标反方向20°到目标方向30°，我国球员更多地向目标反方向转动肩，而国外优秀球员更多地向目标方向转动肩。击球瞬间肩转动角度与挥速呈显著负相关，意味着击球瞬间向目标方向肩转动角度越小，击球距离会越远，而我国多数优秀球员在此时刻向目标反方向转动肩，但挥速却明显小于国外优秀球员，我国优秀球员可能存在动作缺陷，如果我国球员可以合理优化肩转动角度，很可能在挥速乃至击球距离方面有较大提高。

从准备时刻到上杆顶点，国内外优秀球员肩转动角度均呈现向目标反方向逐渐增大的趋势，在上杆12点钟到上杆顶点，单位挥杆阶段内肩转动角度最大，且在上杆顶点时刻，球员向目标反方向肩转动角度达到最大。从上杆顶点开始到挥杆结束的随挥3点钟时刻，球员向目标方向转动肩，从上杆顶点到下杆12点钟，球员在单位挥杆阶段向目标方向的肩转动角度最大。下杆过程肩转动角度变化速度比上杆过程快，且下杆过程球员间的角度变化差异比上杆过程大。

(二) 中外优秀球员肩转动角度差异性分析

由表2-16可以看出，国内外优秀高尔夫球员在一号木杆全挥杆过程中，仅在下杆8点钟、下杆7点钟、击球瞬间三个关键时刻有显著差异（图2-28）。从准备时刻到上杆12点钟，我国优秀高尔夫球员向目标反方向肩转动角度小于同一时刻国外优秀高尔夫球员，从上杆顶点到击球瞬间，我国优秀球员向目标反方向肩转动角度大于国外优秀球员，且差异越来越大。击球瞬间向目标反方向肩转动角度越大，一号木杆挥速越快，我国优秀球员在击球瞬间向目标反方向肩转动角度为-5.3°±10.3°，国外优秀球员为10.7°±12.2°，我国球员向目标方向肩回转角度小，但是挥速却比国外优秀球员小，可见我国优秀球员未将此优势发挥出来，可能是由于球员核心肌群力量弱，这是我国优秀球员比国外优秀球员击球距离近的重要原因之一。

表 2-16 中外优秀球员全挥杆肩旋转角度差异性分析

挥杆时刻	中国球员	外国球员	显著性	Sig.（双尾）
下杆 8 点钟	−17.3±8.6	−5.4±11.8	0.484	0.045*
下杆 7 点钟	−11.0±9.0	3.3±12.1	0.407	0.022*
击球瞬间	−5.3±10.3	10.7±12.2	0.657	0.014*

注：*在 0.05 级别（双尾），差异性显著。

（A）路易斯·乌修仁 击球瞬间肩转动角度

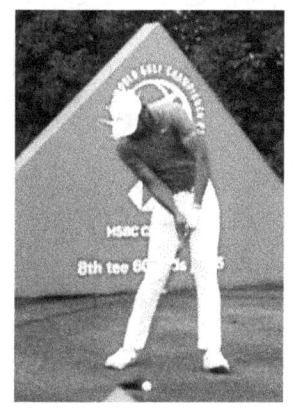

（B）托尼·弗诺 击球瞬间肩转动角度

（C）肖恩·劳瑞 上杆 7 点钟髋转动角度

（D）李昊桐 击球瞬间肩转动角度

图 2-28 中外球员击球瞬间肩转动角度对比

由表 2-17 可以看出，国内外顶尖球员在一号木杆全挥杆过程中，仅在下杆 8 点钟、下杆 7 点钟、击球瞬间三个关键时刻有显著差异。从准备时刻到上杆 12 点钟，我国顶尖球员向目标反方向肩转动角度小于同一时刻国外顶尖球员，从上杆顶点到击球瞬间，我国顶尖球员向目标反方向肩转动角度大于国外顶尖球员，且差异越来越大。击球瞬间向目标反方向肩转动角度越大，一号木杆挥速越快，而我国顶尖球员击球瞬间的肩向目标反方向角度（-5.3°±10.3°）大于国外顶尖球员（10.7°±12.2°），但是挥速却比国外顶尖球员小，我国顶尖球员未将此优势发挥出来，这可能是我国顶尖球员比国外顶尖球员击球距离近的重要原因之一。

表 2-17 中外顶尖球员全挥杆肩旋转角度差异性分析

挥杆时刻	中国球员	外国球员	显著性	Sig.（双尾）
准备时刻	5.6±9.9	5.3±7.0	0.193	0.941
上杆 7 点钟	-3.4±6.6	-5.1±5.9	0.547	0.584
上杆 8 点钟	-18.3±5.3	-19.9±7.6	0.379	0.645
上杆 9 点钟	-34.8±8.0	-35.2±9.5	0.521	0.929
上杆 10 点钟	-49.3±7.3	-51.7±9.6	0.155	0.604
上杆 11 点钟	-62.4±8.4	-63.3±9.9	0.668	0.854
上杆 12 点钟	-69.8±12.8	-73.9±10.4	0.631	0.468
上杆顶点	-106.0±12.1	-102.7±9.7	0.568	0.537
下杆 12 点钟	-43.9±9.0	-36.5±13.7	0.197	0.25
下杆 11 点钟	-37.2±7.5	-29.2±12.5	0.241	0.17
下杆 10 点钟	-31.0±7.8	-23.3±11.6	0.347	0.162
下杆 9 点钟	-25.1±8.1	-14.9±11.7	0.416	0.075
下杆 8 点钟	-17.3±8.6	-5.4±11.8	0.484	0.045*
下杆 7 点钟	-11.0±9.0	3.3±12.1	0.407	0.022*
击球瞬间	-5.3±10.3	10.7±12.2	0.657	0.014*
随挥 3 点钟	49.5±15.9	53.7±12.4	0.671	0.553

注：* 在 0.05 级别（双尾），差异性显著；** 在 0.01 级别（双尾），差异性极显著。

四、肩-髋相对角度变化趋势及对比分析

（一）中外优秀球员肩-髋相对角度特点分析

由表 2-18 可以看出，我国优秀高尔夫球员在击球瞬间的肩-髋相对角度与一

号木杆挥速和高尔夫球起飞角度相关系数分别为-0.825（P 值=0.043<0.05）、0.870（P 值=0.024<0.05）。我国优秀球员在击球瞬间肩-髋相对角度与一号木杆挥速呈显著负相关，与高尔夫球起飞角度呈显著正相关。这说明在一定范围内且同等条件下，击球瞬间髋领先于肩向目标方向转动角度越大，一号木杆挥速越快，高尔夫球起飞角度越小，击球距离更远。国内优秀球员击球瞬间肩-髋相对角度为-39.3°±12.6°，挥速为（116.50±4.36）mph，高尔夫球起飞角度为11.5°±1.6°，平均击球距离为（291.0±10.2）Y；国外优秀球员为-27.0°±13.9°，挥速为（119.55±5.01）mph，高尔夫球起飞角度为9.7°±2.2°，平均击球距离为（304.7±14.0）Y。我国优秀球员击球瞬间肩-髋相对角度较国外优秀球员合理，但击球距离却没有国外优秀球员远，可能是核心区域力量不足，使此方面的优势并未充分体现出来，注重并合理利用此优势，可能有助于我国优秀球员增加击球距离。我国优秀球员在击球瞬间肩-髋相对角度大小与高尔夫球的起飞角度呈显著正相关，即相同条件下，击球瞬间肩落后于髋向目标方向转动角度越大，高尔夫球起飞角度越小，击球距离越远。

表2-18 我国球员肩-髋相对角度与挥速、球速、起飞角度、击球距离相关性分析

统计项目	相关性	挥速/mph	球速/mph	起飞角度/°	击球距离/Y
击球瞬间肩-髋相对角度	皮尔逊相关性	-0.825*	-0.792	0.870*	-0.706
	Sig.（双尾）	0.043	0.06	0.024	0.117

注：*在0.05级别（双尾），相关性显著。

（二）中外优秀球员肩-髋相对角度差异性分析

由图2-29可以看出，从准备时刻到上杆顶点，肩-髋夹角逐渐增大，且在上杆12点钟到上杆顶点，肩-髋夹角增加速度最快，在上杆顶点达到最大肩宽相对角度。从上杆顶点到击球瞬间。肩-髋夹角不断减小，且在上杆顶点到下杆12点钟，肩-髋夹角减小幅度最大。在击球瞬间，所有顶尖球员髋相对于肩向目标方向转动角度大，肩-髋相对角度呈负值，肩-髋夹角为-50°～-5°，由此可以看出，球员在下杆过程中，身体向目标方向旋转时，髋领先于肩向目标方向转动，且髋向目标转动对于肩向目标转动具有带动作用。在击球后随挥3点钟时刻，多数顶尖球员的髋领先于肩向目标方向转动。

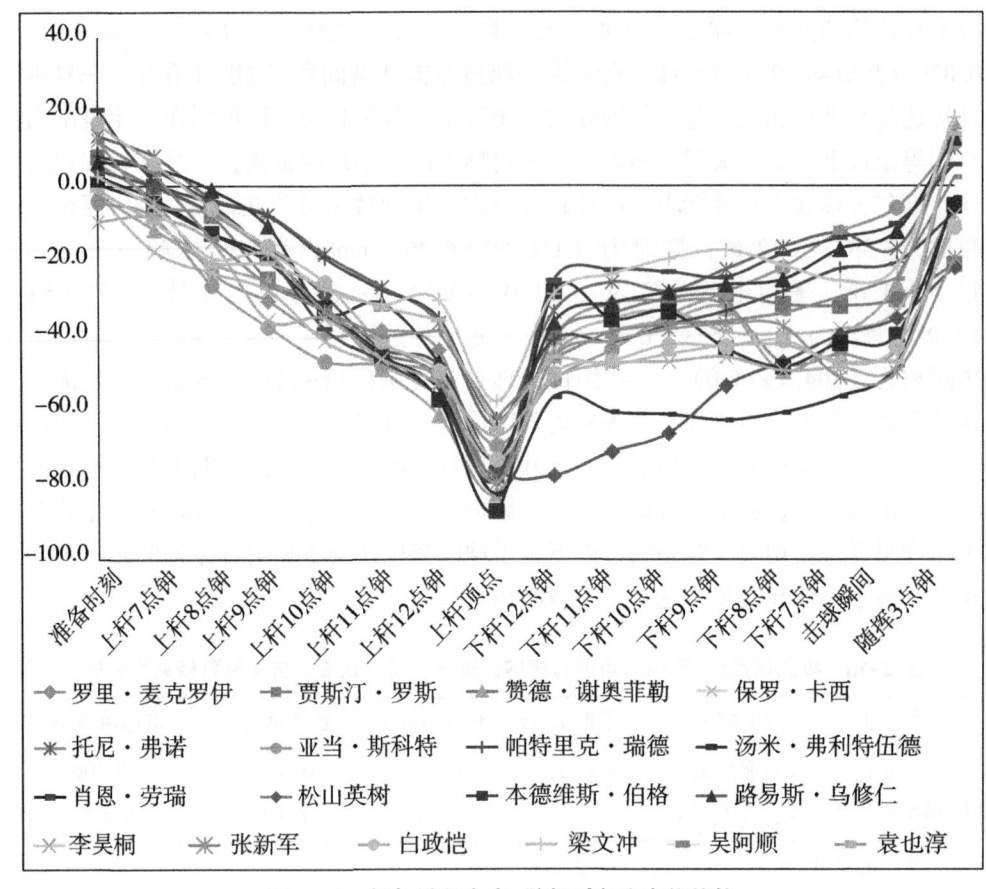

图 2-29 挥杆过程中肩-髋相对角度变化趋势

在上杆过程中，肩优先于髋向反方向转动，开始上杆时，肩-髋相对角度应均匀增加，但顶尖球员的肩-髋夹角增加幅度时大时小，如梁文冲、袁也淳从准备时刻到上杆顶点，肩转动角度大致均衡，而从准备时刻到上杆8点钟，尽可能保持髋转动角度，而在上杆9点钟大幅增加，之后的角度增加幅度减小，且相对平均，若球员在上杆9点钟控制增加幅度，可能会使上杆顶点肩-髋相对角度增加，从而增加击球距离。李昊桐从准备时刻到上杆9点钟，并未像其他球员一样尽量保持髋向目标反方向转动角度，而是大致均衡增长，且在上杆10点钟，髋部向反目标方向转动角度增加幅度较大，使上杆10点钟时肩-髋相对角度减小，上杆顶点、下杆9点钟以及击球瞬间肩-髋相对角度是在此基础上产生的，因此对其有一定影响，进而间接影响击球距离。国外顶尖球员罗里·麦克罗伊的击球距离较李昊桐、梁文冲、袁也淳等远很多，从准备时刻到上杆10点钟，髋转动角度保持较好，而在上杆11点钟，髋向目标反方向转动角度增加，而肩向目标反方向转动速度大致均衡，肩-髋相对角度减小，可能对其击球距离也存在一定的影响。其他球员也存在类似不合理之处，若改善此类情况，很可能对于增加击球距离有促进作用。

顶尖球员很可能存在肩转动速度不匀称、髋主动转动、球员有意识在髋转动时尽量减小转动角度，从而增加上杆顶点时肩-髋相对角度等问题，可在后期进一步研究探讨。

在上杆12点钟到上杆顶点，大部分球员的髋转动角度仍呈向目标反方向转动的趋势，而本德·维斯伯格、托尼·弗诺、路易斯·乌修仁三位顶尖球员的髋却向目标方向转动，同时所有球员的肩向目标反方向转动，因此，本德·维斯伯格、托尼·弗诺、路易斯·乌修仁三位顶尖球员在上杆顶尖时刻的肩-髋相对角度更大，从而增加一号木杆挥速以及击球距离。

表2-19 中外顶尖球员全挥杆肩-髋相对角度差异性分析

挥杆时刻	中国球员	外国球员	显著性	Sig.（双尾）
准备时刻	5.6±9.9	5.3±7.0	0.193	0.941
上杆7点钟	−3.0±6.3	−2.5±7.4	0.809	0.892
上杆8点钟	−13.9±6.1	−12.3±9.1	0.167	0.709
上杆9点钟	−22.6±7.5	−20.6±9.3	0.536	0.666
上杆10点钟	−30.5±4.1	−33.4±8.4	0.38	0.438
上杆11点钟	−39.3±5.8	−41.5±8.1	0.264	0.562
上杆12点钟	−43.6±9.6	−50.2±8.2	0.378	0.149
上杆顶点	−67.8±7.9	−75.8±7.4	0.959	0.052
下杆12点钟	−45.1±8.2	−43.7±14.0	0.323	0.826
下杆11点钟	−41.3±9.4	−39.6±14.0	0.433	0.795
下杆10点钟	−38.4±10.0	−37.1±13.2	0.597	0.836
下杆9点钟	−37.2±10.4	−35.9±12.3	0.487	0.828
下杆8点钟	−37.9±9.6	−36.4±14.6	0.068	0.826
下杆7点钟	−41.9±11.1	−31.2±15.0	0.248	0.144
击球瞬间	−39.3±12.6	−27.0±13.9	0.742	0.087
随挥3点钟	−0.5±14.8	0.6±13.3	0.772	0.878

注：* 在0.05级别（双尾），差异性显著；** 在0.01级别（双尾），差异性极显著。

由表2-19可以看出，国内外顶尖球员全挥杆过程中各时刻肩-髋相对角度无显著差异，从准备时刻开始到上杆9点钟，我国顶尖高尔夫球员的肩-髋相对角度与大于同一时刻国外顶尖高尔夫球员，从上杆10点钟开始到上杆顶点，国外顶尖高尔夫球员肩-髋相对角度大于国内顶尖球员，但从下杆12点钟开始到击球瞬间，我国高尔夫球员的肩-髋相对角度大于国外顶尖球员，在击球后的随挥3点钟时刻，我国顶尖球员的肩-髋相对角度为-0.5°±14.8°，平均击球距离为（291.0±10.2）Y，肩落后于髋向目标方向转动，而国外顶尖球员的肩-髋相对角度为0.6°±13.3°，平均击球距离为（304.7±14.0）Y，肩领先于髋向目标方向转动。高尔夫动力链在最佳时间制动及紧密传递，髋的正确制动可以将转动高效传给肩，而后传递到一号木杆杆头。

由表2-19可以看出，国内顶尖球员击球瞬间肩-髋相对角度为-39.3°±12.6°，挥速为（116.50±4.36）mph，国外顶尖球员为-27.0°±13.9°，挥速为（119.55±5.01）mph，我国顶尖高尔夫球员在击球瞬间肩落后于髋转向目标方向角度大于国外顶尖球员，但挥速却小于国外顶尖球员，虽然我国球员在击球瞬间的肩-髋相对角度优越，但并未能将该优势发挥出来，如果对我国球员动作进行调整，可使一号木杆的挥速更大，击球距离更远。

在击球前后，肩-髋相对角度可能对高尔夫一号木杆的挥速、球速、起飞角度、击球距离有一定影响，本研究未发现出国外顶尖高尔夫球员击球瞬间肩-髋相对角度与挥速、球速、高尔夫球起飞角度及击球距离呈显著相关性，而我国顶尖高尔夫球员在击球瞬间的肩-髋相对角度与挥速及高尔夫球起飞角度有显著相关性。

在击球前后，肩-髋相对角度可能对高尔夫一号木杆的挥速、球速、起飞角度、击球距离有一定影响，本研究未发现各时刻国内外优秀球员肩-髋相对角度有显著差异，但从下杆12点钟开始到击球瞬间，我国高尔夫球员的肩-髋相对角度均大于国外优秀球员。在上杆顶点时刻，我国球员肩-髋相对角度小于国外球员。

由表2-20可以看出，国内优秀球员击球瞬间肩-髋相对角度为-39.3°±12.6°，挥速为（116.50±4.36）mph，国外优秀球员的肩髋相对角度为-27.0°±13.9°，挥速为（119.55±5.01）mph，我国优秀高尔夫球员在击球瞬间的肩落后于髋转向目标方向角度大于国外优秀球员，但挥速却小于国外优秀球员，虽然我国球员在击球瞬间的肩-髋相对角度优越，但并未能将该优势发挥出来，如果对我国球员动作进行调整，可使一号木杆的挥速更大，击球距离更远。

表2-20 中外球员上杆顶点、击球瞬间与随挥3点钟肩-髋相对角度对比

挥杆时刻	中国球员/°	外国球员/°
上杆顶点	-67.8±7.9	-75.8±7.4

续表

挥杆时刻	中国球员/°	外国球员/°
击球瞬间	−39.3±12.6	−27.0±13.9
随挥3点钟	−0.5±14.8	0.6±13.3

在随挥3点钟，我国优秀球员的肩-髋相对角度为−0.5°±14.8°，平均击球距离为（291.0±10.2）Y，肩落后于髋向目标方向转动，而国外优秀球员的肩-髋相对角度为0.6°±13.3°，平均击球距离为（304.7±14.0）Y，肩领先于髋向目标方向转动。击球时，我国优秀球员髋制动效果不如国外优秀球员，高尔夫动力链在最佳时间制动及紧密传递，髋的合理制动可以将转动更高效地传给肩，而后传递到一号木杆杆头，产生最快的挥速，获得更远的击球距离。

第五节　重心位移趋势及对比分析

在众多运动中，身体重心的合理变化对运动良好表现有重要的影响，在高尔夫运动中也是如此。

一、重心在 x 轴上的位移趋势及对比分析

（一）重心在 x 轴上的变化与挥速相关性分析

由表2-21可知，在下杆阶段，优秀高尔夫男子运动员重心在 x 轴上的移动量与一号木杆挥速相关系数为−0.491（P 值＝0.038<0.05），呈显著负相关。这说明在一定范围内且同等条件下，从上杆顶点到击球瞬间，球员的重心向 x 轴负值方向（球员背对方向）移动越多，一号木杆的挥速越快。国内外优秀球员击球瞬间重心 x 轴坐标值均大于上杆顶点的重心 x 轴坐标值，下杆阶段重心在 x 轴上移动距离均为正值，意味着在下杆阶段，国内外优秀男子高尔夫球员的重心在 x 轴上均向正值方向移动。由表2-21可知，我国优秀男子高尔夫球员重心在 x 轴上向正值方向平均移动（0.064±0.017）m，挥速为（116.50±4.36）mph，击球距离为（288.8±24.3）Y；国外优秀男子高尔夫球员重心在 x 轴上向正值方向平均移动（0.040±0.044）m，挥速为（119.55±5.01）mph，击球距离为（303.1±15.8）Y。在下杆阶段，国内优秀男子高尔夫球员重心在 x 轴上向正值方向平均移动量大于国外优秀球员，即重心在 x 轴上向负值方向平均移动量小于国外优秀球员，这很可能是造成国内球员挥速以及击球距离小于国外球员的重要因素之一。

表 2-21　中外球员重心在 x 轴上的位移与挥速相关性分析

挥杆阶段与时刻	挥速 皮尔逊相关性	Sig.（双尾）	中国球员	外国球员
下杆阶段	-0.491*	0.038	0.064±0.017	0.040±0.044
击球时刻与准备时刻	-0.518*	0.028	0.038±0.028	0.019±0.039

注：* 在 0.05 级别（双尾），相关性显著。

由表 2-21 可知，击球时刻与准备时刻重心在 x 轴上位移量与一号木杆挥速相关系数为 -0.518（P 值 = 0.028<0.05），呈显著负相关。这说明在一定范围内且同等条件下，击球时刻相对于准备时刻，球员重心在 x 轴上向正值方向（球员面向方向）移动越少，球员一号木杆的挥速越快。国内外优秀球员击球瞬间重心 x 轴坐标值均大于准备时刻的重心 x 轴坐标值，即国内外球员击球瞬间的重心相对于准备时刻的重心在 x 轴上向正值方向移动更多，由重心 x 轴变化图可以看出，27.8% 的球员在击球瞬间的重心在 x 轴上的数值小于准备时刻。我国优秀男子高尔夫球员在击球瞬间相对于准备时刻重心在 x 轴上向正值方向平均移动（0.038±0.028）m，国外优秀球员为（0.019±0.039）m，我国球员击球瞬间相对于准备时刻重心在 x 轴上向正值方向平均移动量明显大于国外优秀球员，即我国球员击球瞬间重心在 x 轴上相对于国外球员更加远离准备时刻重心在 x 轴上的位置，这也很可能是造成国内球员挥速及击球距离小于国外球员的重要因素之一。

表 2-22　中国球员重心在 x 轴上的位移与挥速相关性分析

挥杆阶段	挥速 皮尔逊相关性	Sig.（双尾）	中国球员
上杆阶段	0.721**	0.008	-0.027±0.020
下杆中阶段	-0.670*	0.017	0.010±0.007

注：* 在 0.05 级别（双尾），相关性显著；** 在 0.01 级别（双尾），相关性极显著。

分别计算国内外球员在上下杆各个阶段重心在 x 轴上移动量与一号木杆挥速之间的相关性，发现我国优秀球员在上杆阶段及下杆中阶段重心在 x 轴上移动量与一号木杆挥速之间有显著相关性，而在国外球员中暂未发现显著相关性。

分别计算国内外球员上杆阶段及下杆中阶段重心在 x 轴上移动量与一号木杆

挥速的相关性，暂未发现国外球员上杆阶段及下杆中阶段重心在 x 轴上移动量与一号木杆挥速有显著相关性。

由表 2-22 可知，在上杆阶段，国内球员重心在 x 轴上移动量与一号木杆挥速相关系数为 0.721（P 值=0.008<0.01），呈极显著正相关。这说明在一定范围内且同等条件下，在上杆阶段，我国优秀球员重心在 x 轴上向身体后方移动越少，一号木杆挥速越快。在上杆阶段，我国优秀球员重心在 x 轴向身体后侧移动距离为（-0.027±0.020）m，挥速为（116.50±4.36）mph，击球距离为（288.8±24.3）Y；国外优秀球员重心在 x 轴上向身体后侧移动距离为（-0.021±0.022）m，挥速为（119.55±5.01）mph，击球距离为（303.1±15.8）Y。相对于国外球员，我国球员重心向身体后侧的移动距离较大，故挥速较国外优秀球员慢。因此，在上杆阶段，我国球员重心在 x 轴上向身体后侧移动距离较大，这可能是影响一号木杆挥速的重要因素之一。

由表 2-22 可知，在下杆中阶段，国内球员重心在 x 轴上移动量与一号木杆挥速相关系数为-0.670（P 值=0.017<0.05），呈显著负相关。这说明在一定范围内且同等条件下，在下杆中阶段，我国优秀球员重心在 x 轴上向身体前侧移动距离越小，一号木杆的挥速越大，击球距离越远。在下杆中阶段，国内球员重心在 x 轴上移动（0.010±0.007）m，国外球员移动（0.010±0.012）m，国内外球员移动量基本一致，故我国球员在下杆中阶段重心在 x 轴上移动量还是控制得很好的，对于提高我国优秀球员一号木杆挥速有良好的促进作用。

分别计算国内外球员在上下杆各个阶段重心在 x 轴上移动量与一号木杆挥速之间的相关性，发现国外优秀球员在上杆后阶段及击球瞬间相对于准备时刻重心在 x 轴上移动量与一号木杆挥速之间有显著相关性，而在我国球员中暂未发现显著相关性。

由表 2-23 可知，在上杆后阶段，国外球员重心在 x 轴上的移动量与一号木杆挥速的相关系数为-0.0730（P 值=0.007<0.01），呈极显著负相关。这说明在一定范围内且同等条件下，在上杆后阶段，国外优秀球员重心在 x 轴上向身体前侧移动距离越少，一号木杆挥速越快，移动距离越多，一号木杆挥速越慢。我国优秀球员在上杆后阶段，重心在 x 轴上向身体前侧移动距离为（0.017±0.015）m，挥速为（116.50±4.36）mph，击球距离为（288.8±24.3）Y；国外优秀球员移动距离为（0.013±0.017）m，挥速为（119.55±5.01）mph，击球距离为（303.1±15.8）Y，我国球员向身体前侧移动距离较国外优秀球员多，这可能是影响我国优秀球员挥速慢的重要原因之一。

由表 2-23 可知，与准备时刻相比，击球瞬间国外球员重心在 x 轴上移动量与一号木杆挥速相关系数为-0.714（P 值=0.009<0.01），呈极显著负相关。这

说明在一定范围内且同等条件下，国外优秀球员击球瞬间重心在 x 轴上向身体前侧移动距离越小，一号木杆挥速越快，移动距离越多，一号木杆挥速越慢。与准备时刻相比，瞬间我国优秀球员重心在 x 轴上移动量为（0.038±0.028）m，国外优秀球员移动距离为（0.019±0.039）m。相对于国外优秀球员，我国优秀球员在击球瞬间相对于准备时刻，身体向前侧移动距离较多，这可能是影响我国优秀球员挥速慢的重要原因之一。

表 2-23 外国球员重心在 x 轴上的位移与挥速相关性分析

挥杆阶段与时刻	挥速 皮尔逊相关性	Sig.（双尾）	外国球员
上杆后阶段	−0.730**	0.007	0.013±0.017
击球时刻相对准备时刻	−0.714**	0.009	0.019±0.039

注：** 在 0.01 级别（双尾），相关性极显著。

（二）重心在 x 轴上变化与球速相关性分析

分别计算国内外球员上下杆各个阶段重心在 x 轴上移动量与高尔夫球速之间的相关性，仅发现我国优秀球员在上杆后阶段、上杆阶段以及下杆中阶段重心在 x 轴上移动量与高尔夫球速之间有显著相关性，而在国外球员中暂未发现显著相关性。

由表 2-24 可知，在上杆后阶段，我国优秀高尔夫球员重心在 x 轴上的移动量与高尔夫球速的相关系数为 0.605（P 值 = 0.037<0.05），呈显著正相关。这说明在一定范围内且同等条件下，上杆 12 点钟到上杆顶点，我国优秀高尔夫球员重心在 x 轴上向身体前侧移动距离越多，高尔夫球速越快，移动距离越少，高尔夫球速越小。在上杆后阶段（上杆 12 点钟到上杆顶点），我国优秀高尔夫球员重心在 x 轴上向身体前侧移动距离为（0.017±0.015）m，高尔夫球速为（172.49±6.42）mph；国外优秀高尔夫球员重心在 x 轴上向身体前侧移动距离为（0.013±0.017）m，高尔夫球速为（177.06±3.14）mph。在上杆后阶段，我国球员重心在 x 轴上向身体前侧移动距离较国外球员大，在此方面，我国球员比国外优秀球员更有优势，这很可能是导致我国优秀球员球速较高的重要因素之一。

表 2-24　中外球员重心在 x 轴上的位移与球速相关性分析

挥杆阶段	球速		中国球员	外国球员
	皮尔逊相关性	Sig.（双尾）		
上杆后阶段	0.605*	0.037	0.017±0.015	0.013±0.017
上杆阶段	0.641*	0.025	−0.027±0.020	−0.021±0.022
下杆中阶段	−0.818**	0.001	0.010±0.007	0.010±0.012

注：*在 0.01 级别（双尾），相关性极显著；**在 0.05 级别（双尾），相关性显著。

由表 2-24 可知，在上杆阶段，我国优秀高尔夫球员重心在 x 轴上的移动量与高尔夫球速的相关系数为 0.641（P 值 = 0.025<0.05），呈显著正相关。这说明在一定范围内且同等条件下，在上杆过程中，我国优秀球员重心在 x 轴上向身体后侧移动越少，高尔夫球速越大，移动越多，高尔夫球速越小。在上杆阶段（准备时刻到上杆顶点），我国优秀球员重心在 x 轴上向身体正后方移动距离为 (0.027±0.020) m，国外优秀球员重心在 x 轴上向身体正后方移动距离为 (0.021±0.022) m，我国优秀球员重心在 x 轴上向身体后侧移动距离大于国外优秀球员，这很可能是我国球员球速小于国外优秀球员的重要原因之一。

由表 2-24 可知，在下杆中阶段，我国优秀高尔夫球员重心在 x 轴上的移动量与高尔夫球速的相关系数为 −0.818（P 值 = 0.001<0.01），呈极显著负相关。这说明在一定范围内且同等条件下，在下杆中阶段，我国优秀球员重心在 x 轴上向身体前侧移动距离越大（图 2-30），高尔夫球速越小，移动距离越少，高尔夫球速越大。在下杆中阶段（下杆 12 点钟到下杆 9 点钟），我国优秀高尔夫球员重心在 x 轴上向身体前侧移动距离为 (0.010±0.007) m，国外优秀高尔夫球员重心在 x 轴上向身体前侧移动距离为 (0.010±0.012) m，我国优秀球员重心移动距离与国外优秀球员相似。我国球员在下杆中阶段的重心向身体前侧移动距离较好，这很可能是我国优秀球员球速较高的重要原因之一。

(A) 袁也淳 下杆 12 点钟
重心在 x 轴上的移动距离

(B) 袁也淳 下杆 9 点钟
重心在 x 轴上的移动距离

(C) 梁文冲 下杆 12 点钟
重心在 x 轴上的移动距离

(D) 梁文冲 下杆 9 点钟
重心在 x 轴上的移动距离

图 2-30　中国球员下杆中阶段重心在 x 轴上的移动距离对比

(三) 重心在 x 轴上的变化与起飞角度相关性分析

分别计算国内外球员上下杆各个阶段重心在 x 轴上的移动量与高尔夫球起飞角度之间的相关性，仅发现我国优秀球员在上杆前阶段、上杆阶段、下杆后阶段、击球时刻相对于准备时刻重心在 x 轴上的移动量与高尔夫球起飞角度之间有显著相关性，而在国外球员中暂未发现显著相关性。

由表 2-25 可知，在上杆前阶段，我国优秀球员重心在 x 轴上的移动量与高尔夫球起飞角度的相关系数为 -0.728（P 值 =0.007<0.01），呈极显著负相关。这说明在一定范围内且同等条件下，在上杆前阶段，我国优秀球员重心在 x 轴上向身体后侧移动距离越大，高尔夫球起飞角度越大，移动距离越小，高尔夫球起飞角度越小。在上杆前阶段，我国优秀球员重心在 x 轴上移动距离为（-0.033±0.022）m，高尔夫球起飞角度为 11.5°±1.6°；国外优秀球员重心在 x 轴上移动距离为（-0.027±0.019）m，高尔夫球起飞角度为 9.7°±2.2°。在同等条件下，

一号木杆挥速越快，高尔夫球速越快，导致同等水平距离内高尔夫球起飞高度越低，故高尔夫球起飞角度越小。因此，在上杆前阶段，我国优秀高尔夫球员较国外优秀球员重心在 x 轴上向身体后侧移动距离远，故高尔夫球起飞角度更高。高尔夫球起飞角度与击球距离呈显著负相关，在一定范围内且同等条件下，当击球距离越远，高尔夫球起飞角度越小，这很可能也是影响我国优秀球员击球距离的重要因素之一。

表 2-25　中外球员重心在 x 轴上的位移与起飞角度相关性分析

挥杆阶段	起飞角度 皮尔逊相关性	Sig.（双尾）	中国球员	外国球员
上杆前阶段	-0.728**	0.007	-0.033±0.022	-0.027±0.019
上杆阶段	-0.905*	0.013	-0.027±0.020	-0.021±0.022

注：* 在 0.01 级别（双尾），相关性极显著；** 在 0.05 级别（双尾），相关性显著。

由表 2-25 可知，在上杆阶段（准备时刻到上杆顶点），我国优秀球员重心在 x 轴上的移动量与高尔夫球起飞角度的相关系数为 -0.905（P 值 = 0.013 < 0.05），呈显著负相关。这说明在一定范围内且同等条件下，在上杆阶段，我国优秀球员重心在 x 轴上向身体后侧移动距离越大，高尔夫球起飞角度越大，移动距离越小，高尔夫球起飞角度越小。在上杆阶段，我国优秀球员重心在 x 轴上移动距离为（-0.027±0.020）m，国外优秀球员重心在 x 轴上移动距离为（-0.021±0.022）m。我国优秀球员相对于国外优秀球员重心在 x 轴上向身体后侧移动距离较大，这很可能是我国优秀球员击球距离小于国外优秀球员的重要因素之一，使得我国优秀球员的高尔夫球起飞角度更大。

（四）重心在 x 轴上的变化与击球距离相关性分析

分别计算国内外球员上下杆各个阶段重心在 x 轴上移动量与一号木杆击球距离之间的相关性，仅发现我国优秀球员在下杆中阶段重心在 x 轴上移动量与一号木杆击球距离之间有显著相关性，而在国外球员中暂未发现显著相关性。

由表 2-26 可知，在下杆中阶段（下杆 12 点钟到下杆 9 点钟），我国优秀球员重心在 x 轴上移动量与一号木杆击球距离的相关系数为 -0.759（P 值 = 0.004 < 0.01），呈极显著负相关。这说明在一定范围内且同等条件下，我国优秀球员重心在 x 轴上向身体前侧移动距离越大，一号木杆击球距离越小，向身体前侧移动距离越小，一号木杆击球距离越大。在下杆中阶段，我国优秀球员重心在 x 轴上向身体前侧移动距离为（0.010±0.007）m，击球距离为（291.0±10.2）Y；国

外优秀球员重心在 x 轴上向身体前侧移动距离为（0.010±0.012）m，击球距离为（304.7±14.0）Y。我国优秀球员在下杆中阶段重心在 x 轴上向身体前侧移动距离与国外优秀球员相似，控制在较好的范围内，对于球员取得较远的击球距离有重要作用，可能有其他因素影响我国优秀球员击球距离。

表 2-26　中外球员重心在 x 轴上的位移与击球距离相关性分析

统计项目	击球距离		中国球员	外国球员
	皮尔逊相关性	Sig.（双尾）		
重心在 x 轴上的位移	-0.759**	0.004	0.010±0.007	0.010±0.012

注：* 在 0.01 级别（双尾），相关性极显著。

二、重心在 y 轴上的位移趋势及对比分析

（一）重心在 y 轴上的变化与挥速相关性分析

分别计算国内外球员上下杆各个阶段重心在 y 轴上移动量与一号木杆挥速之间的相关性，发现我国优秀球员在下杆前阶段、下杆阶段重心在 y 轴上移动量与一号木杆挥速之间有显著相关性，国外优秀球员在上杆后阶段重心在 y 轴上移动量与一号木杆挥速之间有显著相关性。

由表 2-27 可知，在下杆前阶段（上杆顶点到下杆 12 点钟），我国优秀高尔夫球员重心在 y 轴上移动距离与一号木杆挥速相关系数为-0.734（P 值=0.007<0.01），呈极显著负相关。这说明在一定范围内且同等条件下，在下杆前阶段，我国优秀高尔夫球员重心在 y 轴上向目标方向移动距离越小，一号木杆挥速越小，移动距离越少，一号木杆挥速越大。在下杆前阶段，我国优秀高尔夫球员重心在 y 轴上向目标方向位移距离为（0.075±0.025）m，一号木杆挥速为（116.50±4.36）mph；国外优秀高尔夫球员重心在 y 轴上向目标方向位移距离为（0.068±0.022）m，一号木杆挥速为（119.55±5.01）mph。在下杆前阶段，我国优秀高尔夫球员相对于国外优秀高尔夫球员重心在 y 轴上向目标方向位移距离大，一号木杆挥速慢。在下杆前阶段，我国优秀球员重心在 y 轴上向目标方向位移距离存在一定的不合理之处，此因素很可能是导致我国优秀球员击球距离小于国外优秀球员的重要因素之一。

表 2-27　中外球员重心在 y 轴上的位移与挥速相关性分析

挥杆阶段	挥速 皮尔逊相关性	Sig.（双尾）	中国球员	外国球员
下杆前阶段	−0.734**	0.007	0.075±0.025	0.068±0.022
下杆阶段	−0.741**	0.006	0.121±0.038	0.114±0.035

注：** 在 0.01 级别（双尾），相关性极显著。

由表 2-27 可知，在下杆阶段（上杆顶点到击球瞬间），我国优秀高尔夫球员重心在 y 轴上移动距离与一号木杆挥速相关系数为 −0.741（P 值 = 0.006 < 0.01），呈极显著负相关。这说明在一定范围内且同等条件下，在下杆阶段，我国优秀高尔夫球员重心在 y 轴上向目标方向移动距离越大，一号木杆挥速越小，移动距离越小，一号木杆挥速越大。在下杆阶段，我国优秀高尔夫球员重心在 y 轴上向目标方向位移距离为（0.121±0.038）m，国外优秀高尔夫球员重心在 y 轴上向目标方向位移距离为（0.114±0.035）m。在下杆阶段，我国优秀高尔夫球员相对于国外优秀高尔夫球员重心在 y 轴上向目标方向移动距离大，挥速慢。在下杆阶段，我国优秀球员重心在 y 轴上向目标方向位移距离存在一定的不合理之处，此因素很可能是导致我国优秀球员的击球距离小于国外优秀球员的重要因素之一。

（二）重心在 y 轴上的变化与球速相关性分析

由表 2-28 可知，在下杆中阶段（下杆 12 点钟到下杆 9 点钟），球员重心在 y 轴上移动距离与高尔夫球速相关系数为 −0.479（P 值 = 0.044 < 0.05），呈显著性负相关。这说明在一定范围内且同等条件下，在下杆中阶段，球员重心在 y 轴上向目标方向移动距离越大，高尔夫球速越小，反之，移动距离越小，高尔夫球速越大。在下杆中阶段，我国优秀高尔夫球员重心在 y 轴上向目标方向移动距离为（0.031±0.009）m，高尔夫球速为（172.49±6.42）mph；国外优秀高尔夫球员重心在 y 轴上向目标方向移动距离为（0.027±0.008）m，高尔夫球速为（177.06±3.14）mph。在下杆中阶段，我国优秀高尔夫球员相对于国外优秀高尔夫球员重心在 y 轴上向超目标方向移动距离大，高尔夫球速小，我国优秀高尔夫球员由于挥杆技术不完善，重心在 y 轴上向目标方向移动距离与世界优秀高尔夫球员存在一定差异，这很可能是影响我国优秀球员高尔夫球球速乃至一号木杆击球距离的重要因素之一。

表 2-28　中外球员重心在 y 轴上的位移与球速相关性分析

挥杆阶段	球速 皮尔逊相关性	Sig.（双尾）	中国球员	外国球员
下杆中阶段	-0.479*	0.044	0.031±0.009	0.027±0.008
下杆阶段	-0.478*	0.045	0.121±0.038	0.114±0.035

注：*在 0.05 级别（双尾），相关性显著。

由表 2-28 可知，在下杆阶段（上杆顶点到击球瞬间），球员重心在 y 轴上移动距离与高尔夫球速相关系数为 -0.478（P 值 = 0.045<0.05），呈显著负相关。这说明在一定范围内且同等条件下，在下杆阶段，球员重心在 y 轴上向目标方向移动距离越大，高尔夫球速越小，反之，移动距离越小，高尔夫球速越大。在下杆阶段，我国优秀高尔夫球员重心在 y 轴上向目标方向移动距离为（0.121±0.038）m，国外优秀高尔夫球员重心在 y 轴上向目标方向移动距离为（0.114±0.035）m。在下杆阶段，我国优秀高尔夫球员相对于国外优秀球员重心在 y 轴上向朝目标方向移动距离大，高尔夫球速小，我国优秀高尔夫球员由于挥杆技术不完善，重心在 y 轴上向目标方向移动距离与世界优秀高尔夫球员存在一定差异，这很可能是影响我国优秀球员高尔夫球球速乃至一号木杆击球距离的重要因素之一。

分别计算国内外球员上下杆各个阶段重心在 y 轴上移动量与高尔夫球速之间的相关性，发现我国优秀球员不仅在下杆中阶段、下杆阶段重心在 y 轴上移动量与高尔夫球速之间有显著相关性，在上杆后阶段、下杆前阶段、击球时刻相对于准备时刻重心在 y 轴上移动距离与高尔夫球速也具有显著相关性，而在国外优秀球员中暂未发现显著相关性。

由表 2-29 可知，在上杆后阶段（上杆 12 点钟到上杆顶点），球员重心在 y 轴上移动距离与高尔夫球速相关系数为 0.598（P 值 = 0.04<0.05），呈显著正相关。这说明在一定范围内且同等条件下，在上杆后阶段，我国球员重心在 y 轴上向目标方向移动距离越大，高尔夫球速越大，反之，移动距离越小，高尔夫球速越小。在上杆后阶段，我国优秀高尔夫球员重心在 y 轴上向目标方向移动距离为（0.022±0.019）m，国外优秀高尔夫球员重心在 y 轴上向目标方向移动距离为（0.031±0.011）m。在上杆后阶段，我国优秀高尔夫球员相对于国外优秀球员中心在 y 轴上向目标方向移动距离小，高尔夫球速小于国外优秀球员，我国优秀高尔夫球员由于挥杆技术不完善，重心在 y 轴上向目标方向移动距离与世界优秀高尔夫球员存在一定差异，这很可能是影响我国优秀球员高尔夫球球速乃至一号木杆击球距离的重要因素之一。

表 2-29 中国球员重心在 y 轴上的位移与球速相关表

挥杆阶段与时刻	球速 皮尔逊相关性	Sig.（双尾）	中国球员
上杆后阶段	0.598*	0.04	0.022±0.019
下杆前阶段	−0.825**	0.001	0.075±0.025
击球时刻相对准备时刻	−0.621*	0.031	0.054±0.040

注：*在 0.01 级别（双尾），相关性极显著；**在 0.05 级别（双尾），相关性显著。

由表 2-29 可知，在下杆前阶段（上杆顶点到下杆 12 点钟），球员重心在 y 轴上移动距离与高尔夫球速相关系数为−0.825（P 值＝0.001<0.01），呈极显著负相关。这说明在一定范围内且同等条件下，在下杆前阶段，我国球员重心在 y 轴上向目标方向移动距离越大，高尔夫球速越小，反之，移动距离越小，高尔夫球速越大。在下杆前阶段，我国优秀高尔夫球员重心在 y 轴上向目标方向移动距离为（0.075±0.025）m，国外优秀高尔夫球员重心在 y 轴上向目标方向移动距离为（0.068±0.022）m。在下杆前阶段，我国优秀高尔夫球员相对于国外优秀球员中心在 y 轴上向目标方向移动距离大，高尔夫球速小，我国优秀高尔夫球员由于挥杆技术不完善，重心在 y 轴上向目标方向移动距离与世界优秀高尔夫球员存在一定差异，这很可能是影响我国优秀球员高尔夫球球速乃至一号木杆击球距离的重要因素之一。

由表 2-29 可知，击球时刻相对于准备时刻，球员重心在 y 轴上位移与高尔夫球速相关系数为−0.621（P 值＝0.031<0.05），呈显著负相关。这说明在一定范围内且同等条件下，击球时刻相对于准备时刻，我国球员重心在 y 轴方向上向目标方向位移越大，高尔夫球速越小，反之，位移越小，高尔夫球速越大。击球时刻相对准备时刻，我国优秀高尔夫球员重心在 y 轴上向目标方向位移为（0.054±0.040）m，国外优秀高尔夫球员重心在 y 轴上向目标方向位移为（0.068±0.037）m。击球时刻相对准备时刻，我国优秀高尔夫球员较国外优秀球员重心在 y 轴上向目标方向位移较小，高尔夫球速应大于国外优秀球员，但现实却截然相反，我国优秀球员重心在 y 轴上位移较国外优秀球员有一定优势，而高尔夫球速却小于国外优秀球员（图 2-31）。与国外优秀球员相比，我国球员击球瞬间相对准备时刻重心在 y 轴上位移更有优势，很可能存在不合理的挥杆因素，此因素对我国优秀球员的一号木杆挥速乃至击球距离都至关重要。

(A) 李昊桐 准备时刻重心在 y 轴上的移动距离

(B) 李昊桐 准备时刻重心在 y 轴上的移动距离

(C) 罗里·麦克罗伊 准备时刻重心在 y 轴上的移动距离

(D) 罗里·麦克罗伊 击球瞬间重心在 y 轴上的移动距离

图 2-31 中外球员击球瞬间相对于准备时刻重心在 y 轴上的移动距离对比

(三) 重心在 y 轴上的变化与起飞角度相关性分析

分别计算国内外球员上下杆各个阶段重心在 y 轴上移动量与高尔夫球起飞角度之间的相关性，仅发现我国优秀球员在上杆前阶段、上杆阶段重心在 y 轴上移动量与高尔夫球起飞角度之间有显著相关性，而在国外优秀球员中暂未发现显著相关性。

由表 2-30 可知，在上杆前阶段（准备时刻到上杆 9 点钟），球员重心在 y 轴上移动距离与高尔夫球起飞角度相关系数为-0.599（P 值=0.04<0.05），呈显著负相关。这说明在一定范围内且同等条件下，在上杆前阶段，我国球员重心在 y

轴上向目标反方向移动距离越大，高尔夫球起飞角度越大，反之，移动距离越大，高尔夫球起飞角度越小。在上杆前阶段，我国优秀高尔夫球员重心在y轴上向目标方向移动距离为（-0.064±0.022）m，高尔夫球起飞角度为11.5°±1.6°；国外优秀高尔夫球员重心在y轴上向目标方向移动距离为（-0.060±0.015）m，高尔夫球起飞角度为9.7°±2.2°。在上杆前阶段，我国优秀球员相对于国外优秀球员重心在y轴上向目标反方向移动距离大，起飞角度大，我国优秀高尔夫球员由于挥杆技术不完善，重心在y轴上向目标反方向移动距离与世界优秀高尔夫球员存在一定差异，这很可能是影响我国优秀球员高尔夫球起飞角度乃至一号木杆击球距离的重要因素之一。

表2-30　中外球员重心在y轴上的位移与起飞角度相关性分析

挥杆阶段	起飞角度		中国球员	外国球员
	皮尔逊相关性	Sig.（双尾）		
上杆前阶段	-0.599*	0.04	-0.064±0.022	-0.060±0.015
上杆阶段	-0.671*	0.017	-0.068±0.017	-0.046±0.020

注：*在0.05级别（双尾），相关性显著。

由表2-30可知，在上杆阶段（准备时刻到上杆9点钟），球员重心在y轴上移动距离与高尔夫球起飞角度相关系数为-0.671（P值=0.017<0.05），呈显著负相关。这说明在一定范围内且同等条件下，在上杆阶段，我国球员重心在y轴上向目标反方向移动距离越小，高尔夫球起飞角度越小，反之，移动距离越大，高尔夫球起飞角度越大。在上杆阶段，我国优秀高尔夫球员重心在y轴上向目标方向移动距离为（-0.068±0.017）m，国外优秀高尔夫球员重心在y轴上向目标方向移动距离为（-0.046±0.020）m。在上杆阶段，我国优秀球员相对于国外优秀球员重心在y轴上向目标反方向移动距离大，起飞角度大，我国优秀高尔夫球员由于挥杆技术不完善，重心在y轴上向目标反方向移动距离与世界优秀高尔夫球员存在一定差异，这很可能是影响我国优秀球员高尔夫球起飞角度乃至一号木杆击球距离的重要因素之一。

（四）重心在y轴上的变化与击球距离相关性分析

由表2-31可知，在下杆前阶段（上杆顶点到下杆12点钟）及下杆中阶段（下杆12点钟时刻到下杆9点钟时刻），优秀高尔夫球员重心在y轴上向目标方向移动距离与击球距离的相关系数分别为-0.562（P值=0.015<0.05）、-0.485（P值=0.041<0.05），均呈显著负相关。这说明在一定范围内且同等条件下，在

下杆前、中阶段，优秀高尔夫球员重心在 y 轴上向目标方向移动距离越大，一号木杆击球距离越小，移动距离越小，击球距离越大。我国优秀高尔夫球员在下杆前阶段重心在 y 轴上向目标方向移动距离为（0.075±0.025）m，在下杆中阶段重心在 y 轴上向目标方向移动距离为（0.031±0.009）m，击球距离为（291.0±10.2）Y；国外优秀高尔夫球员下杆前阶段重心在 y 轴上向目标方向移动距离为（0.068±0.022）m，下杆中阶段重心在 y 轴上向目标方向移动距离为（0.027±0.008）m，击球距离为（304.7±14.0）Y。在下杆前阶段、下杆中阶段，我国优秀高尔夫球员相对于国外优秀高尔夫球员重心在 y 轴上均向目标方向移动距离较大，击球距离较小。我国优秀高尔夫球员由于挥杆技术不完善，重心在 y 轴上向目标方向移动距离与世界优秀高尔夫球员存在一定差异，这很可能是影响我国优秀球员一号木杆击球距离的部分重要因素。

表 2-31　中外球员重心在 y 轴上的位移与击球距离相关性分析

挥杆阶段	击球距离 皮尔逊相关性	Sig.（双尾）	中国球员	外国球员
下杆前阶段	-0.562*	0.015	0.075±0.025	0.068±0.022
下杆中阶段	-0.485*	0.041	0.031±0.009	0.027±0.008

注：*在 0.05 级别（双尾），相关性显著。

分别计算国内外球员上下杆各个阶段重心在 y 轴上移动量与一号木杆击球距离之间的相关性，发现我国优秀球员不仅在下杆前阶段、下杆中阶段重心在 y 轴上移动量与一号木杆击球距离之间有显著相关性，在上杆后阶段、下杆阶段重心在 y 轴上移动距离与一号木杆击球距离也具有显著相关性，而在国外优秀球员中暂未发现显著相关性。

由表 2-32 可知，在上杆后阶段，我国优秀高尔夫球员身体重心在 y 轴上向目标方向移动距离与击球距离的相关系数为 0.706（P 值＝0.01<0.05），呈显著正相关。这说明在一定范围内且同等条件下，在上杆后阶段，我国优秀球员重心在 y 轴上向目标方向移动距离越大，击球距离越远，反之，移动距离越小，击球距离越近。在上杆后阶段，我国优秀球员重心在 y 轴上向目标方向移动距离为（0.022±0.019）m，国外优秀球员重心在 y 轴上向目标方向移动距离为（0.031±0.011）m。我国优秀球员上杆后阶段较国外优秀球员重心在 y 轴上向目标方向移动距离小，击球距离近，我国优秀高尔夫球员由于挥杆技术不完善，重心在 y 轴上向目标方向移动距离与世界优秀高尔夫球员存在一定差异，这很可能是影响我国优秀球员一号木杆击球距离远近的重要因素之一。

表 2-32　中国球员重心在 y 轴上的位移与击球距离相关性分析

挥杆阶段	击球距离		中国球员
	皮尔逊相关性	Sig.（双尾）	
上杆后阶段	0.706*	0.01	0.022±0.019
下杆阶段	-0.773**	0.003	0.121±0.038

注：*在 0.01 级别（双尾），相关性极显著；**在 0.05 级别（双尾），相关性显著。

由表 2-32 可知，在下杆阶段，我国优秀高尔夫球员身体重心在 y 轴上向目标方向移动距离与击球距离的相关系数为 -0.773（P 值 = 0.003<0.01），呈极显著负相关。这说明在一定范围内且同等条件下，在下杆阶段，我国优秀高尔夫球员重心在 y 轴上向目标方向移动距离越大，击球距离越小，反之，移动距离越小，击球距离越大。在下杆阶段，我国优秀球员重心在 y 轴上向目标方向移动距离为（0.121±0.038）m，国外优秀球员重心在 y 轴上向目标方向移动距离为（0.114±0.035）m。我国优秀球员下杆阶段较国外优秀球员重心在 y 轴上向目标方向移动距离大，击球距离近。我国优秀高尔夫球员由于挥杆技术不完善，重心在 y 轴上向目标方向移动距离与世界优秀高尔夫球员存在一定差异，这很可能是影响我国优秀球员一号木杆击球距离远近的重要因素之一。

三、重心在 z 轴上的位移趋势及对比分析

（一）重心在 z 轴上的变化与挥速相关性分析

分别计算国内外球员上下杆各个阶段重心在 z 轴上的移动量与一号木杆挥速之间的相关性，发现我国优秀球员在上杆后阶段、上杆阶段、下杆中阶段、下杆阶段、击球时刻相对于准备时刻重心在 z 轴上的移动量与一号木杆挥速之间有显著相关性，而在国外优秀球员中暂未发现显著相关性。

由表 2-33 可知，在上杆后阶段（上杆 12 点钟到上杆顶点）、上杆阶段（准备时刻到上杆顶点），我国优秀球员重心在 z 轴上向远离地面方向移动距离与一号木杆挥速相关系数分别为 -0.829（P 值 = 0.001<0.01）、-0.915（P 值 = 0.011<0.05），分别呈极显著负相关与显著负相关。这说明我国优秀球员在上杆后阶段及整个上杆阶段重心在 z 轴上向远离地面的方向移动距离越大，一号木杆挥速越小，反之，移动距离越小，一号木杆挥速越大。我国优秀球员在上杆后阶段及整个上杆阶段重心在 z 轴上向远离地面的方向移动距离分别为（0.017±0.011）m、（0.046±0.008）m，一号木杆挥速为（116.50±4.36）mph；国外优秀球员在上杆后阶段及整个上杆阶段重心在 z 轴上向远离地面的方向移动距离分别

为（0.013±0.014）m、（0.045±0.012）m，一号木杆挥速为（119.55±5.01）mph。我国优秀球员在上杆后阶段及整个上杆阶段相比国外优秀球员重心在 z 轴上向远离地面的方向移动距离大，且一号木杆挥速慢，我国优秀高尔夫球员由于挥杆技术不完善，重心在 z 轴上向远离地面方向移动距离与世界优秀高尔夫球员存在一定差异，这很可能是影响我国优秀球员一号木杆击球距离的部分重要因素。

表 2-33 中外球员重心在 z 轴上的位移与挥速相关性分析

挥杆阶段与时刻	挥速 皮尔逊相关性	Sig.（双尾）	中国球员	外国球员
上杆后阶段	-0.829**	0.001	0.017±0.011	0.013±0.014
上杆阶段	-0.915*	0.011	0.046±0.008	0.045±0.012
下杆中阶段	0.937**	0.006	0.008±0.005	0.005±0.008
下杆阶段	0.870*	0.024	-0.037±0.017	-0.027±0.026
击球时刻相对准备时刻	0.646*	0.023	0.008±0.013	0.018±0.019

注：*在 0.01 级别（双尾），相关性极显著；**在 0.05 级别（双尾），相关性显著。

由表 2-33 可知，在下杆中阶段（下杆 12 点钟到下杆 9 点钟）、下杆阶段（上杆顶点到击球瞬间），我国优秀球员重心在 z 轴上向远离地面方向移动距离与一号木杆挥速相关系数分别为 0.937（P 值 = 0.006<0.01）、0.870（P 值 = 0.024<0.05），分别呈极显著正相关与显著正相关。这说明我国优秀球员在下杆中阶段以及整个下杆阶段重心在 z 轴上向远离地面的方向移动距离越大，一号木杆挥速越大，反之，移动距离越小，一号木杆挥速越小。我国优秀球员在下杆中阶段及整个下杆阶段重心在 z 轴上向远离地面的方向移动距离分别为（0.008±0.005）m、（-0.037±0.017）m，国外优秀球员在下杆中阶段及整个下杆阶段重心在 z 轴上向远离地面的方向移动距离分别为（0.005±0.008）m、（-0.027±0.026）m。我国优秀球员在下杆中阶段重心在 z 轴上向远离地面方向移动距离较国外优秀球员具有一定优势，我国优秀球员一号木杆挥速本应大于国外优秀球员，但由于我国优秀高尔夫球员挥杆技术不完善，一号木杆挥速小于国外优秀球员。在下杆阶段，国内优秀球员重心在 z 轴上向远离地面的方向移动距离小，与世界优秀高尔夫球员存在一定差异，这很可能是影响我国优秀球员一号木杆挥速小于国外优秀球员的重要因素之一。

由表 2-33 可知，击球时刻相对准备时刻，我国优秀高尔夫球员重心在 z 轴上向远离地面方向移动距离与一号木杆的相关系数为 0.646（P 值 = 0.023<0.05），呈显著正相关。这说明在一定范围内且同等条件下，击球时刻相对于准备时刻，我国优秀高尔夫球员重心在 z 轴上向远离地面方向移动距离越大，一号

木杆挥速越快，反之，移动距离越小，一号木杆挥速越慢。击球时刻相对于准备时刻，我国优秀球员重心在 z 轴上向远离地面方向移动距离为（0.008±0.013）m，国外优秀球员重心在 z 轴上向远离地面方向移动距离为（0.018±0.019）m。我国优秀球员击球时刻相对于准备时刻较国外优秀球员重心在 z 轴上向远离地面方向移动距离小，一号木杆挥速慢，我国优秀高尔夫球员由于挥杆技术不完善，重心在 z 轴上向远离地面方向移动距离与世界优秀高尔夫球员存在一定差异，这很可能是影响我国优秀球员一号木杆挥速乃至击球距离的重要因素之一（图2-32）。

(A) 李昊桐 准备时刻重心在 z 轴上的移动距离

(B) 李昊桐 准备时刻重心在 z 轴上的移动距离

(C) 罗里·麦克罗伊 准备时刻重心在 z 轴上的移动距离

(D) 罗里·麦克罗伊 击球瞬间重心在 z 轴上的移动距离

图 2-32 中外球员击球瞬间相对于准备时刻重心在 z 轴上的移动距离对比

(二) 重心在 z 轴上的变化与球速相关性分析

分别计算国内外球员上下杆各个阶段重心在 z 轴上移动量与高尔夫球速之间

的相关性，发现我国优秀球员在上杆后阶段、上杆阶段、下杆中阶段、下杆阶段重心在 z 轴上移动量与高尔夫球速之间有显著相关性，而在国外优秀球员中暂未发现显著相关性。

由表 2-34 可知，在上杆后阶段（上杆 12 点钟到上杆顶点）、上杆阶段（准备时刻到上杆顶点），我国优秀球员重心在 z 轴上向远离地面方向移动距离与高尔夫球速相关系数分别为-0.712（P 值 = 0.000 < 0.01）、-0.945（P 值 = 0.004 < 0.01），均呈极显著负相关。这说明我国优秀球员在上杆后阶段及整个上杆阶段重心在 z 轴上向远离地面的方向移动距离越大，高尔夫球速越小，反之，移动距离越小，高尔夫球速越大。我国优秀球员在上杆后阶段及整个上杆阶段重心在 z 轴上向远离地面的方向移动距离分别为（0.017±0.011）m、（0.046±0.008）m，高尔夫球速为（172.49±6.42）mph；国外优秀球员在上杆后阶段以及整个上杆阶段重心在 z 轴上向远离地面的方向移动距离分别为（0.013±0.014）m、（0.045±0.012）m，高尔夫球速为（177.06±3.14）mph。我国优秀球员在上杆后阶段及整个上杆阶段较国外优秀球员重心在 z 轴上向远离地面的方向移动距离大，且高尔夫球速慢。我国优秀高尔夫球员由于挥杆技术不完善，重心在 z 轴上向远离地面方向移动距离与世界优秀高尔夫球员存在一定差异，这很可能是影响我国优秀球员一号木杆击球距离的重要因素之一。

表 2-34 中外球员重心在 z 轴上的位移与球速相关性分析

挥杆阶段	球速 皮尔逊相关性	Sig.（双尾）	中国球员	外国球员
上杆后阶段	-0.712**	0.009	0.017±0.011	0.013±0.014
上杆阶段	-0.945**	0.004	0.046±0.008	0.045±0.012
下杆中阶段	0.902*	0.014	0.008±0.005	0.005±0.008
下杆阶段	0.779**	0.003	-0.037±0.017	-0.027±0.026

注：* 在 0.01 级别（双尾），相关性极显著；** 在 0.05 级别（双尾），相关性显著。

由表 2-34 可知，下杆中阶段（下杆 12 点钟到下杆 9 点钟）、下杆阶段（上杆顶点到击球瞬间），我国优秀球员重心在 z 轴上向远离地面方向移动距离与高尔夫球速相关系数分别为 0.902（P 值 = 0.014 < 0.05）、0.779（P 值 = 0.003 < 0.01），分别呈显著正相关与极显著正相关。这说明我国优秀球员在下杆中阶段及整个下杆阶段重心在 z 轴上向远离地面的方向移动距离越大，高尔夫球速越大，反之，移动距离越小，高尔夫球速越小。我国优秀球员在下杆中阶段及整个下杆阶段重心在 z 轴上向远离地面的方向移动距离分别为（0.008±0.005）m、（-0.037±0.017）m，国

外优秀球员在下杆中阶段及整个下杆阶段重心在 z 轴向上朝远离地面的方向移动距离分别为（0.005±0.008）m、（-0.027±0.026）m。我国优秀球员下杆中阶段重心在 z 轴上向朝远离地面方向移动距离较国外优秀球员具有一定优势，我国优秀球员一号木杆挥速本应大于国外优秀球员，但由于我国优秀高尔夫球员挥杆技术不完善，一号木杆挥速小于国外优秀球员。在下杆阶段，我国球员重心在 z 轴上向远离地面的方向移动距离小，与世界优秀高尔夫球员存在一定差异，这很可能是影响我国优秀球员一号木杆挥速小于国外优秀球员的部分重要因素。

（三）重心在 z 轴上的变化与起飞角度相关性分析

分别计算国内外球员上下杆各个阶段重心在 z 轴上移动量与高尔夫球起飞角度之间的相关性，发现我国优秀球员在下杆中阶段重心在 z 轴上移动量与高尔夫球起飞角度之间有显著相关性，而在国外优秀球员中暂未发现显著相关性。

由表2-35可知，在下杆中阶段（下杆12点钟到下杆9点钟），球员重心在 z 轴上向远离地面方向移动距离与高尔夫球起飞角度相关系数为-0.604（P 值 = 0.037<0.05），呈显著负相关。这说明在一定范围内且同等条件下，在下杆中阶段，我国优秀球员重心在 z 轴上向远离地面方向移动距离越小，高尔夫球起飞角度越大，反之，移动距离越大，高尔夫球起飞角度越小。在下杆中阶段，我国优秀高尔夫球员重心在 z 轴上向远离地面方向移动距离为（-0.008±0.005）m，高尔夫球起飞角度为 11.5°±1.6°；国外优秀高尔夫球员重心在 z 轴上向远离地面方向移动距离为（0.005±0.008）m，高尔夫球起飞角度为 9.7°±2.2°。在下杆中阶段，我国优秀球员相对于国外优秀球员重心在 z 轴上向远离地面方向移动距离大，起飞角度大，与世界优秀高尔夫球员存在一定差异，我国优秀高尔夫球员挥杆技术不完善，这很可能是影响我国优秀球员高尔夫球起飞角度乃至一号木杆击球距离的重要因素之一。

表2-35 中外球员重心在 z 轴上的位移与起飞角度相关性分析

挥杆阶段	起飞角度		中国球员	外国球员
	皮尔逊相关性	Sig.（双尾）		
下杆中阶段	-0.604*	0.037	0.008±0.005	0.005±0.008

注：*在 0.05 级别（双尾），相关性显著。

（四）重心在 z 轴上的变化与击球距离相关性分析

分别计算国内外球员上下杆各个阶段重心在 z 轴上移动量与一号木杆击球距离之间的相关性，发现我国优秀球员在上杆阶段、下杆中阶段重心在 z 轴上移动量与一号木杆击球距离之间有显著相关性，而在国外优秀球员中暂未发现显著相关性。

由表2-36可知，在上杆阶段，我国优秀高尔夫球员身体重心在z轴上向朝远离地面方向移动距离与一号木杆击球距离的相关系数为-0.918（P值=0.010<0.05），呈显著负相关。这说明在一定范围内且同等条件下，在上杆阶段，我国优秀高尔夫球员重心在z轴上向远离地面方向移动距离越大，击球距离越小，反之，移动距离越小，击球距离越远。在上杆阶段，我国优秀球员重心在z轴上向远离地面方向移动距离为（0.046±0.008）m，国外优秀球员重心在z轴上向远离地面方向移动距离为（0.045±0.012）m。我国优秀球员上杆阶段较重心在z轴上向远离地面方向移动距离大，击球距离近，与世界优秀高尔夫球员存在一定差异，我国优秀高尔夫球员挥杆技术不完善，这很可能是影响我国优秀球员一号木杆击球距离的重要因素之一。

表2-36　中外球员重心在z轴上的位移与击球距离相关性分析

挥杆阶段	击球距离		中国球员	外国球员
	皮尔逊相关性	Sig.（双尾）		
上杆阶段	-0.918*	0.010	0.046±0.008	0.045±0.012
下杆中阶段	0.672*	0.017	0.008±0.005	0.005±0.008

注：*在0.05级别（双尾），相关性显著。

由表2-36可知，在下杆中阶段，我国优秀高尔夫球员身体重心在z轴上向远离地面方向移动距离与一号木杆击球距离的相关系数为0.672（P值=0.017<0.05），呈显著正相关。这说明在一定范围内且同等条件下，在下杆中阶段，我国优秀高尔夫球员重心在z轴上向朝远离地面方向移动距离越大，击球距离越远，反之，移动距离越小，击球距离越近。在下杆中阶段，我国优秀球员重心在z轴上向远离地面方向移动距离为（0.008±0.005）m，国外优秀球员重心在z轴上向远离地面方向移动距离为（0.005±0.008）m。我国优秀球员在下杆中阶段重心在z轴上向远离地面方向移动距离大，击球距离反而近，与世界优秀高尔夫球员相比，我国球员虽存在一定优势，但挥杆技术不足，很可能是影响我国优秀球员一号木杆击球距离的重要因素之一。

四、重心变化趋势分析

（一）重心在x轴上的变化趋势分析

由图2-33可以看出，18名球员在准备时刻，重心在x轴方向上处于0刻度线,当球员重心向垂直于冠状面且向球员正前方移动为正值方向,反之则为负值方向。在从准备时刻到上杆 7 点钟时刻的上杆第一阶段,18 名球员中仅有 1 名球员身体重心向身体正前方发生了位移,位移范围>0mm 且≤5mm,球员身体重心在 x 轴上位移相对较小;其余 15 名球员均为身体重心在 x 轴上向身体后侧位移,有 2 名球员身体重心向后位移距离>0mm 且≤5mm 范围内,有 6 名球员身体重心向后位移距离>5mm 且≤10mm,有 3 名球员身体重心向后位移距离>10mm 且≤15mm,有 3 名球员身体重心向后位移距离>20mm 且≤30mm 范围内,有 1 名球员身体重心向后位移距离>30mm 且≤35mm。由此可以看出,球员身体重心在上杆第一阶段虽然在 x 轴上向身体后侧发生了位移,但大部分球员将向身体后侧位移距离控制在 30mm 内,其中更多地集中在 10mm 以内。在 18 名球员中还有 2 名球员将身体重心在 x 轴上的位移保持得很好,位移距离为 0mm。由此看出,大多数球员在上杆第一阶段,身体重心向身体后侧位移,且尽可能保持在 10mm 范围内,使上杆时身体转动顺畅一些。

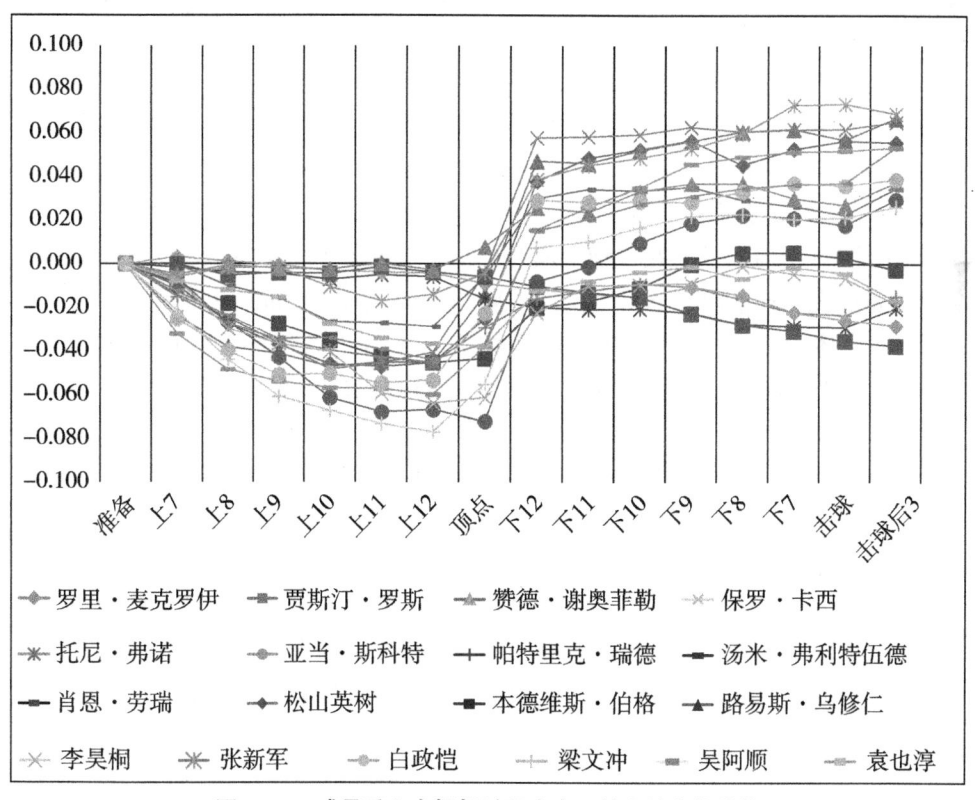

图 2-33 球员重心在挥杆过程中在 x 轴上的变化趋势

在从准备时刻到上杆9点钟，18名球员中仅有1名球员的身体重心在x轴上出现了向身体前侧位移的情况，具体情况为身体重心在上杆前两个阶段均向身体前侧位移，但在上杆第三阶段出现了重心向身体后侧位移的情况。其余17名球员在三个上杆阶段均呈向身体后侧位移的趋势，其中13名球员在上杆第三阶段，重心在x轴上向身体后侧位移的距离较上杆前两个阶段多，13名球员中有12名球员在上杆的三个阶段中均呈稳定增加趋势。

在从上杆9点钟到上杆12点钟的上杆中阶段，18名球员中有17名球员在连续三个上杆阶段中，重心在x轴方向上均朝身体后侧位移，且位移幅度相对上杆前三阶段大。18名球员中仅有1名球员重心在x轴上位移情况不同，在上杆第四阶段向身体后侧位移；在上杆第五阶段，身体重心在前后方向上位移为0；在上杆第六阶段，球员身体重心继续向身体后侧位移，并未出现反向位移，说明该球员在上杆过程中会尽量保持身体重心稳定。大部分球员在上杆阶段，身体重心在x轴上向身体后侧位移，仅有极少数球员重心向身体前侧位移，说明球员在上杆过程中的动作较为一致，且向身体后侧位移距离相似，说明大部分球员身体重心位移均保持在一个很小的范围内。

在从上杆12点钟到上杆顶点的上杆后阶段，18名球员中仅有1名球员身体重心在x轴上向身体前侧位移，位移距离为8mm，相对较小。其余17名球员身体重心均在x轴上向朝身体后侧位移，有2名球员重心在x轴上向身体后侧位移距离在>0mm且≤5mm范围内；有3名球员重心在x轴上向身体后侧位移距离>5mm且≤10mm；有1名球员重心在x轴上向身体后侧位移距离>10mm且≤15mm；有1名球员重心在x轴上向身体后侧位移距离>15mm且≤20mm；有2名球员重心在x轴上向身体后侧位移距离>20mm且≤25mm；有1名球员重心在x轴上向身体后侧位移距离>25mm且≤30mm范围内；有3名球员重心在x轴上向朝身体后侧位移距离>35mm且≤40mm；有1名球员重心在x轴上向朝身体后侧位移距离>40mm且≤45mm；有1名球员重心在x轴上向朝身体后侧位移距离>50mm且≤55mm；有1名球员重心在x轴上向朝身体后侧位移距离>60mm且≤65mm；有1名球员重心x轴上向朝身体后侧位移距离>70mm且≤75mm。由此可以看出，大部分球员身体重心在x轴上位移距离在25mm内，其中较多球员位移距离集中在10mm内。从上杆最后一个阶段到下杆第一阶段，存在转换过程，球员会尽可能减小身体重心在x轴上的位移距离减小，以确保挥杆动作的稳定。

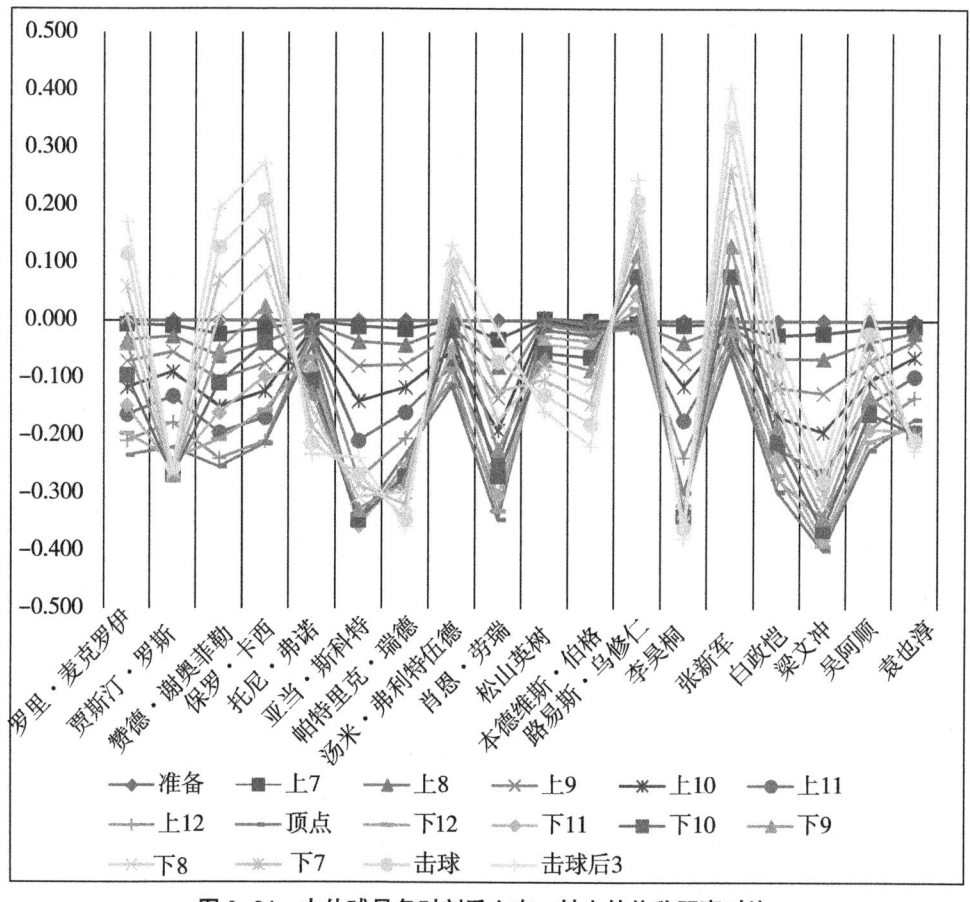

图 2-34 中外球员各时刻重心在 x 轴上的位移距离对比

由图 2-34 可以看出，18 名球员在上杆过程中身体重心在 x 轴上的位移距离差异明显，其中有 11 名球员重心在 x 轴上超越初始位置的情况，其中有 12 名球员击球瞬间重心在 x 轴上超越初始位置。在击球瞬间，在 6 名击球瞬间重心在 x 轴上未超越初始位置的球员中，有 1 名球员身体重心在 x 轴上相对于准备时刻向身体后侧位移距离在 >0mm 且 ≤5mm 的范围内；有 1 名球员重心在 x 轴上身体重心相对于准备时刻向身体后侧位移距离 >5mm 且 ≤10mm 的范围内；有 1 名球员身体重心在 x 轴上相对于准备时刻向身体后侧位移距离 >20mm 且 ≤25mm；有 2 名球员身体重心在 x 轴上相对于准备时刻向身体后侧位移距离 >25mm 且 ≤30mm；有 1 名球员身体重心在 x 轴上相对于准备时刻向身体后侧位移距离 >30mm 且 ≤35mm。由此看出，6 名球员身体重心向身体后侧位移距离 >20mm 且 ≤35mm，有 2 名球员身体重心向身体后侧位移距离 >0mm 且 ≤10mm 范围内，球员在击球瞬间会尽可能使身体重心在 x 轴上向身体前侧靠近，但有少数球员身体重

心在 x 轴上更靠近身体后侧远端。在 12 名击球瞬间重心在 x 轴上超越初始位置的球员中，有 1 名球员身体重心在 x 轴上相对于准备时刻向身体前侧位移距离>0mm 且≤5mm；有 1 名球员身体重心在 x 轴上相对于准备时刻向身体前侧位移距离>15mm 且≤20mm；有 2 名球员身体重心在 x 轴上相对于准备时刻向身体前侧位移距离>20mm 且≤25mm 的范围内；有 1 名球员身体重心在 x 轴上相对于准备时刻向身体前侧位移距离>25mm 且≤30mm；有 2 名球员身体重心在 x 轴上相对于准备时刻向身体前侧位移距离>35mm 且≤40mm；有 1 名球员身体重心在 x 轴上相对于准备时刻向身体前侧位移距离>50mm 且≤55mm；有 2 名球员身体重心在 x 轴上相对于准备时刻向身体前侧位移距离>55mm 且≤60mm；有 1 名球员身体重心在 x 轴上相对于准备时刻向身体前侧位移距离>60mm 且≤65mm；有 1 名球员身体重心在 x 轴上相对于准备时刻向身体前侧位移距离>70mm 且≤75mm。由此可以看出，12 名球员中有 7 名球员重心在 x 轴上向身体前侧位移距离>20mm 且≤60mm，相对于该距离有 2 名球员身体重心在 x 轴上的初始位置，有 3 名球员更远离身体重心在 x 轴上的初始位置，说明球员在击球瞬间将身体重心在 x 轴上向身体前侧位移距离控制在>20mm 且≤60mm 的范围内最佳。

（二）重心在 y 轴上的变化趋势分析

由图 2-35 可以看出，球员重心位置在垂直于矢状面的方向上，初始时刻刻度为 0mm。重心在 y 轴上的位移，以朝目标侧方向为移动正值，反之为移动负值，球员均为右利手球员，目标均在球员左侧方向，故球员重心在 y 轴上向其左侧位移为正值，反之为负值。

从准备时刻到上杆 7 点钟，均为负值，说明球员身体重心在 y 轴上向其球员右侧发生位移，其中有 1 名球员身体重心在 y 轴上向其右侧位移>5mm 且≤10mm；有 4 名球员身体重心在 y 轴上向右侧位移>10mm 且≤15mm；有 2 名球员身体重心在 y 轴上向右侧位移>15mm 且≤20mm；有 3 名球员身体重心在 y 轴上向右侧位移>20mm 且≤25mm；有 3 名球员身体重心在 y 轴上向右侧位移>25mm 且≤30mm；有 2 名球员身体重心在 y 轴上向右侧位移>30mm 且≤35mm；有 1 名球员身体重心在 y 轴上向右侧位移>35mm 且≤40mm；有 1 名球员身体重心在 y 轴上向右侧位移>40mm 且≤45mm；有 1 名球员身体重心在 y 轴上向右侧位移>45mm 且≤50mm。由此可以看出，绝大部分球员身体重心在 y 轴上向身体右侧位移距离≤35mm，而 18 名球员中一半以上的球员身体重心在 y 轴上向身体右侧位移距离≤25mm，其中有一半球员身体重心在 y 轴上向身体右侧位移距离集中在 15mm 内。在上杆第一阶段，球员身体重心在 y 轴上向身体右侧位移距离比身体重心在 x 轴上的位移距离大，且球员在挥杆时较难保持身体重心。在上杆第一阶段，球员身体重心在 y 轴上均向身体右侧位移，方向一致，只有 17 名球员身体重心在 x 轴上向身体后侧位移，方向不是完全一致。

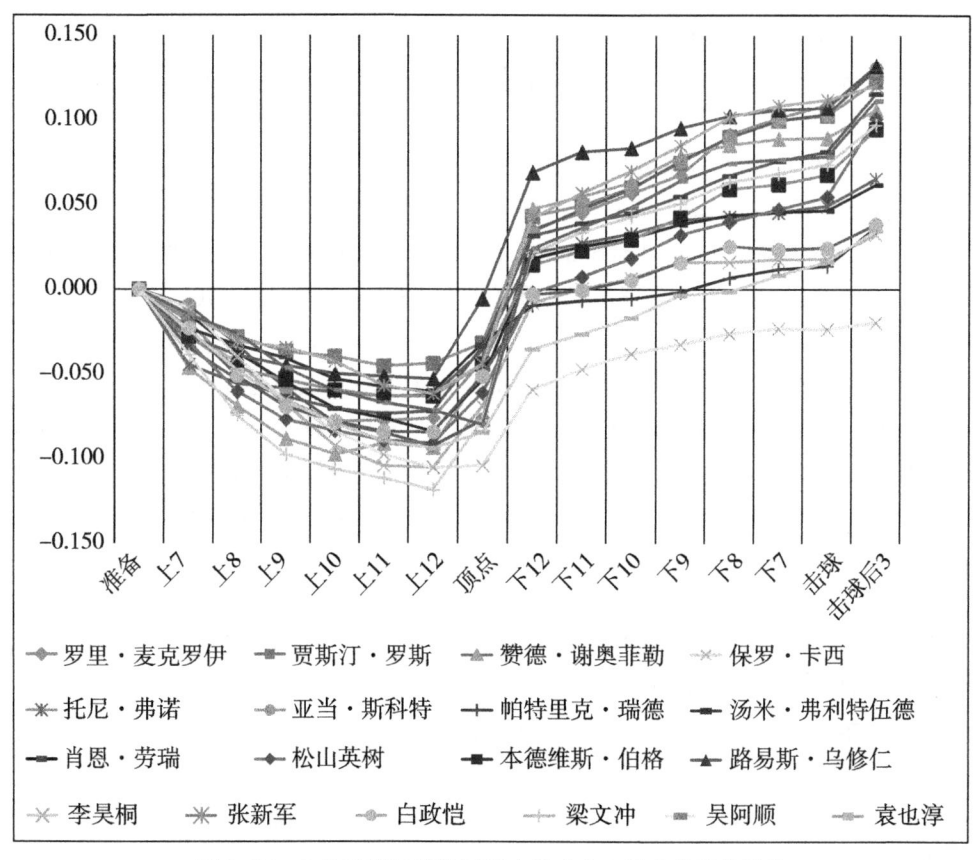

图 2-35 中外球员在挥杆过程中重心在 y 轴上的变化趋势

从准备时刻到上杆 9 点钟的三个阶段，球员身体重心在 y 轴上位移均为负值，意味着球员均向身体右侧位移。在上杆前阶段，18 名球员中有 1 名球员身体重心在 y 轴上向右侧位移>30mm 且≤35mm；有 1 名球员身体重心在 y 轴上向右侧位移>35mm 且≤40mm；有 2 名球员身体重心在 y 轴上向右侧位移>40mm 且≤45mm；有 1 名球员身体重心在 y 轴上向右侧位移>45mm 且≤50mm；有 2 名球员身体重心在 y 轴上向右侧位移>50mm 且≤55mm；有 2 名球员身体重心在 y 轴上向右侧位移>55mm 且≤60mm；有 1 名球员身体重心在 y 轴上向右侧位移>60mm 且≤65mm；有 5 名球员身体重心在 y 轴上向右侧位移>65mm 且≤70mm；有 1 名球员身体重心在 y 轴上向右侧位移>75mm 且≤80mm；有 1 名球员身体重心在 y 轴上向右侧位移>85mm 且≤90mm；有 1 名球员身体重心在 y 轴上向右侧位移>95mm 且≤100mm。由此可以看出，绝大部分球员身体重心在 y 轴上向右侧位移距离在 70mm 以内，其中有 5 名球员身体重心在 y 轴上向身体右侧位移距离>65mm 且≤70mm，较为集中，剩余 10 名球员身体重心在 y 轴上向右侧位移距离≤65mm，其中有 7 名球员身体重心在 y 轴上向右侧位移距离>40mm 且≤60mm。

从准备时刻到上杆 12 点钟的上杆阶段，球员身体重心在 y 轴上的位移均为负值，在上杆中阶段，球员身体重心在 y 轴上全部向身体右侧位移。在上杆前阶段，其 18 名球员有 1 名球员身体重心在 y 轴上向右侧位移>40mm 且≤50mm；有 1 名球员身体重心在 y 轴上向右侧位移>50mm 且≤55m；有 1 名球员身体重心在 y 轴上向右侧位移>55mm 且≤60mm；有 3 名球员身体重心在 y 轴上向右侧位移>60mm 且≤65mm；有 2 名球员身体重心在 y 轴上向右侧位移>70mm 且≤75mm；有 1 名球员身体重心在 y 轴上向右侧位移>75mm 且≤80mm；有 2 名球员身体重心在 y 轴上向右侧位移>80mm 且≤85mm；有 4 名球员身体重心在 y 轴上向右侧位移>90mm 且≤95mm；有 2 名球员身体重心在 y 轴上向右侧位移>100mm 且≤105mm；有 1 名球员身体重心在 y 轴上向右侧位移>115mm 且≤120mm。由此可以看出，有 14 名球员身体重心在 y 轴上向右侧位移距离>60mm 且≤105mm，其中有 6 名球员身体重心在 y 轴上向右侧位移>90mm 且≤105mm，有 5 名球员身体重心在 y 轴上向右侧位移距离>60mm 且≤75mm，说明大部分世界顶级男球员在上杆中阶段结束时会更倾向于将身体重心在 y 轴上向右侧位移距离保持在>90mm 且≤105mm 的范围内。

从准备时刻到上杆顶点的上杆后阶段，球员身体重心在 y 轴上位移均为负值，意味着球员在该阶段身体重心在 y 轴上向右侧位移。在整个上杆过程中，18 名球员有 1 名球员身体重心在 y 轴上向右侧位移>5mm 且≤10mm；有 3 名球员身体重心在 y 轴上向右侧位移>30mm 且≤35mm；有 1 名球员身体重心在 y 轴上向右侧位移>35mm 且≤40mm；有 3 名球员身体重心在 y 轴上向右侧位移>40mm 且≤45mm；有 1 名球员身体重心在 y 轴上向右侧位移>45mm 且≤50mm；有 2 名球员身体重心在 y 轴上向右侧位移>50mm 且≤55mm；有 1 名球员身体重心在 y 轴上向右侧位移>60mm 且≤65mm；有 1 名球员身体重心在 y 轴上向右侧位移>65mm 且≤70mm；有 3 名球员身体重心在 y 轴上向右侧位移>75mm 且≤80mm；有 1 名球员身体重心在 y 轴上向右侧位移>80mm 且≤85mm；有 1 名球员身体重心在 y 轴上向右侧位移>100mm 且≤105mm。由此可以看出，在上杆结束时刻，有 16 名球员身体重心在 y 轴上向右侧位移在≤80mm，其中有 9 名球员身体重心在 y 轴上向右侧位移距离≤50mm，可以看出，相比上杆中阶段，在上杆后阶段，球员身体重心在 y 轴上向右侧位移距离减小，球员身体重心在 y 轴上出现了向左侧的位移。

在从上杆顶点到下杆 12 点钟的下杆前阶段，球员身体重心在 y 轴上的位移出现了差异，相对于准备时刻，其中 6 名球员在下杆 12 点钟的身体重心在 y 轴上向身体右侧位移，有 2 名球员身体重心向身体右侧位移距离>0mm 且≤5mm；有 2 名球员身体重心向身体右侧位移距离>5mm 且≤10mm；有 1 名球员身体重心向身体右侧位移距离>30mm 且≤35mm；有 1 名球员身体重心向身体右侧位移距离>55mm 且≤60mm。由此可以看出，在该 6 名球员中，仍有半数球员位移距离控制在向身体右侧位移 10mm 内，相对靠近重心在 y 轴上的初始位置。相对于准备时刻，剩余 12 名球员在下杆 12 点钟重心在 y 轴上向身体左侧位移。

由图 2-36 可以看出，在准备时刻，球员身体重心在 y 轴上均为 0mm 刻度值，在之后的上杆三个阶段，重心在 y 轴上均向身体右侧位移，球员大体是在上杆第二阶段结束后开始出现反向运动。在上杆顶点，全部球员身体重心在 y 轴上均身体右侧位移。可以看出，李昊桐在挥杆时身体重心在 y 轴上位移整体比较集中，而亚当·斯科特、梁文冲等球员在上下杆时身体重心在 y 轴位移距离较大。

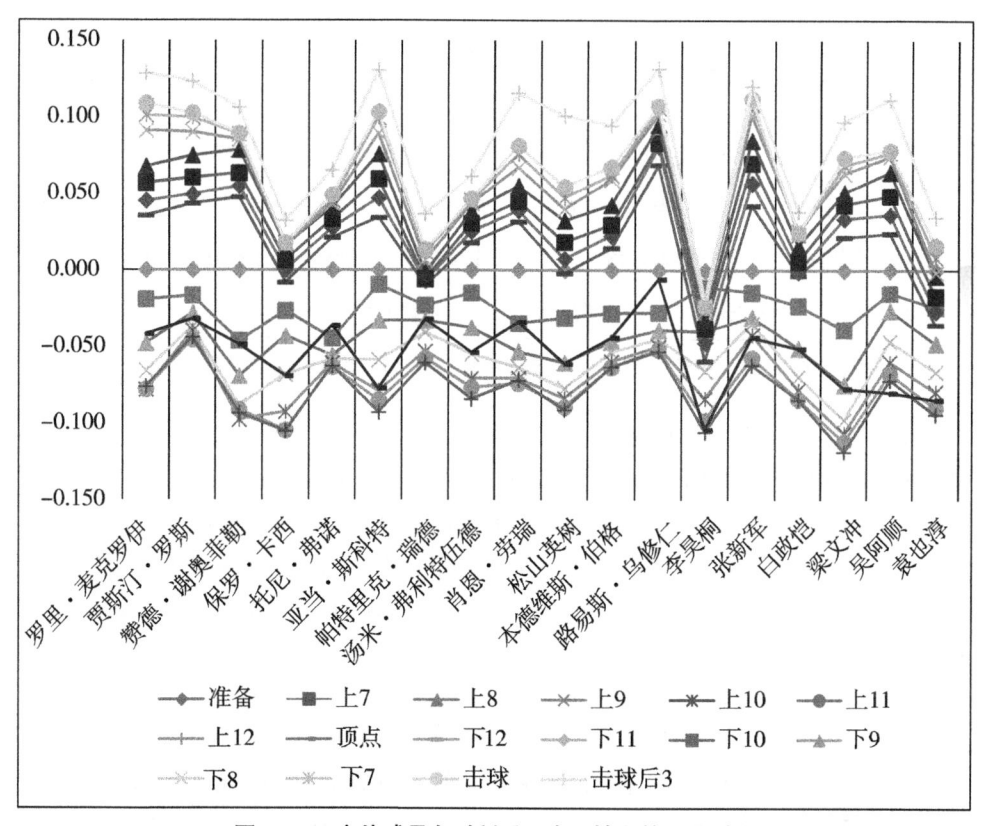

图 2-36 中外球员各时刻重心在 y 轴上的位移对比

（三）重心在 z 轴上的变化趋势分析

由图 2-37 可以看出，球员重心位置在垂直于水平面的方向上，初始时刻刻度为 0mm。重心在 z 轴上的位移，以向远离地面方向为移动正值，反之为移动负值。

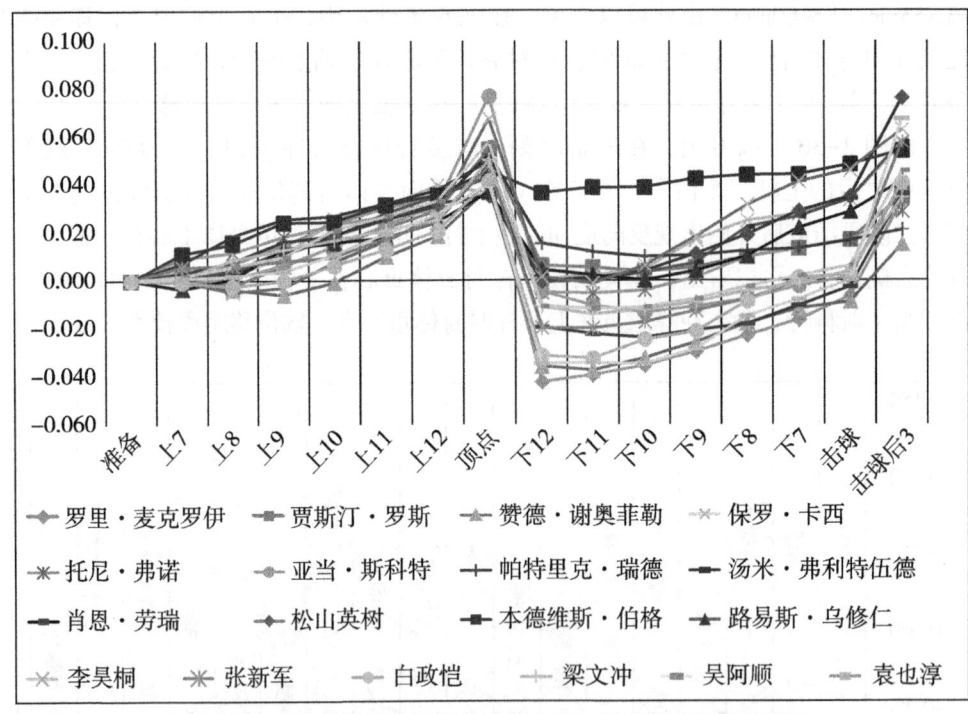

图 2-37 中外球员在挥杆过程中重心在 z 轴上的变化趋势分析

从准备时刻到上杆 7 点钟，有 2 名球员为负值，说明有 2 名球员的身体重心在 z 轴上向远离地面方向位移，且 2 名球员身体重心在 z 轴上向靠近地面方向位移距离>0mm 且≤5mm，说明球员身体重心虽然在 z 轴上向靠近地面方向位移，但并不是很多。18 名球员中有 3 名球员身体重心在 z 轴上向远离地面方向发生移动，身体重心极其稳定，有利于精准击球。有 13 名球员身体重心在 z 轴上向远离地面方向位移，其中有 9 名球员身体重心在 z 轴上向远离地面方向位移距离>0mm 且≤5mm；有 3 名球员身体重心在 z 轴上向远离地面方向位移距离>0mm 且≤5mm；有 1 名球员身体重心在 z 轴上向远离地面方向位移距离>10mm 且≤15mm。由此可以看出，在 18 名球员中有 14 名球员的身体重心在 z 轴上向远离地面方向位移距离在>0mm 且≤5mm，说明球员对此进行了一定的控制。

在上杆 7 点钟到上杆 8 点钟，18 名球员中有 4 名球员身体重心在 z 轴上向靠近地面方向位移，其中只有1名球员在前一挥杆阶段身体重心在 z 轴上向靠近地面方向位移，且位移距离均>0mm 且≤5mm；第二名球员在前一挥杆阶段身体重心在 z 轴上保持在0mm 处，其余2名球员在前一个挥杆阶段身体重心在 z 轴上向远离地面方向移动，且位移距离均>0mm 且≤5mm。其余14名球员身体重心在 z 轴上向远离地面方向位移，其中有6名球员身体重心在 z 轴上向远离地面方向位移距离>0mm 且≤5mm；有5名球员身体重心在 z 轴上向远离地面方向位移距离>5mm 且≤10mm；有2名球员身体重心在 z 轴上向远离地面方向位移距离>10mm 且≤15mm；有1名球员身体重心在 z 轴上向远离地面方向位移距离>15mm 且≤20mm。由此可以看出，15名球员身体重心在 z 轴上向远离地面方向位移距离在>0mm 且≤10mm，球员尽力维持稳定，为击球瞬间的准确性提供保障。

从上杆8点钟到上杆9点钟，仅有2名球员身体重心在 z 轴上向靠近地面方向位移，2名球员在前一个挥杆阶段身体重心在 z 轴上向靠近地面方向位移，有1名球员身体重心在 z 轴上向远离地面方向位移距离在>0mm 且≤5mm；有1名球员身体重心在 z 轴上向远离地面方向位移距离>5mm 且≤10mm，可以看出大部分球员可能会避免出现身体重心下移。18名球员中仅有1名球员在上杆阶段重心维持不变，重心高度较为稳定，其余15名球员身体重心在 z 轴上向远离地面方向位移，其中有1名球员身体重心在 z 轴上向远离地面方向位移距离在>0mm 且≤5mm；有5名球员身体重心在 z 轴上向远离地面方向位移距离>5mm 且≤10mm；有5名球员身体重心在 z 轴上向远离地面方向位移距离>10mm 且≤15mm；有2名球员身体重心在 z 轴上向远离地面方向位移距离>15mm 且≤20mm；有1名球员身体重心在 z 轴上向远离地面方向位移距离>20mm 且≤25mm；有1名球员身体重心在 z 轴上向远离地面方向位移距离>25mm 且≤30mm。由此可看出，在15名球员中有11名球员身体重心在 z 轴上向远离地面方向位移距离>0mm 且≤15mm，且有10名球员身体重心在 z 轴上向远离地面方向位移距离>5mm 且≤10mm，说明球员在该阶段保持重心高度的难度较前两个上杆阶段大，但球员仍有很大可能将身体重心在 z 轴上向远离地面方向位移距离控制在>5mm 且≤15mm 的范围内。

由图2-38可以看出，18名球员在挥杆过程中重心在 z 轴上位移距离相比重心在 x 轴、y 轴上的位移距离接近，由此可以看出，世界顶级球员与国内顶级球员在挥杆过程中重心在 z 轴上位移距离有一定差异，世界顶级球员位移范围较小，国内球员相对较大。罗里·麦克罗伊、李昊桐、梁文冲、袁也淳等球员重心在 z 轴上位移距离在各阶段较为均匀，但难度较大，有利于球员击球准确性的提高。

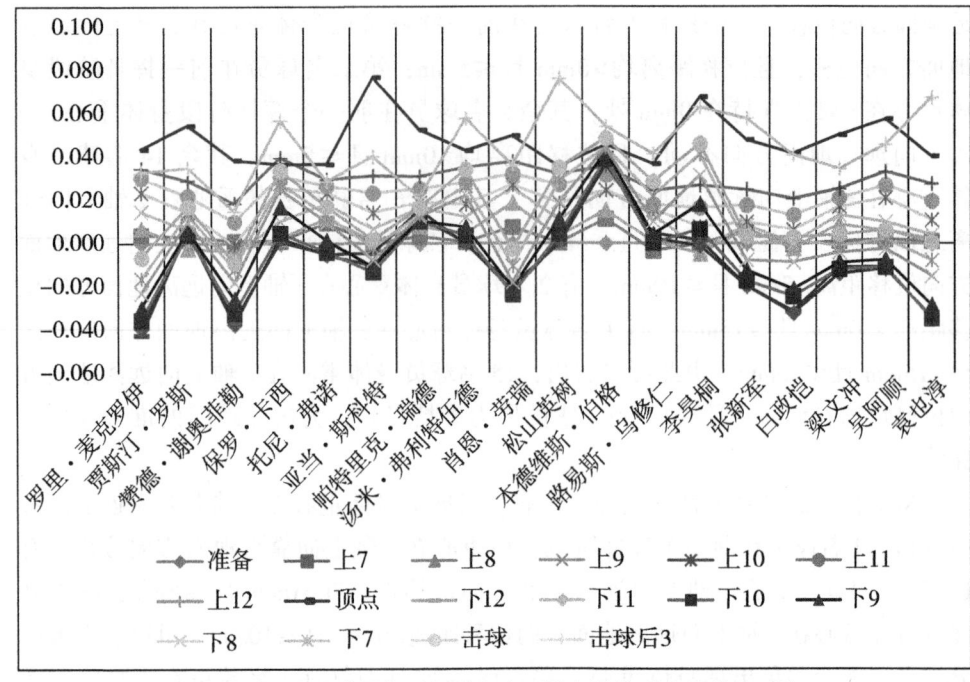

图 2-38　中外球员各时刻重心在 z 轴上的位移表现整体对比

本章小结

结合上述研究结果，针对中外优秀男子高尔夫球员挥杆特征与差异，得出以下结论：

①我国优秀男子球员一号木杆击球距离小于国外顶尖男子球员，一号木杆挥速、高尔夫球速小于国外球员，高尔夫球起飞角度大于国外球员是其原因之一。

②国内优秀男子球员在下杆 12 点钟到随挥 3 点钟左膝关节角度小于国外优秀男子球员。在击球瞬间，球员左膝关节角度与球速呈正相关，与起飞角度呈负相关，右膝关节角度与挥速呈正相关。在击球瞬间，我国球员左、右膝关节角度小于国外球员。

③中外优秀男子球员均在上杆顶点开始反向转动髋与肩。球员击球瞬间肩-髋相对角度越大，挥速、球速越大，击球距离越远。相对于国外男子球员，我国男子球员上杆顶点的髋转动角度大，击球瞬间的肩-髋相对角度大，击球距离近。

④我国优秀男子球员身体重心相对于国外优秀男子球员仅在下杆阶段 x 轴上位移、上杆后阶段 y 轴上位移、击球瞬间 y 轴上位移、下杆中阶段 z 轴上位移四方面较有优势，在其余阶段均需注意调整，这可能是由于我国球员肌肉力量弱、

动作存在一定的不合理之处。

针对以上原因，提出以下建议：

①我国优秀球员可以改善击球瞬间左、右膝关节角度，肩与髋转动角度，重心移动方向与距离来增加一号木杆挥速，提高高尔夫球速，减小高尔夫球起飞角度，从而增加一号木杆击球距离。

②我国优秀男子球员可以通过练习击球瞬间的快速蹬伸动作，增强下侧肢体相关肌肉力量来实现增加下杆12点钟到随挥3点钟左膝关节角度、击球瞬间右膝关节角度，从而增加一号木杆击球距离。

③我国优秀男子球员可通过身体协调性与肩、髋相向转动的柔韧性练习来实现减小上杆顶点髋转动角度，增大肩-髋相对角度；通过增强身体核心力量区域肌肉力量来实现合理利用击球瞬间肩-髋角度，从而增加一号木杆击球距离。

④我国优秀男子球员可在教练员等的协助下，通过进行"挥杆慢动作"来体验并矫正各阶段重心位移情况，也可通过"闭眼睛挥杆"等其他训练方式来增强本体感觉，改善全挥杆时重心位移状况，增加一号木杆击球距离。

第三章 我国与欧美优秀男子高尔夫球员一号木技术对比分析

第一节 球员基本信息介绍

本研究以 2019 年汇丰国际高尔夫球比赛中的 6 名中国职业男子高尔夫球员，5 名欧洲职业男子高尔夫球员，7 名美洲职业男子高尔夫球员，共 18 名男子高尔夫职业球员的一号木杆技术动作为研究对象。我国职业男子高尔夫球员为李昊桐、张新军、白政恺、梁文冲、吴阿顺、袁也淳；欧洲职业男子高尔夫球员为拉斐尔·卡布雷罗·贝雷、泰雷尔·哈顿、朱斯特·卢滕、维克多·佩雷兹、麦克洛伦·佐维拉；美洲职业男子高尔夫球员分别为 J.T. 波斯顿、简森科·克拉克、金灿、科里·康纳斯、卢卡斯·格洛弗、安德鲁·帕特南、亚伯拉罕·安瑟。

表 3-1 球员基本信息一览表

球员	国籍	身高/cm	转职业时间/年	本场比赛排名	本场比赛总成绩
拉斐尔·卡布雷罗·贝雷	西班牙	187	2005	T57	291
泰雷尔·哈顿	英国	175	2016	T14	278
朱斯特·卢滕	荷兰	178	2006	T34	284
维克多·佩雷兹	法国	198	2015	T4	273
麦克洛伦·佐维拉	法国	179	2005	T38	286
J.T. 波斯顿	美国	185	2015	T24	282
简森科·克拉克	美国	193	2003	T8	276
金灿	美国	188	2010	T46	288
科里·康纳斯	加拿大	183	2015	T20	280
卢卡斯·格洛弗	美国	188	2001	T49	289
安德鲁·帕特南	美国	185	2011	T36	285
亚伯拉罕·安瑟	墨西哥	170	2013	T4	273
李昊桐	中国	188	2011	T24	282

续表

球员	国籍	身高/cm	转职业时间/年	本场比赛排名	本场比赛总成绩
张新军	中国	182	13	T38	286
白政恺	中国	183	4	T70	296
梁文冲	中国	176	24	T73	296
吴阿顺	中国	182	15	T73	299
袁也淳	中国	178	5	T17	279

注：表中球员数据均来源于汇丰冠军赛官方网站。

第二节 相关概念界定

本书中涉及的研究参数及其定义如表 3-2 所示。

表 3-2 研究参数及其定义

研究参数	定义
击球距离	球从起飞开始到落地停止的距离
球速	即球的初始速度，击球瞬间时刻，球通过距离与时间的比值
挥速	击球前杆头线速度最快一帧时，杆头通过距离与时间的比值
击球效率	球速与最快杆头线速度的比值
起飞角度	球起飞路线与水平面的夹角
挥杆用时	两阶段（时刻）挥杆关键帧时刻所用时间
肘关节屈伸角度	左、右肩-肘-腕关节中心点连线所成角度
肩关节旋转角度	各时刻左、右肩关节中心点连线与准备时刻左、右肩关节中心点连线的角度差，肩关节向目标方向旋转角度为正值，向相反方向旋转角度为负值，正负仅代表方向
髋关节旋转角度	左、右髋关节中心点连线与 y 轴所成角度差，向目标方向旋转角度为正值，向相反方向旋转角度为负值，正负仅代表方向
膝关节屈伸角度	左、右髋-膝-踝关节中心点连线所成角度
肩-髋相对转动角度	左、右肩关节中心点连线与左、右髋关节中心点连线所成夹角，向目标方向所成角度为正值，向相反方向所成角度为负值，正负仅代表方向
重心	人体全部环节所受重力的合力的作用点，重心在 x、y、z 轴上的移动距离分别为重心在矢状轴、额状轴和垂直轴上向前后、左右和上下的移动距离，向前、向左、向上的移动距离为正值，向后、向右、向下的移动距离为负值

本研究将球员一号木划分为三个阶段，分别为上杆阶段、下杆阶段、随挥阶段；八个时期分别为上杆前期、上杆中期、上杆后期、下杆前期、下杆中期、下杆后期、随挥前期、随挥后期；十七个时刻分别为准备时刻、上杆7点钟、上杆8点钟、上杆9点钟、上杆10点钟、上杆11点钟、上杆12点钟、上杆顶点、下杆12点钟、下杆11点钟、下杆10点钟、下杆9点钟、下杆8点钟、下杆7点钟、击球时刻、送杆3点钟、随挥结束，具体划分如图3-4所示。

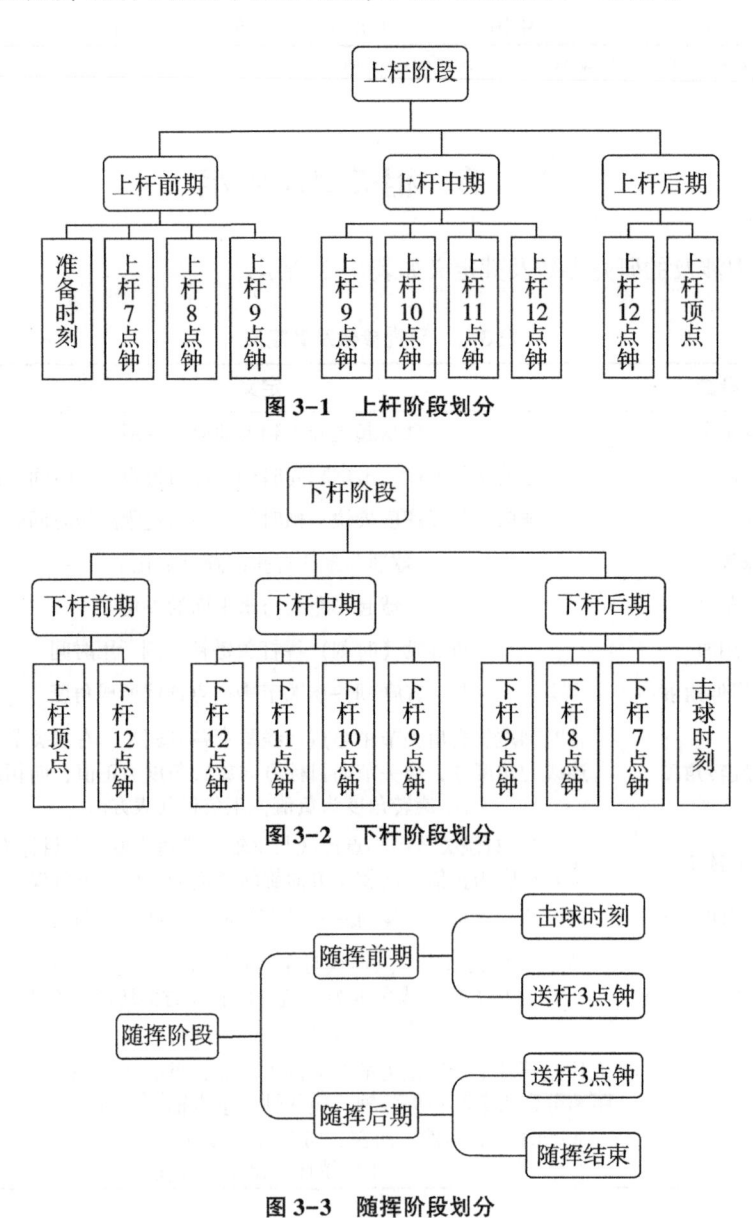

图3-1 上杆阶段划分

图3-2 下杆阶段划分

图3-3 随挥阶段划分

准备时刻	上杆 7 点钟	上杆 8 点钟
上杆 9 点钟	上杆 10 点钟	上杆 11 点钟
上杆 12 点钟	上杆顶点	下杆 12 点钟
下杆 11 点钟	下杆 10 点钟	下杆 9 点钟
下杆 8 点钟	下杆 7 点钟	击球时刻
	送杆 3 点钟	随挥结束

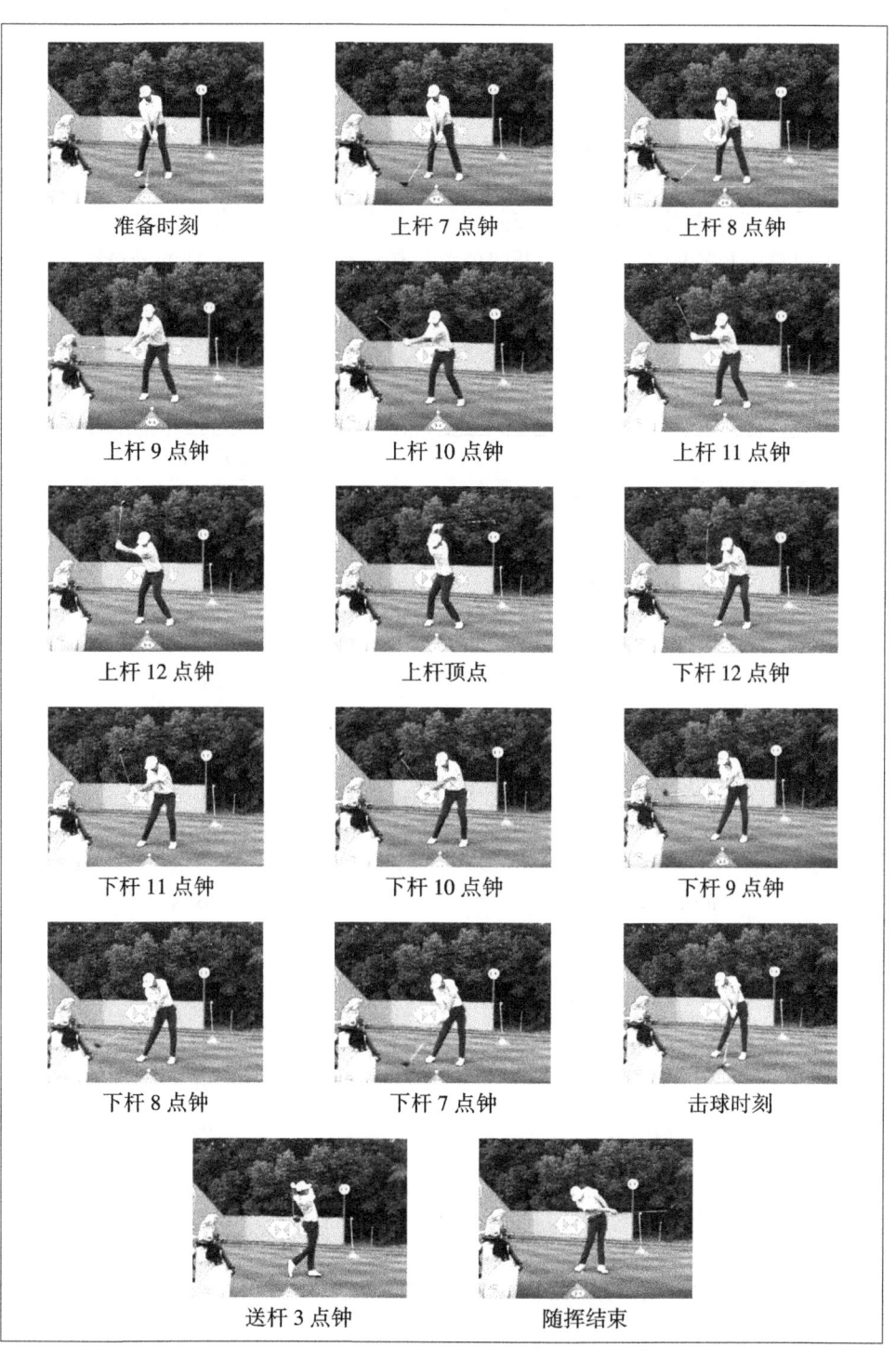

图 3-4　挥杆过程各时刻划分

第三节 击球效果指标对比分析

一、我国与欧美国家男子高尔夫球员一号木杆击球距离数据分析

一号木杆开球距离是指球员按照高尔夫球规则在发球台使用一号木杆将高尔夫球击向靠近果岭的方向，球距开球位置的最终距离。一号木杆的开球距离直接影响高尔夫球员的竞技成绩，一号木开球距离越远，完成比赛的杆数可能越少。表3-3为我国与欧美国家男子高尔夫球员一号木开球距离数据统计表。

表3-3 我国与欧美国家高尔夫球员一号木击球距离对比

球员	击球距离/Y
拉斐尔·卡布雷罗·贝雷	297
泰雷尔·哈顿	283
朱斯特·卢滕	295
维克多·佩雷兹	311
麦克洛伦·佐维拉	285.5
J.T.波斯顿	285.5
简森科·克拉克	323
金灿	307.5
科里·康纳斯	286
卢卡斯·格洛弗	318.5
安德鲁·帕特南	281
亚伯拉罕·安瑟	286
李昊桐	298.2
张新军	291.8
白政恺	300.3
梁文冲	288.8
吴阿顺	272.0
袁也淳	295.0

由表3-3可知，我国高尔夫男子球员一号木杆平均击球距离为（291.00±

9.32Y），欧美地区高尔夫男子球员的击球距离均远于我国高尔夫男子球员。我国一号木击球距离最远的男子球员为白政恺（300.3Y），击球距离较近的男子球员为吴阿顺（272Y）；欧洲国家一号木击球距离最远的男子球员为维克多·佩雷兹（311Y），击球距离较近的球员为泰雷尔·哈顿（283Y）；美洲国家一号木击球距离最远的男子球员为简森科·克拉克（323Y），击球距离较近的男子球员为安德鲁·帕特南（281Y）。欧美国家地区高尔夫男子球员一号木杆最远击球距离和较近击球距离均大于我国球员。虽然我国高尔夫男子球员一号木击球距离与欧美国家球员的击球距离差异没有统计学意义，但是我国球员一号木的击球距离仍然小于欧美国家球员，对于减少完成比赛所用杆数不利，因此我国球员应进一步提高一号木击球距离，缩小与欧美国家球员的差距。

二、我国与欧美国家男子高尔夫球员一号木球速数据分析

一号木球速是影响击球距离的关键性因素，高尔夫球飞行的速度越快，一号木的击球距离越远。本研究中，我国与欧美国家高尔夫球员一号木球速与开球距离呈显著相关性（$P<0.05$）。表3-4为我国与欧美国家男子高尔夫球员一号木球速数据统计表。

表3-4　我国与欧洲国家男子高尔夫球员一号木球速对比

球员	球速/mph
拉斐尔·卡布雷罗·贝雷	169.73
泰雷尔·哈顿	166.76
朱斯特·卢滕	169.96
维克多·佩雷兹	181.64
麦克洛伦·佐维拉	167.58
J.T. 波斯顿	170.58
简森科·克拉克	167.26
金灿	179.38
科里·康纳斯	172.13
卢卡斯·格洛弗	174.39
安德鲁·帕特南	170.41
亚伯拉罕·安瑟	169.05
李昊桐	180.51

续表

球员	球速/mph
张新军	172.62
白政恺	177.69
梁文冲	167.91
吴阿顺	162.83
袁也淳	173.36

由表3-4可知，我国高尔夫男子球员一号木杆平均球速为（172.49±5.87）mph，我国高尔夫男子球员一号木杆击球球速高于欧美国家高尔夫男子球员。我国一号木击球球速最高的男子球员为李昊桐（180.51mph），球速较低的球员为吴阿顺（162.83mph），我国球员梁文冲、吴阿顺的一号木击球球速均低于我国球员的平均击球球速。欧洲国家一号木击球球速最高的男子球员为维克多·佩雷兹（181.64mph），球速较低的球员为泰雷尔·哈顿（166.76mph）；美洲国家一号木击球球速最高的男子球员为金灿（179.38mph），球速较低的球员为简森科·克拉克（167.26mph）。美洲国家高尔夫男子球员一号木击球球速高于欧洲国家男子球员，在击球距离方面，美洲国家球员击球距离远于欧洲国家球员，我国球员的击球球速最高，但击球距离小于欧美国家球员，说明影响击球距离的因素不止包括球速，还与高尔夫击球技术相关。因此，我国男子高尔夫球员要想提高一号木杆击球距离，关键是要提高球速。

三、我国与欧美国家男子高尔夫球员一号木挥速数据分析

一号木杆挥速是影响开球距离的重要因素，挥杆速度越快，一号木的击球距离越远。本研究中，我国与欧美国家男子高尔夫球员一号木挥速与开球距离呈显著相关性（$P>0.05$）。表3-5为我国与欧美国家男子高尔夫球员一号木挥速数据统计表。

表3-5 我国与欧美国家男子高尔夫球员一号木球员挥速对比

球员	挥速/mph
拉斐尔·卡布雷罗·贝雷	112.10
泰雷尔·哈顿	118.75
朱斯特·卢滕	125.05

续表

球员	挥速/mph
维克多·佩雷兹	127.31
麦克洛伦·佐维拉	119.24
J.T.波斯顿	115.44
简森科·克拉克	122.26
金灿	119.14
科里·康纳斯	116.15
卢卡斯·格洛弗	116.52
安德鲁·帕特南	114.51
亚伯拉罕·安瑟	117.87
李昊桐	123.11
张新军	117.20
白政恺	117.97
梁文冲	112.99
吴阿顺	110.50
袁也淳	117.21

由表3-5可知，我国高尔夫男子球员一号木杆平均挥速为（116.50±3.98）mph，欧美国家男子高尔夫球员一号木杆挥速均高于我国男子球员。我国一号木杆挥速最快的男子球员是李昊桐（123.11mph），挥速较低的球员是吴阿顺（110.5mph），李昊桐和袁也淳的挥速、球速、击球距离均处于较高水平，而梁文冲和吴阿顺的挥速、球速、击球距离均处于平均值以下。欧洲国家一号木杆挥速最快的男子球员是维克多·佩雷兹（127.31mph），挥速较低的球员为拉斐尔·卡布雷罗·贝雷（112.1mph）；美洲国家一号木杆挥速最快的男子球员是简森科·克拉克（122.26mph），挥速较低的球员为安德鲁·帕特南（114.51mph）。欧洲国家男子球员一号木杆挥速高于美洲国家球员，在击球距离方面，美洲国家球员击球距离大于欧洲国家球员，我国球员的挥杆速度与击球距离均低于欧美国家球员，本研究发现，挥速、球速与击球距离三者之间均具有显著相关性（$P>0.05$），因此，我国男子高尔夫球员要想提高一号木杆击球距离，球速和挥速均需保持在较高水平。

表 3-6　我国与欧美国家高尔夫球员一号木击球数据指标相关性分析

击球距离/Y	球速/mph	挥速/mph
294.72±13.02*	171.88±5.02*	117.96±4.25*

注：*表示 $P<0.05$，三者具有显著相关性。

由表 3-6 可知，我国与欧美国家高尔夫球员一号木击球距离、球速和挥速三者之间呈显著正相关（$P<0.05$），在其他技术变量一定的情况下，球速越高，挥速越大，击球距离越远。我国球员的击球距离较欧美国家球员击球距离近，我国球员的球速较欧美国家球员球速快，我国球员的挥速较欧美国家球员挥速低，虽然击球距离、球速、挥速三者之间具有相关性，当球速与挥速较高时，击球距离较远，当挥速较高时，球速增大，但是球速不能影响挥速，球速较高时挥速也处于较高水平，因此，挥速是对击球距离影响最大的因素。

四、我国与欧美国家男子高尔夫球员一号木击球效率数据分析

一号木杆击球效率是一号木杆的球速与挥速的比值，击球效率是从杆头到高尔夫球能量的转移，击球效率越高说明能量转移得越好。达斯汀·约翰逊表示，在一号木挥杆过程中，杆头挥杆弧线应尽量拉宽，以使杆头速度达到最大化。一号木杆开球时，要想球飞得更远，关键在于产生尽可能大的挥杆速度，并将尽可能多的能量转移到高尔夫球上。研究表明，最佳击球效率即球的初始速度是杆头速度的 1.5 倍。表 3-7 为我国与欧美国家男子高尔夫球员一号木击球效率数据统计表。

表 3-7　我国与欧美国家男子高尔夫球员一号木击球效率对比

球员	击球效率
拉斐尔·卡布雷罗·贝雷	1.51
泰雷尔·哈顿	1.40
朱斯特·卢滕	1.36
维克多·佩雷兹	1.43
麦克洛伦·佐维拉	1.41
J.T. 波斯顿	1.48
简森科·克拉克	1.37
金灿	1.51

续表

球员	击球效率
科里·康纳斯	1.48
卢卡斯·格洛弗	1.50
安德鲁·帕特南	1.49
亚伯拉罕·安瑟	1.43
李昊桐	1.47
张新军	1.47
白政恺	1.51
梁文冲	1.49
吴阿顺	1.47
袁也淳	1.48

由表 3-7 可知，我国高尔夫男子球员一号木杆平均击球效率为 1.48±0.01，我国男子高尔夫球员一号木杆击球效率高于欧美国家男子球员。我国一号木杆击球效率最高的男子球员是白政恺（1.51），击球效率较低的球员是李昊桐、张新军和吴阿顺（1.47），三人的击球效率均低于我国球员的平均击球效率。欧洲国家一号木杆击球效率最高的男子球员是拉斐尔·卡布雷罗·贝雷（1.51），击球效率较低的球员是朱斯特·卢滕（1.36）；美洲国家一号木杆击球效率最高的男子球员是金灿（1.51），击球效率较低的球员是简森科·克拉克（1.37）。在击球距离、球速和击球效率三个方面，美洲国家球员均高于欧洲国家球员。欧洲国家球员的挥速高于美洲国家球员。我国球员的球速与击球效率高于欧美国家球员，本研究发现，挥速与击球效率呈显著相关性（$P<0.05$）。因此，我国男子高尔夫球员要想提高一号木杆击球距离，挥速和击球效率均需保持在较高水平。

表 3-8　我国与欧美国家男子高尔夫球员一号木挥速与击球效率相关性分析

挥速/mph	击球效率
117.96±4.25*	1.46±0.05*

注：*表示 $P<0.05$，二者具有显著相关性。

击球效率与挥速两者之间具有显著负相关性（$P<0.05$），击球效率是由球速比挥速所得，因此挥速越低，击球效率越高。虽然统计学意义上球速与击球效率无显著相关性，但是现实而言，球速越高，击球效率也越高。

五、我国与欧美国家男子高尔夫球员一号木起飞角度数据分析

球的起飞角度是高尔夫球受到杆面撞击后而获得的初始起飞速度,主要决定了球纵向飞行的高度与飞行距离,起飞角度是动态杆面角和击球角度联合作用的结果,且动态杆面角的贡献率为85%,远大于击球角度的贡献率(15%)。表3-9为我国与欧美国家男子高尔夫球员一号木起飞角度数据统计表。

表3-9 我国与欧美国家男子高尔夫球员一号木起飞角度对比

球员	起飞角度/°
拉斐尔·卡布雷罗·贝雷	10
泰雷尔·哈顿	10.7
朱斯特·卢滕	6.8
维克多·佩雷兹	9.4
麦克洛伦·佐维拉	12.9
J.T.波斯顿	11.4
简森科·克拉克	13.1
金灿	9.3
科里·康纳斯	7.5
卢卡斯·格洛弗	10.9
安德鲁·帕特南	7.3
亚伯拉罕·安瑟	10.1
李昊桐	10.3
张新军	9.0
白政恺	11.8
梁文冲	13.4
吴阿顺	12.9
袁也淳	11.6

由表3-9中数据计算可知,我国高尔夫男子球员一号木杆平均起飞角度为11.49°±1.50°,我国男子球员一号木杆击球起飞角度高于欧美国家男子球员。我国一号木杆击球起飞角度最大的男子球员是梁文冲(13.4°),起飞角度较小的球员是张新军(9°);欧洲国家一号木杆击球起飞角度最大的男子球员是麦克洛伦·

佐维拉（12.9°），起飞角度较小的球员是朱斯特·卢滕（6.8°）；美洲国家一号木杆击球起飞角度最大的男子球员是简森科·克拉克（13.1°），起飞角度较小的球员是安德鲁·帕特南（7.3°）。中国球员的一号木起飞角度普遍较大，本研究虽未发现起飞角度与击球距离、球速、挥速等指标之间有显著相关性（$P>0.05$），但球的起飞角度较大可能是影响我国球员击球距离的原因之一。因此，我国男子高尔夫球员要想提高一号木杆击球距离，可以尝试通过降低起飞角度来达到目的。

六、我国与欧美国家男子高尔夫球员一号木挥杆过程时间特征对比分析

表 3-10 我国与欧美国家男子高尔夫球员一号木挥杆过程时间对比（$\bar{x}\pm SD$）

球员国籍	上杆阶段用时/s	下杆阶段用时/s	随挥阶段用时/s	挥杆总用时/s
欧洲国家	0.857±0.159	0.272±0.03	0.362±0.042	1.492±0.152
美洲国家	0.936±0.159	0.29±0.03	0.41±0.045	1.636±0.196
中国	0.769±0.053	0.25±0.017	0.425±0.091	1.443±0.124

由表 3-10 可知，我国职业男子高尔夫球员一号木杆挥杆总用时均值为 1.443s，上杆阶段用时均值为 0.769s，下杆阶段用时均值为 0.25s，收杆阶段用时均值为 0.425s。上杆阶段用时约为挥杆总用时的 53.3%；下杆阶段用时约为挥杆总用时的 17.2%，收杆阶段用时约为占挥杆总用时的 29.5%。欧洲职业球员挥杆总用时均值为 1.492s，上杆阶段用时均值为 0.857s，下杆阶段用时均值为 0.272s，收杆阶段用时均值为 0.326s，上杆阶段用时约为挥杆总用时的 57.5%，下杆阶段用时约为挥杆总用时的 18.2%，收杆阶段用时约为占挥杆总用时的 24.3%。美洲职业球员挥杆总用时均值为 1.636s，上杆阶段用时均值为 0.936s，下杆阶段用时均值为 0.29s，收杆阶段用时均值为 0.41s，上杆阶段用时约为挥杆总用时的 57.2%，下杆阶段用时约为挥杆总用时的 17.8%，收杆阶段用时约为挥杆总用时的 25%。

由此可见，中国职业球员挥杆总用时最少，上杆阶段和下杆阶段用时较少，随挥阶段用时最长。通过分析挥杆各阶段用时比例可知，我国职业球员挥杆节奏较欧美国家球员快，欧美国家职业球员上杆阶段用时较长，上杆节奏较慢，有利于身体为下杆击球做好蓄力准备。

表 3-11　下杆阶段用时与击球距离相关性分析（x̄±SD）

击球距离/Y	下杆阶段用时/s
294.72±13.02*	0.273±0.032*

注：*表示 $P<0.05$，二者具有显著相关性。

由表 3-11 可知，职业男子球员一号木杆的击球距离与下杆阶段用时具有显著相关性，相关性系数为 0.678（$P<0.05$），在挥杆过程中，下杆阶段挥杆长度较长，杆头经过的路径较长，从统计学意义上分析，下杆阶段用时与击球距离呈显著正相关。

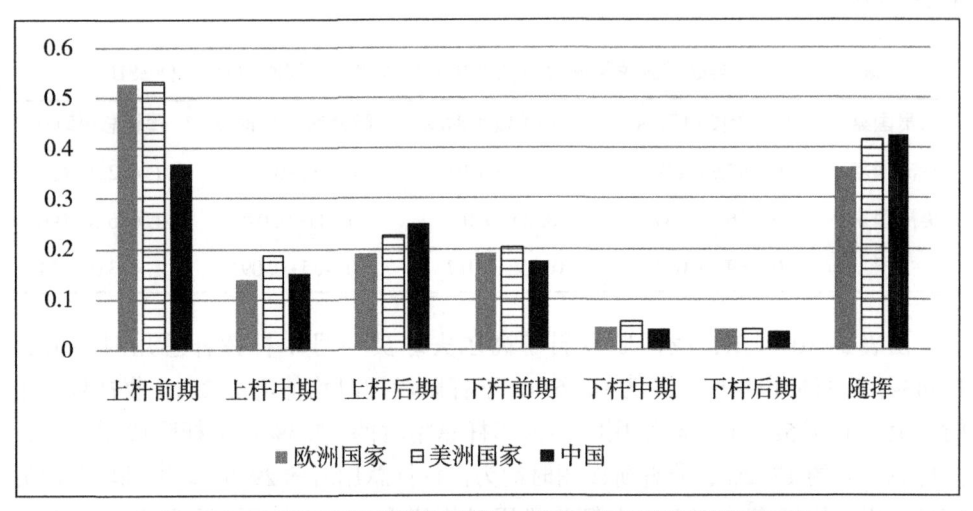

图 3-5　我国与欧美国家职业球员一号木挥杆过程用时数据对比

由图 3-5 可知，欧美国家职业球员一号木杆上杆前期用时较我国球员长，美洲球员在上杆中期用时较欧洲和中国球员用时长，在上杆后期，我国球员用时较欧美国家球员长。在整个上杆阶段，上杆早期用时最长，其次为上杆后期，上杆中期用时最短。在下杆阶段各个时期，欧美国家职业球员用时均较我国球员长。在整个下杆阶段，下杆前期用时最长，其次为下杆中期，下杆后期用时最短。下杆后期也就是我们平时所说的击球区域，用时最短，速度最大。在随挥阶段，我国和美洲国家职业球员用时较欧洲国家球员用时长。

表 3-12　我国与欧美国家球员上杆阶段各时期用时对比（x̄±SD）

球员国籍	上杆前期/s	上杆中期/s	上杆后期/s
欧洲国家	0.527±0.153	0.14±0.008	0.192±0.019

续表

球员国籍	上杆前期/s	上杆中期/s	上杆后期/s
美洲国家	0.534±0.14	0.187±0.06	0.228±0.082
中国	0.368±0.062	0.15±0.03	0.251±0.043

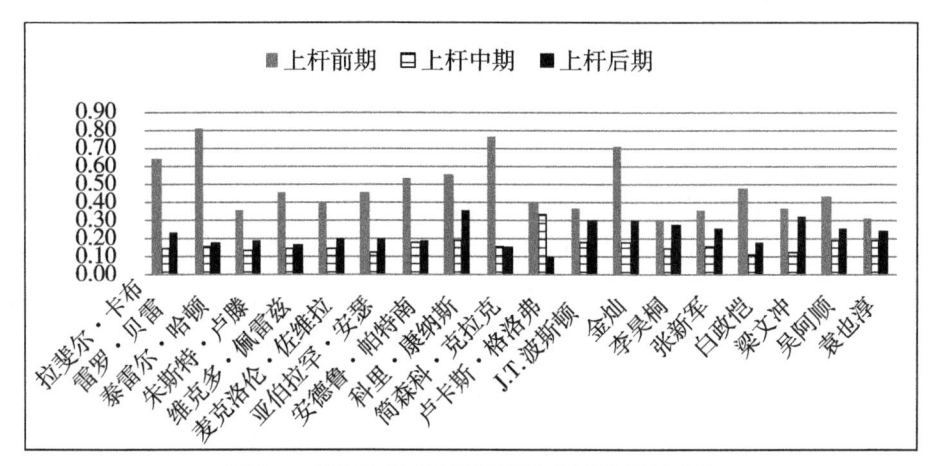

图3-6 我国与欧美国家球员上杆阶段用时对比

由图3-6可知，我国球员上杆前期用时均值为（0.368±0.062）s，欧洲球员上杆前期用时均值为（0.527±0.153）s，美洲球员上杆前期用时均值为（0.534±0.14）s。在上杆前期，我国6名球员中，白政恺用时最长，为0.47s，李昊桐用时最短，为0.3s；欧洲5名球员中，泰雷尔·哈顿用时最长，为0.8s，朱斯特·卢滕用时最短，为0.35s；美洲7名球员中，简森科·克拉克用时最长，为0.75s，卢卡斯·格洛弗用时最短，为0.36s。我国与欧美国家球员在上杆前期用时不具有相似性，挥杆节奏各具特点，与欧美国家球员相比，我国球员在上杆前期用时较短。

我国球员上杆中期用时均值为（0.15±0.03）s，欧洲球员上杆中期用时均值为（0.14±0.008）s，美洲球员上杆中期用时均值为（0.187±0.06）s。在上杆中期，我国6名球员中，吴阿顺和袁也淳用时较长，为0.19s，白政恺用时最短，为0.11s；欧洲5名球员中，泰雷尔·哈顿用时最长，为0.15s，朱斯特·卢滕用时最短，为0.13s，欧洲球员在上杆中期用时差异不大，节奏在同一水平；美洲7名球员中，卢卡斯·格洛弗用时最长，为0.33s，亚伯拉罕·安瑟用时最短，为0.13s，美洲国家球员在上杆中期除最长和最短两名球员外，其他球员用时差异不大。在整个上杆中期，用时最长的为卢卡斯·格洛弗（0.33s），用时最短的为白政恺（0.11s）。

我国球员上杆后期用时均值为（0.251±0.043）s，欧洲球员上杆后期用时均值为（0.192±0.019）s，美洲球员上杆后期用时均值为（0.228±0.082）s。在上杆后期，我国6名球员中，梁文冲用时最长，为0.32s，白政恺用时最短，为0.17s；欧洲5名球员中，拉斐尔·卡布雷罗·贝雷用时最长，为0.23s，泰雷尔·哈顿和维克多·佩雷兹用时最短，为0.17s；美洲7名球员中，科里·康纳斯用时最长，为0.35s，卢卡斯·格洛弗用时最短，为0.1s。在整个上杆后期，用时最长的为科里·康纳斯（0.35s），用时最短的为卢卡斯·格洛弗（0.1s）。

综上所述，我国球员与欧美国家球员在一号木杆上杆阶段各时期用时各有特点，欧美国家球员之间也存在差异，说明三个地区的球员在上杆阶段的挥杆节奏不同。在上杆阶段各时刻，上杆前期用时最长，其次是上杆后期，上杆中期用时最短。在上杆前期，我国球员用时比欧美国家球员短，速度较快；在上杆中期，我国与欧美国家球员均用时较短，欧洲国家球员整体用时较为平均；在上杆后期，我国球员用时比欧美国家球员长。上杆阶段各时期用时可以反映出我国与欧美国家球员挥杆节奏的差异，从统计学意义上，上杆阶段用时与击球距离没有显著相关性，但上杆阶段是机体蓄力的过程，为下杆击球做好充分的准备，是整个挥杆过程中重要的环节。

表3-13 我国与欧美国家球员下杆阶段各时期用时对比（$\bar{x}$±SD）

球员国籍	下杆前期/s	下杆中期/s	下杆后期/s
欧洲国家	0.191±0.033	0.043±0.004	0.038±0.001
美洲国家	0.201±0.053	0.055±0.037	0.038±0.001
中国	0.174±0.015	0.039±0.003	0.037±0.003

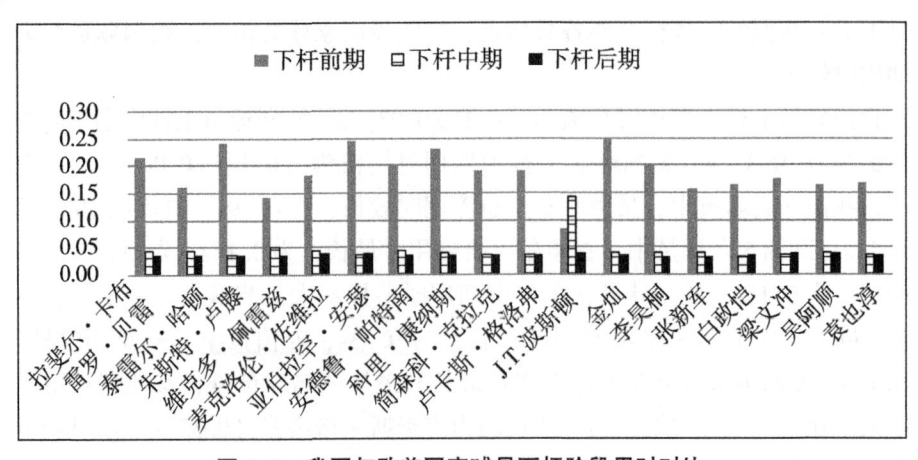

图3-7 我国与欧美国家球员下杆阶段用时对比

由图3-7可知，我国球员下杆前期用时均值为（0.174±0.015）s，欧洲球员下杆前期用时均值为（0.191±0.033）s，美洲球员下杆前期用时均值为（0.201±0.053）s。在下杆阶段前期，我国6名球员中，李昊桐用时最长，为0.21s，张新军用时最短，为0.16s；欧洲5名球员中，朱斯特·卢滕用时最长，为0.24s，维克多·佩雷兹用时最短，为0.15s；美洲7名球员中，亚伯拉罕·安瑟和金灿用时最长，为0.25s，J.T.波斯顿用时最短，为0.08s。

我国球员下杆中期用时均值为（0.039±0.003）s，欧洲球员下杆中期用时均值为（0.043±0.004）s，美洲球员下杆中期用时均值为（0.055±0.037）s。在下杆阶段中期，我国6名球员中，白政恺用时最短，为0.03s，其他5名球员用时0.04s；欧洲5名球员中，维克多·佩雷兹用时最长，为0.05s，其他4名球员用时为0.04s；美洲7名球员中，J.T.波斯顿用时最长，为0.15s，安德鲁·帕特南用时为0.05s，其他5名球员用时为0.04s。在整个下杆中期，用时最长的为J.T.波斯顿（0.15s），其他球员用时基本没有差异。

我国球员下杆后期用时均值为（0.037±0.003）s，欧洲球员下杆后期用时均值为（0.038±0.001）s，美洲球员下杆后期用时均值为（0.038±0.001）s。在下杆后期，我国6名球员中，张新军用时最短，为0.03s，其他5名球员用时，为0.04s；欧洲5名球员中均用时0.04s；美洲7名球员均用时0.04s。在整个下杆后期，我国与欧美国家球员在下杆后期用时基本一致。在一定的条件下，下杆后期用时直接影响一号木杆的挥速和球速，进而影响击球距离，当下杆后期用时减少，挥速和球速就会增加，击球距离就可能会增加。

综上所述，我国与欧美国家球员在整个下杆阶段各时期挥杆用时较为接近，但仔细观察我国球员在下杆前期、中期和后期挥杆用时比欧美国家球员短，最明显的是下杆前期用时约占下杆阶段总用时的70%，越接近击球位置，速度越快，用时越短。我国球员相比欧美国家球员在下杆阶段挥杆用时与上杆阶段挥杆用时均有明显减少，在上杆阶段主要是为了储存力量，使身体形成巨大的扭力，同时保持身体的稳定性，而下杆阶段是为了释放力量，需要形成较快的杆头速度，目的是使击球距离增加，因此，下杆阶段挥杆用时较上杆阶段挥杆用时减少。

第四节　身体主要关节角度变化趋势及对比分析

高尔夫球运动需要高度的关节灵活性，使人体能够产生强大的能量，最大限度地发挥人体的杠杆系统功能。在高尔夫球一号木挥杆过程中关节充分运动，增加了身体的活动范围，有利于提高挥杆过程中的生物力学效率，并提高杆头速度，增加击球距离，减少运动带来的损伤。

一、肩关节旋转角度对比分析

表3-14 我国与欧美国家球员各挥杆时刻肩关节角度对比（$\bar{x}\pm SD$）单位（°）

挥杆时刻	欧洲国家	美洲国家	中国
准备时刻	4.38±9.08	-0.255±7.167	5.622±9.066
上杆九点钟	-29.095±8.609	-33.464±8.038	-34.775±7.302
上杆十二点钟	-55.728±17.367	-61.34±17.679	-69.757±11.653
上杆顶点	-94.884±18.495	-92.412±16.223	-105.979±11.085
下杆十二点钟	-36.052±5.34	-39.62±32.815	-43.93±8.181
下杆九点钟	-18.4±13.192	-13.413±10.468	-25.098±7.375
击球时刻	5.616±19.007	12.295±10.277	-5.314±9.398
送杆三点钟	53.095±19.778	57.521±9.241	49.541±14.554

表3-14展示了我国与欧美国家球员各个挥杆时刻的肩关节角度，正值表示向目标方向旋转，负值则表示向相反方向旋转，正负仅表示方向。在准备时刻，欧洲球员与中国球员肩关节均略微朝向目标方向，角度均值分别为4.38°±9.08°和5.622°±9.066°而美洲球员肩关节角度均值为-0.255°±7.167°从上杆过程来看，欧洲球员肩关节角度变化最慢，而中国球员肩关节角度变化最快，在上杆顶点时刻向右旋转的角度也最大，均值分别为-94.884°±18.495°和-105.979°±11.085°，美洲球员上杆顶点肩关节角度均值为-92.412°±16.223°从准备时刻到上杆顶点，中国球员肩关节平均转动角度约达到111°，幅度大于欧洲球员，欧洲球员肩关节平均转动角度约为104°，美洲球员肩关节平均转动角度最大，约为92°。

欧美国家球员击球时刻肩关节角度均值分别为5.616°±19.007°和12.295°±10.277°中国球员击球时刻肩关节角度均值为-5.314°±9.398°。上杆顶点到击球时刻，美洲球员肩关节转动角度最大，约为105°。值得注意的是，在击球时刻，中国球员的肩关节角度均值为负值，肩关节朝向右边，而欧洲、美洲球员肩关节角度均值为正值，肩关节朝向目标方向，中国与美洲球员的肩关节平均角度差约为17°。在下杆阶段，中国球员的肩关节角度在各个时刻均显著落后于欧美国家球员。以上数据表明，中国球员上杆时的肩关节转动幅度较欧美国家球员大，而下杆时的肩关节转动角度相对较小，送杆3点钟时中国球员的平均肩关节角度最小，似乎支持了这一论断。

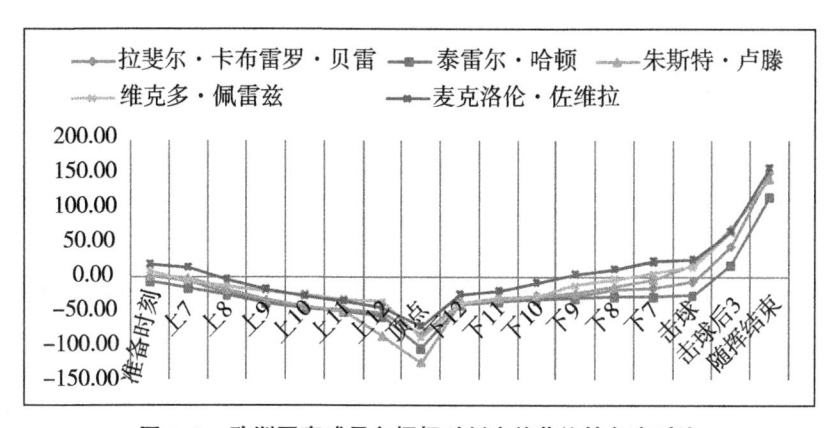

图 3-8 欧洲国家球员各挥杆时刻肩关节旋转角度对比

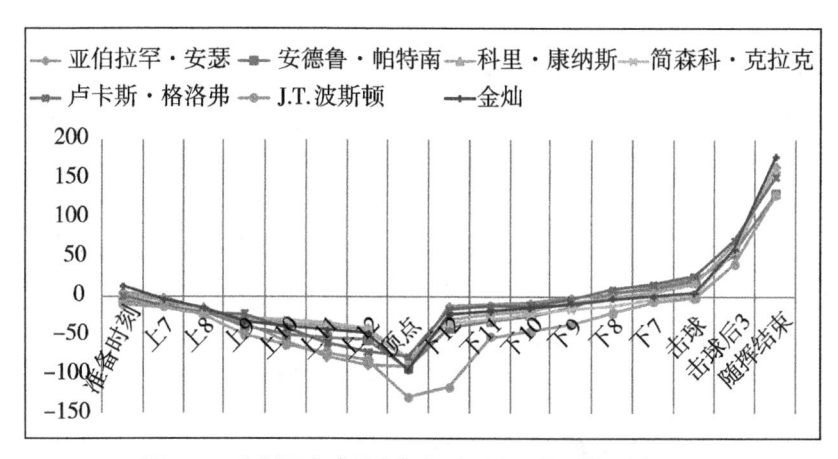

图 3-9 美洲国家球员各挥杆时刻肩关节旋转角度对比

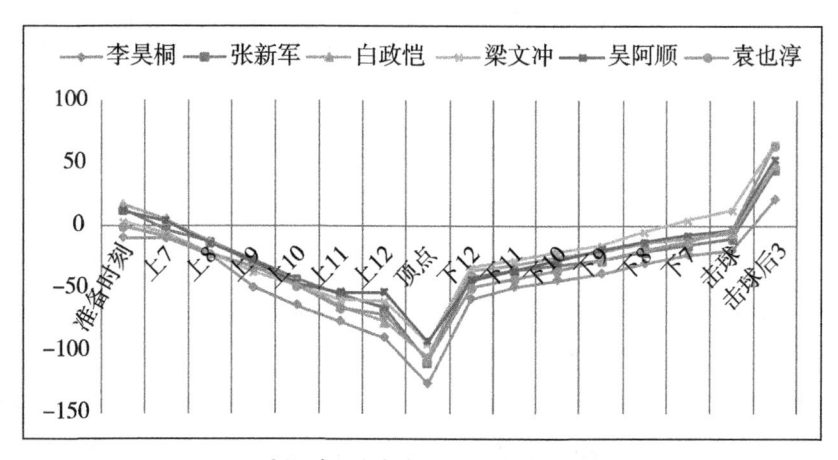

图 3-10 中国球员各挥杆时刻肩关节旋转角度对比

由图 3-8 至图 3-10 可知,在高尔夫球挥杆过程中,高尔夫球员肩关节转动趋势有较高的一致性,从准备时刻到上杆 11 点钟,角度变化比较均匀,在上杆 12 点钟到顶点表现出了较之前阶段更陡的斜率,旋转角度迅速增大,紧接着在下杆 12 点钟回到上杆 12 点钟的肩关节旋转角度,但普遍稍高于上杆 12 点钟的肩关节角度,而后一直到击球阶段,球员在击球点的肩关节旋转角度大多与准备时刻的肩关节旋转角度较为一致。

在上杆阶段,上杆顶点时肩关节旋转角度最大的中国球员是李昊桐(-116.7°),肩关节旋转角度最大的欧洲球员是朱斯特·卢滕(-126.07°),肩关节旋转角度最大的美洲球员是 J.T. 波斯顿(-117.58°)。

在下杆阶段,不同地区球员表现出了各自的特点。欧洲球员在下杆阶段的肩关节旋转角度大致与上杆阶段同一位置时的肩关节旋转角度一致,整个曲线呈现出对称态势,仅麦克洛伦·佐维拉在下杆阶段肩关节旋转角度显著大于上杆阶段。美洲球员在下杆阶段的肩关节旋转角度普遍大于上杆阶段,尤其是在顶点到下杆 12 点钟,肩关节角度迅速回到接近准备时刻水平,之后挥杆过程中肩关节旋转角度变化不大,而中国球员的肩关节角度在下杆 12 点钟比欧美国家球员肩关节角度大,在击球时刻比欧美国家球员肩关节角度小,变化的斜率明显弱于从准备时刻到上杆 12 点钟,上杆阶段肩关节旋转角度较大有利于球员为挥杆动作储蓄力量,下杆阶段通过旋转肩部释放力量以获得更快的杆头速度,从而增加击球距离。通过对肩关节旋转角度与各项参数进行相关性分析,在几位职业球员中,并未发现某项重要参数与肩膀旋转角度有显著的相关性。

二、髋关节旋转角度对比分析

表 3-15 我国与欧美国家球员各挥杆时刻髋关节角度对比($\bar{x}\pm SD$)

挥杆时刻	欧洲国家	美洲国家	中国
准备时刻	0	0	0
上杆 9 点钟	-23.277±5.111	-21.68±9.278	-12.201±5.246
上杆 12 点钟	-28.791±8.377	-31.821±10.798	-26.113±9.237
上杆顶点	-30.865±9.559	-36.788±9.892	-38.158±10.351
下杆 12 点钟	7.866±19.683	6.293±22.675	1.154±6.88
下杆 9 点钟	30.396±21.029	32.263±17.082	12.071±6.642
击球时刻	46.343±17.09	48.276±17.833	34.006±6.986
送杆 3 点钟	59.604±10.387	59.563±10.802	50.057±11

表3-15展示了我国与欧美球员各挥杆时刻髋关节的平均角度,将准备时刻的髋关节角度定义为0°,定义向右旋转的角度为负值,向左旋转的角度为正值,正负仅代表方向。从准备时刻到上杆9点钟,中国球员的髋关节转动角度比欧美国家球员髋关节转动角度小,中国球员髋关节转动角度均值为-12.201°±5.246°,欧洲球员髋关节转动角度均值为-23.277°±5.111°,美洲球员髋关节转动角度均值为-21.68°±9.278°,欧洲球员与中国球员的平均髋关节角度差异达到11°,但到上杆顶点时,中国球员的髋关节平均旋转角度最大,这意味着中国球员上杆阶段髋关节旋转角度较大,但上杆时髋关节旋转相对较晚,呈现被动状态。上杆顶点时中国球员髋关节角度均值为-38.158°±10.351°,欧洲球员髋关节转动角度均值为-30.865°±9.559°,美洲球员髋关节转动角度均值为-36.788°±9.892°,下杆12点钟时中国球员髋关节角度均值为1.154°±6.88°,欧洲球员髋关节转动角度均值为7.866°±19.683°,美洲球员髋关节转动角度均值为6.293°±22.675°。上杆顶点到下杆12点钟是髋关节角度快速变化的时刻,美洲球员的髋关节转动最为明显,旋转了43°,而欧洲球员在同一时刻平均旋转38.7°,中国球员在同一时刻平均旋转39.3°。在下杆12点钟,我国与欧美国家球员的平均髋关节转向目标方向,一直到击球时刻,髋关节快速旋转,美洲球员髋关节角度均值为48.276°±17.833°,而中国球员击球时刻髋关节角度均值为34.006°±6.986°,欧洲球员击球时刻髋关节角度均值为46.343°±17.09°,在击球时刻,我国球员髋关节角度比欧美国家球员髋关节角度小,直到送杆3点钟时,其髋关节角度仍较欧美国家球员小9.5°左右。以上数据表示,相比欧美国家球员,中国球员上杆阶段髋关节转动角度较大,下杆时髋关节转动角度较小。

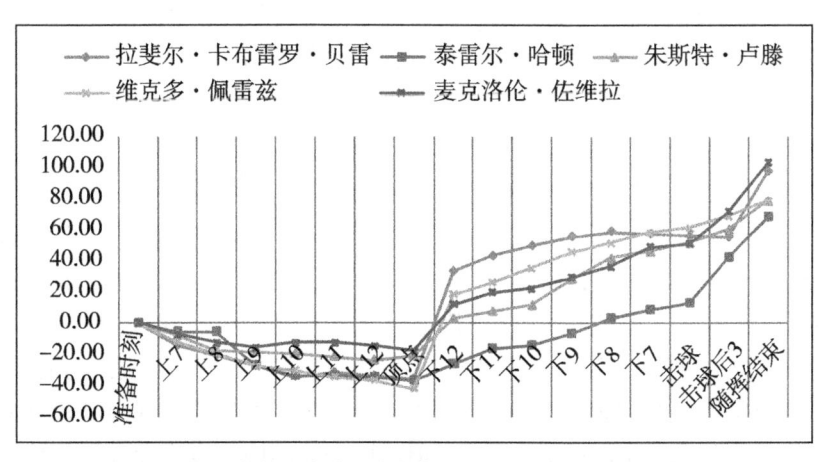

图3-11 欧洲国家球员各挥杆时刻髋关节旋转角度对比

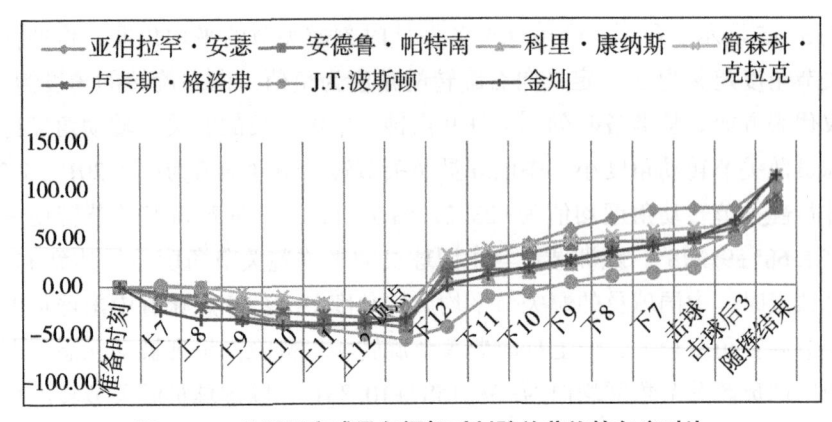

图 3-12 美洲国家球员各挥杆时刻髋关节旋转角度对比

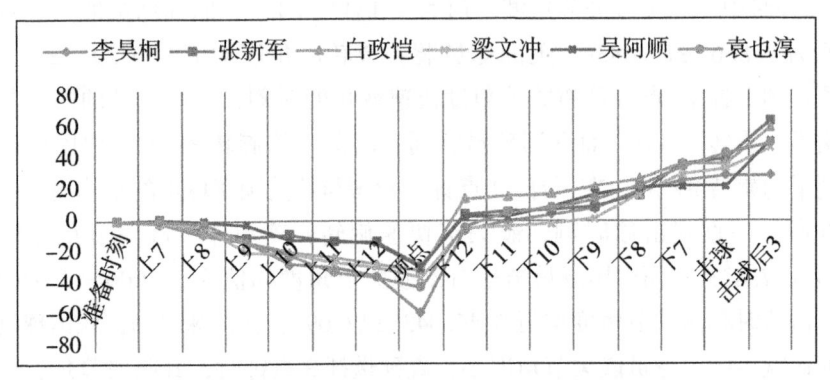

图 3-13 中国球员各挥杆时刻髋关节旋转角度对比

由图 3-11 至图 3-13 可知，高尔夫球一号木挥杆过程中，髋关节的转动曲线大致存在一致表现，纵坐标上正值代表髋关节逆时针转动角度，负值代表髋关节顺时针转动角度，从准备时刻到顶点位置，髋关节逐渐向顺时针方向转动，幅度较小，而在顶点位置出现了一个较为明显的"V"字结构，即顺时针转动后瞬间迅速转为逆时针转动，仅在转动到下杆 12 点钟时，髋关节由顺时针转动角度最大的顶点位置快速转为逆时针旋转，这代表在高尔夫挥杆过程中，髋关节转动在下杆前的瞬间幅度最大。而后在下杆到击球阶段，髋关节逐渐向逆时针方向转动，击球前大多保持平稳，击球后快速旋转。击球前髋关节的稳定表现非比寻常，甚至呈现出较为平稳的逆斜率状态（如吴阿顺与拉斐尔·卡布雷罗·贝雷），这表示在下杆 7 点钟，髋关节已经到达了击球时刻髋关节应到达的位置。

从不同地区球员的髋关节转动情况来看，欧美国家球员表现出了较强的个性化，尽管髋关节转动角度大致上相似，但不同个体的曲线表现凌乱，每位球员表现各异，有的球员在引杆阶段不主动转髋，到上杆 8 点钟时髋关节转动几乎不可见，如泰雷尔·哈顿等，而有的球员在刚开始挥杆时就加大髋关节转动角度，如金灿。欧美国家球员之间存在髋关节转动角度与节奏的显著差异，到下杆的中间阶段，不同球员的髋关节转动角度差甚至>60°。相比之下，中国球员的髋关节转动角度变化表现出了较强的一致性，所有中国球员的髋关节角度变化曲线大致相同，尤其是中国球员普遍在到达顶点位置前髋关节加速旋转，表现出了最为明显的"V"形变化。

表3-16 髋关节转动角度与起飞角度的相关性分析

起飞角度	上杆7点钟	上杆8点钟	上杆9点钟
10.47±1.95	6±6.7*	10.6±8.87*	18.96±8.56*

注：*表示$P<0.05$，二者具有显著相关性。

通过对上述球员挥杆时髋关节转动角度进行相关性分析发现，髋关节转动角度与球的起飞角度具有显著的相关性（$P<0.05$），这一相关性表现在上杆7点钟、上杆8点钟、上杆9点钟三个节点，从数据上来说，引杆到立腕阶段时髋关节转动角度与球的起飞角度呈正相关关系。

三、肩-髋相对角度对比分析

表3-17 我国与欧美国家球员各挥杆时刻肩-髋相对角度对比（$\bar{x}±SD$）

挥杆时刻	欧洲国家	美洲国家	中国
准备时刻	4.38±9.08	−0.255±7.167	5.622±9.066
上杆9点钟	−5.818±3.711	−11.783±9.933	−22.574±6.886
上杆12点钟	−26.937±12.724	−29.519±17.9	−43.643±8.766
上杆顶点	−64.02±12.073	−55.624±11.694	−67.821±7.18
下杆12点钟	−43.918±19.034	−45.913±18.872	−45.084±7.486
下杆9点钟	−48.796±23.451	−45.675±13.692	−37.169±9.491
击球时刻	−40.727±12.079	−35.981±15.82	−39.319±11.49
送杆3点钟	−6.508±10.59	−2.042±13.301	−0.517±13.53

表3-17展示了我国与欧美国家球员各挥杆时刻肩-髋相对角度的平均值，定义负值为向右旋转的角度，正值为向左旋转的角度，正负仅代表方向。在准备时

刻，欧洲和中国球员的肩-髋相对角度大于美洲球员，中国球员肩-髋相对角度均值为5.622°±9.066°，欧洲球员肩-髋相对角度均值为4.38°±9.08°，美洲球员肩-髋相对角度均值为-0.255°±7.167°。在上杆9点钟，中国球员的肩-髋相对角度比欧美球员肩-髋相对角度大，中国球员的肩-髋相对角度均值为-22.574°±6.886°，欧洲球员的肩-髋相对角度均值为-5.818°±3.711°，美洲球员的肩-髋相对角度均值为-11.783°±9.933°，欧美球员与中国球员的平均肩-髋相对角度差值分别为16.756°、10.791°。在上杆12点钟，中国球员的肩-髋相对角度均值为-43.643°±8.766°，欧洲球员的肩-髋相对角度均值为-26.937°±12.724°，美洲球员的肩-髋相对角度均值为-29.519°±17.9°，欧美国家球员肩-髋相对角度差值为2.582°，欧美国家球员与中国球员的平均肩-髋相对角度差值分别为16.706°、14.126°。在上杆顶点，我国与欧美国家球员的肩-髋相对角度差异较小，中国球员的肩-髋相对角度均值为-67.821°±7.18°，欧洲球员的肩-髋相对角度均值为-64.02°±12.073°，美洲球员的肩-髋相对角度均值为-55.624°±11.694°，欧美国家球员与中国球员的平均肩-髋相对角度差值分别为3.801°、12.197°。

在下杆12点钟，中国球员的肩-髋相对角度均值为-45.084°±7.486°，欧洲球员的肩-髋相对角度均值为-43.918°±19.034°，美洲球员的肩-髋相对角度均值为-45.913°±18.872°，欧美国家球员与中国球员的平均肩-髋相对角度差值为1.166°、-0.829°。上杆顶点到下杆12点钟是下杆启动的第一阶段，我国与欧美国家球员的肩-髋相对角度变化分别为20.102°、9.711°、22.737°。在下杆12点钟时，我国与欧美国家球员的肩-髋开始向目标方向旋转。在下杆9点钟，中国球员的肩-髋相对角度比欧美国家球员的肩-髋相对角度小，中国球员的肩-髋相对角度均值为-37.169°±9.491°，欧洲球员的肩-髋相对角度均值为-48.796°±23.451°，美洲球员的肩-髋相对角度均值为-45.675°±13.692°。在击球时刻，中国球员的肩-髋相对角度均值为-37.169°±9.491°，欧洲球员的肩-髋相对角度均值为-48.796°±23.451°，美洲球员的肩-髋相对角度均值为-45.675°±13.692°。送杆到3点钟位置时，中国球员的肩-髋相对角度比欧美国家球员的肩-髋相对角度小，中国球员的肩-髋相对角度均值为-0.517°±13.53°，欧洲球员的肩-髋相对角度均值为-6.508°±10.59°，美洲球员的肩-髋相对角度均值为-2.042°±13.301°。

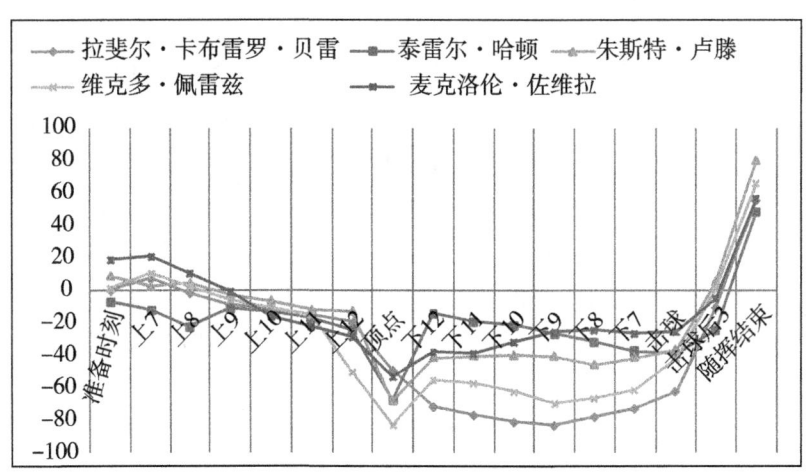

第三章 我国与欧美优秀男子高尔夫球员一号木技术对比分析

图 3-14 欧洲国家球员各挥杆时刻肩-髋相对角度对比

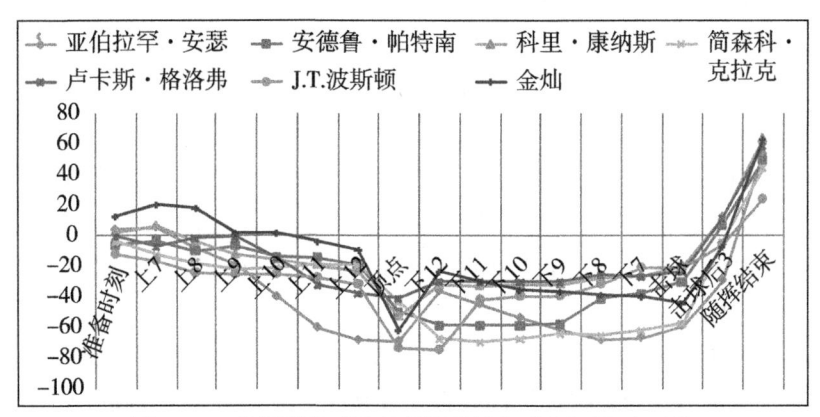

图 3-15 美洲国家球员各挥杆时刻肩-髋相对角度对比

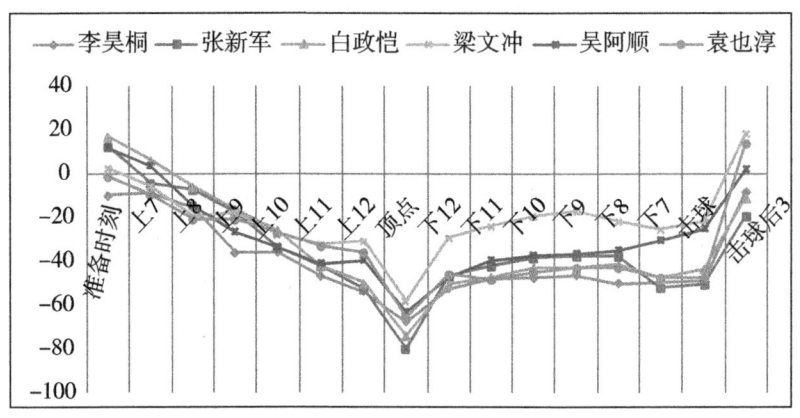

图 3-16 中国球员各挥杆时刻肩-髋相对角度对比

在高尔夫球挥杆过程中，肩关节与髋关节以脊柱为轴进行旋转是有效利用身体力量击球的主要环节，两个关节由躯干连接，形成了肩-髋杠杆系统，虽然旋转方向大体一致，但在时序安排与运动节奏上却有显著区别，在不同阶段呈现不同的肩-髋相对角度，正是通过肩关节与髋关节的角度变化，肩-髋杠杆系统才能有效发挥作用，并传递力量。高尔夫球一号木杆的击球方式与其他杆的击球方式显著不同，一般而言，现代一号木杆击球法讲究重心提前向右偏移，球位左置，这就更可能导致肩关节在准备时刻呈现"打开"状态，即肩关节稍微偏向逆时针方向以维持平衡，球手为保持平衡，髋关节在准备时刻一般不表现出明显的偏移。

由图3-14至图3-16可知，肩-髋相对角度的变化大致上表现为从击球准备时刻到上杆顶点位置，肩关节角度变化速率快于髋关节角度变化速率，在到达顶点位置后的瞬间，肩-髋相对角度达到顶峰（个别球员在下杆过程中到达顶峰），而后一直到击球瞬间逐渐回落，击球瞬间肩关节与髋关节仍保持着一定的角度，最高达60°（亚伯拉罕·安瑟），最低也有20°左右，这是由于在击球时刻髋关节往往早已旋转超过准备时刻角度，而肩关节在击球时刻的状态大致保持对准目标方向或者稍稍打开，值得注意的是，从下杆7点钟到击球时刻，肩-髋相对角度早已保持稳定，这意味着在击球前的片刻，肩关节与髋关节保持相对稳定，有利于保障击球效果稳定。在整个下杆阶段，球员们大多保持着>20°的肩-髋相对角度，而且相对稳定。

通过对不同地区球员的肩-髋相对角度进行对比分析发现，欧洲与美洲球员整体风格较为相似，球员技术发挥具有个性化，相比之下，美洲球员的肩-髋角度变化更具个性化，欧洲球员在到达顶点前阶段的表现较为一致，在下杆阶段到击球前可保持较高的稳定性。在整个挥杆过程中，欧洲球员的肩-髋相对角度最大约为90°，美洲球员的肩-髋相对角度最大约为80°。中国球员表现出了较高的一致性，在整个挥杆过程中，肩-髋相对角度变化曲线比较一致，到达顶点位置前，中国球员表现出了肩-髋相对角度变化幅度大的特点，且节奏高度一致，肩-髋相对角度最大时接近100°（张新军），在击球之前，中国球员呈稳定状态，肩-髋相对角度保持在稳定水平，除梁文冲（20°）外，其余球员均保持在40°~50°。事实上，梁文冲在上杆阶段的肩髋变化幅度也比较小，约为80°。

四、膝关节角度对比分析

(一) 左膝关节角度对比分析

表 3-18 我国与欧美国家球员各挥杆时刻左膝关节角度对比 ($\bar{x}\pm SD$)

挥杆时刻	欧洲国家	美洲国家	中国
准备时刻	153.822±0.539	147.52±6.462	153.245±4.778
上杆 9 点钟	152.541±3.523	149.847±4.031	146.794±4.379
上杆 12 点钟	148.321±4.637	142.697±4.258	143.651±6.969
上杆顶点	142.347±7.99	136.462±5.743	130.025±5.467
下杆 12 点钟	145.009±8.175	139.086±7.873	133.731±6.15
下杆 9 点钟	154.705±7.391	150.168±6.739	146.917±8.76
击球时刻	158.804±12.126	160.577±2.192	155.814±7.04
击球后 3 点钟	165.785±7.81	164.659±5.993	163.201±6.957

表 3-18 展示了我国与欧美国家球员各挥杆时刻左膝关节的平均角度，在准备时刻，美洲球员的左膝关节角度比我国和欧洲球员左膝关节角度小，中国球员左膝关节角度均值为 153.245°±4.778°，欧洲球员左膝关节角度均值为 153.822°±0.539°，美洲球员左膝关节角度均值为 147.52°±6.462°。在上杆 9 点钟，中国球员的左膝关节角度比欧美国家球员左膝关节角度小，中国球员左膝关节角度均值为 146.794°±4.379°，欧洲球员左膝关节角度均值为 152.541°±3.523°，美洲球员左膝关节角度均值为 149.847°±4.031°。在上杆 12 点钟，欧洲球员的左膝关节角度比我国和美洲球员左膝关节角度大，中国球员左膝关节角度均值为 143.651°±6.969°，欧洲球员左膝关节角度均值为 148.321°±4.637°，美洲球员左膝关节角度均值为 142.697°±4.258°。在上杆顶点，中国球员的左膝关节角度比欧美国家球员左膝关节角度小，中国球员左膝关节角度均值为 130.025°±5.467°，欧洲球员左膝关节角度均值为 142.347°±7.99°，美洲球员左膝关节角度均值为 136.462°±5.743°，在上杆顶点，左膝关节角度在整个挥杆过程中最小，从准备时刻到上杆顶点，我国与欧美国家球员左膝关节角度差值分别为 23.22°、11.457°、11.058°。由上杆阶段左膝关节角度各时刻变化可知，我国与欧美国家球员上杆节奏不一致。

在下杆12点钟，中国球员的左膝关节角度比欧美国家球员左膝关节角度小，中国球员左膝关节角度均值为133.731°±6.15°，欧洲球员左膝关节角度均值为145.009°±8.175°，美洲球员左膝关节角度均值为139.086°±7.873°。在下杆9点钟，中国球员的左膝关节角度比欧美球员左膝关节角度小，中国球员左膝关节角度均值为146.917°±8.76°，欧洲球员左膝关节角度均值为154.705°±7.391°，美洲球员左膝关节角度均值为150.168°±6.739°。在击球时刻，中国球员的左膝关节角度比欧美球员左膝关节角度小，中国球员左膝关节角度均值为155.814±7.04°，欧洲球员左膝关节角度均值为158.804°±12.126°，美洲球员左膝关节角度均值为160.577°±2.192°。从上杆顶点到击球时刻，我国与欧美国家球员左膝关节角度差值分别为25.789°、16.457°、24.115°。我国与欧美国家球员在击球时刻与准备时刻左膝关节角度差值分别为2.569°、4.985°、13.057°，美洲球员在击球时刻与准备时刻左膝关节角度差值最大。从送杆3点钟位置，中国球员左膝关节角度均值为163.201°±6.957°，欧洲球员左膝关节角度均值为165.785°±7.81°，美洲球员左膝关节角度均值为164.659°±5.993°。

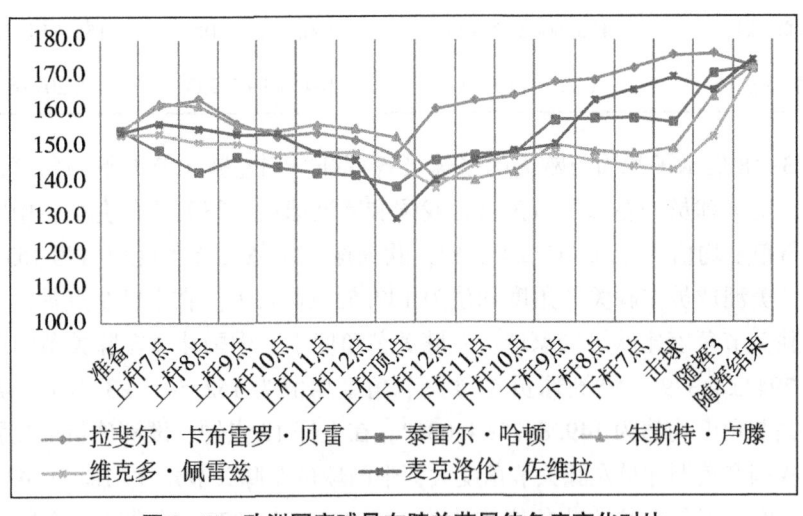

图3-17 欧洲国家球员左膝关节屈伸角度变化对比

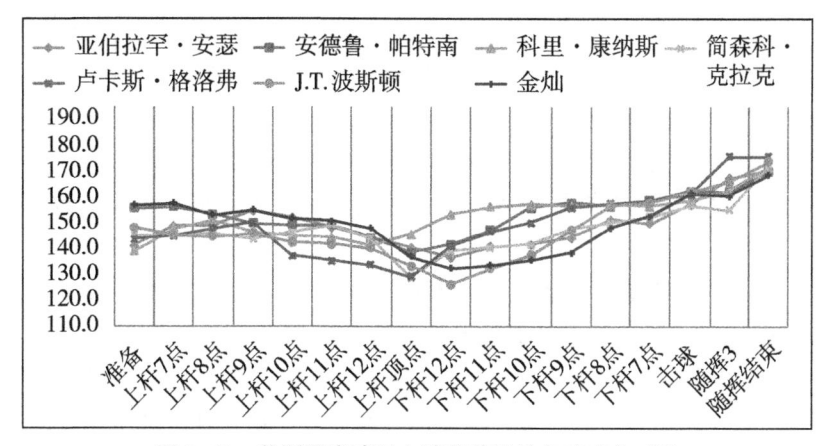

图 3-18 美洲国家球员左膝关节屈伸角度变化对比

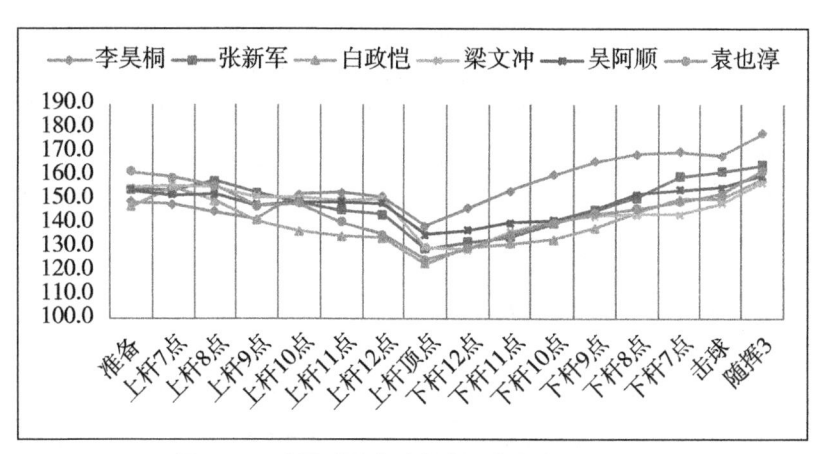

图 3-19 中国球员左膝关节屈伸角度变化对比

表 3-19 左膝顶点时刻与起飞角度的相关性分析

起飞角度/°	顶点时刻
10.47±1.95	135.95±7.98*

本研究的目标球员均为右利手球员，因此对左膝关节与右膝关节角度变化的讨论场景是一致的，即上杆时上肢顺时针旋转，球杆逐渐向右远离左膝。由图3-17至图3-19可知，男子一号木挥杆过程中膝关节角度在准备时刻呈微弯曲状态，为140°~160°（直立状态下为170°以上）。大致来讲，从击球准备到顶点位置，膝关节弯曲角度逐渐增加，到达上杆顶点后到下杆12点钟位置之间角度最大，变化幅度最大超过40°（袁也淳），而后在下杆过程中，左膝关节弯曲角度逐渐缩小。在击球时刻，膝关节角度小于准备姿势时，角度差异不完全一致，最

高在20°左右。击球后，左膝关节逐渐恢复直立。值得注意的是，从折线图来看，从下杆7点钟击球时刻，膝关节角度变化的折线斜率最小，这意味着在这一时期，左膝关节角度保持平稳、变化小，这可能有利于保持击球的稳定性。

对比不同地区职业球员一号木挥杆时的左膝关节角度变化，其展现出了不同水平的特点。欧洲球员在挥杆全程，不同球员间左膝关节角度高度一致，在准备时刻与结束时刻，左膝关节角度差异小，但从图3-17来看，左膝关节角度变化比较平稳，没有出现较大幅度变化，不同球员不同阶段的左膝关节角度并不一致。美洲球员的左膝关节角度变化大致符合上述变化，但不同球员间差异比较大，甚至有多位球员在下杆12点钟以后膝关节才呈现最大幅度弯曲。美洲球员在准备时刻膝关节角度并不一致，但在挥杆结束时，美洲球员膝关节角度趋向一致。中国球员的左膝关节角度变化更加一致，从准备时刻到达顶点，膝关节角度逐渐增大，从到达顶点到击球时刻又逐渐减小，且击球时刻角度小于准备时刻角度。在准备时刻与挥杆结束时，不同中国球员表现各不相同。

通过对膝关节角度变化与此次挥杆的各项核心数据进行相关性检验发现，左膝关节到达顶点的角度与起飞角度呈现显著正相关（$P<0.05$），这意味着顶点时刻的左膝关节角度越大，一号木击球的起飞角度就越大，球员有可能通过调整到达顶点时左膝关节弯曲角度来改善一号木击球的起飞角度。

（二）右膝关节角度对比分析

表3-20 我国与欧美国家球员各挥杆时刻右膝关节角度对比（$\bar{x}\pm SD$）

挥杆时刻	欧洲国家	美洲国家	中国
准备时刻	148.387±2.144	143.1±9.084	149.559±2.531
上杆9点钟	155.462±3.619	151.02±7.161	153.118±6.127
上杆12点钟	158.994±2.966	155.487±7.21	154.052±4.393
上杆顶点	161.331±3.975	154.8±6.264	153.602±4.318
下杆12点钟	138.899±5.041	138.104±10.724	136.359±6.368
下杆9点钟	142.024±6.241	142.712±10.522	139.929±5.52
击球时刻	146.628±7.904	151.349±10.447	148.221±4.906
击球后3点钟	154.498±11.02	153.862±11.605	153.787±6.536

表3-20展示了我国与欧美国家球员各挥杆时刻右膝关节的平均角度，在准备时刻，中国球员的右膝关节角度比欧美国家球员右膝关节角度大，中国球员右膝关节角度均值为149.559°±2.531°，欧洲球员右膝关节角度均值为148.387°±2.144°，美洲球员右膝关节角度均值为143.1°±9.084°。在上杆9点钟，美洲球员的右膝关节角度比欧洲和中国球员右膝关节角度小，中国球员右膝关节角度均

值为 153.118°±6.127°，欧洲球员右膝关节角度均值为 155.462°±3.619°，美洲球员右膝关节角度均值为 151.02°±7.161°。在上杆 12 点钟，中国球员的右膝关节角度比欧美球员右膝关节角度小，中国球员右膝关节角度均值为 154.052°±4.393°，欧洲球员右膝关节角度均值为 158.994°±2.966°，美洲球员右膝关节角度均值为 155.487°±7.21°。在上杆顶点位置，中国球员的右膝关节角度比欧美国家球员右膝关节角度小，中国球员右膝关节角度均值为 153.602°±4.318°，欧洲球员右膝关节角度均值为 161.331°±3.975°，美洲球员右膝关节角度均值为 154.8°±6.264°。从准备时刻到上杆顶点，我国与欧美国家球员右膝关节角度变化分别为 4.043°、12.944°、11.7°。

在下杆 12 点钟，中国球员的右膝关节角度比欧美球员左膝关节角度小，中国球员右膝关节角度均值为 136.359°±6.368°，欧洲球员右膝关节角度均值为 138.899°±5.041°，美洲球员右膝关节角度均值为 138.104°±10.724°。在下杆 9 点钟，中国球员的右膝关节角度比欧美球员右膝关节角度小，中国球员右膝关节角度均值为 139.929°±5.52°，欧洲球员右膝关节角度均值为 142.024°±6.241°，美洲球员右膝关节角度均值为 142.712°±10.522°。在击球时刻，中国球员右膝关节角度均值为 148.221°±4.906°，欧洲球员右膝关节角度均值为 146.628°±7.904°，美洲球员右膝关节角度均值为 151.349°±10.447°。从上杆顶点到击球时刻，我国与欧美国家球员右膝关节角度变化分别为 5.381°、14.703°、3.451°。我国球员在击球时刻右膝关节角度比准备时刻右膝关节角度大 1.338°，欧洲球员在击球时刻右膝关节角度比准备时刻右膝关节角度大 1.759°，美洲球员在击球时刻右膝关节角度比准备时刻右膝关节角度小 8.249°。在送杆 3 点钟位置，中国球员右膝关节角度均值为 153.787°±6.536°，欧洲球员右膝关节角度均值为 154.498°±11.02°，美洲球员右膝关节角度均值为 153.862°±11.605°。

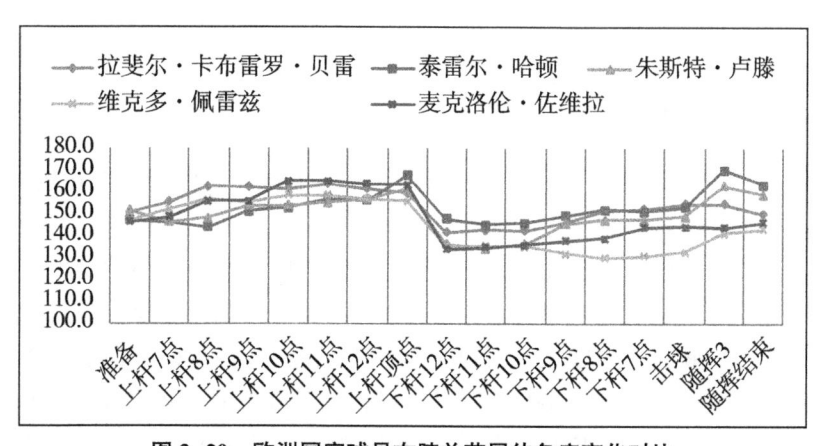

图 3-20　欧洲国家球员右膝关节屈伸角度变化对比

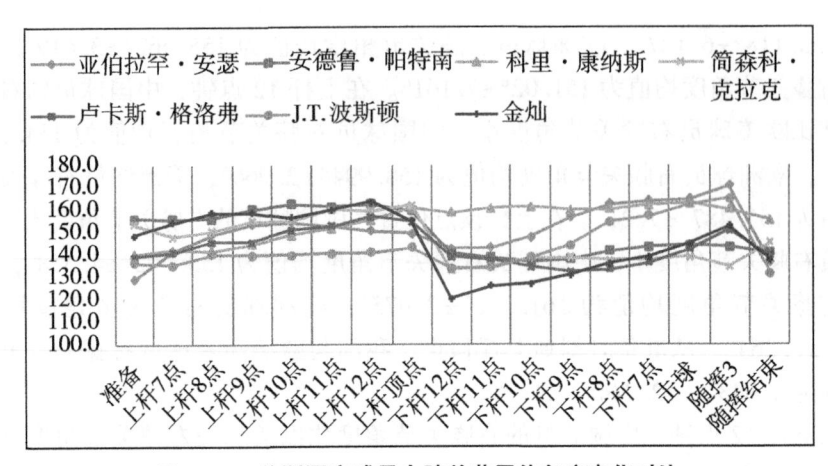

图 3-21 美洲国家球员右膝关节屈伸角度变化对比

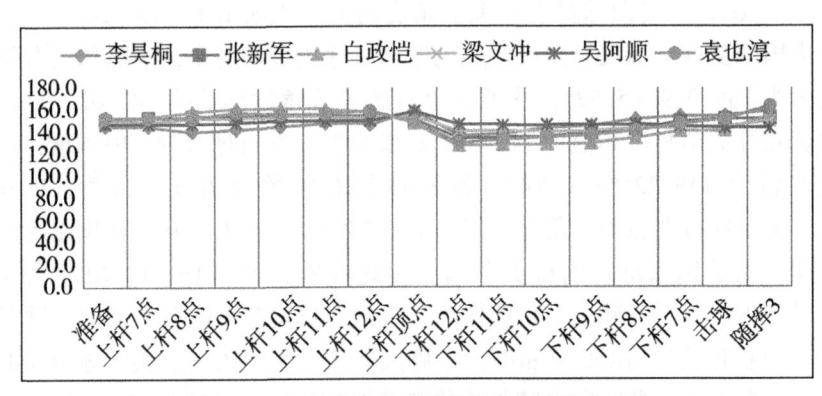

图 3-22 中国球员右膝关节屈伸角度变化对比

表 3-21 右膝下杆关键时刻与击球距离的相关性分析

击球距离/Y	下杆 12 点钟	下杆 11 点钟
294.72±13.02	137.74±8.15*	138.26±7.48*

注:*表示 $P<0.05$，二者具有显著相关性。

由图 3-20 至图 3-22 所示，男子球员一号木击球时右膝角度变化较为明显，大体上表现为从准备时刻到上杆顶点位置，右膝关节角度缓慢减小，变化幅度普遍不大，顶点位置前后，上杆、下杆转换时刻，右膝关节角度骤然增大，变化幅度最大可达40°（金灿），而后自下杆 11 点钟到随挥时刻，右膝关节角度逐渐减小，击球时刻右膝关节角度大致回到准备时刻，随挥 3 点钟回到最小。在准备时刻，右膝关节角度为130°~160°，顶点位置相对于准备时刻角度变化一般在10°左右，最大可达20°（麦雷尔·哈顿），在随挥 3 点钟位置上，右膝关节角度一般高于准备时刻角度。

对比不同地区球员折线图来看，欧洲球员右膝关节角度在准备时刻呈现出较高水平的一致性，不过在挥杆结束时未能表现出这种一致性。欧洲球员的右膝关节角度的变化趋势大致相似，除朱斯特·卢滕在击球时刻右膝关节角度要大于准备时刻以外，其他均符合一般球员右膝关节变化规律。美洲球员一号木挥杆时的右膝角度变化极具个性，从不同球员间右膝关节角度变化差异较大，在准备时刻，不同球员的膝关节角度差值可高达25°，在下杆12点钟右膝关节角度快速变化后，美洲球员的右膝关节角度差值可以达到38°，击球时刻右膝关节角度差值最大达20°，随挥3点钟位置的角度差值为35°左右，这是由不同球员的击球风格差异较大所致，如科里·康纳斯右膝关节角度在上杆顶点后一直保持平稳，在下杆12点钟位置也未出现明显变化。中国球员在一号木挥杆时的右膝关节角度变化最具一致性，从折线图来看，挥杆节奏、右膝关节角度变化趋势明显，符合球员右膝关节角度变化整体趋势，中国球员在准备时刻右膝关节角度差异较小，最大差值在10°左右，但在上下杆转换阶段，不同球员的右膝关节角度变化出现差异，如白政恺、袁也淳在上杆12点钟时右膝关节角度开始增大，而其他中国球员右膝关节角度在到达上杆顶点后才开始增大，因此在下杆12点钟，不同球员的右膝关节角度差值最大可达20°。

通过对男子球员一号木挥杆时右膝关节角度变化数据与其他核心数据进行相关性检验发现，击球距离与下杆11点钟、下杆12点钟的右膝关节角度呈显著相关性，即下杆11点钟、下杆12点钟的右膝关节角度与一号木挥杆的击球距离有一定联系，通过调整下杆时刻右膝关节角度，有可能对击球距离产生影响。

第五节　重心移动距离对比分析

一、重心在 x 轴上的移动距离对比分析

表3-22　我国与欧美国家球员各挥杆关键时刻 x 轴上的重心移动距离对比（$\bar{x}\pm SD$）

挥杆时刻	欧洲国家	美洲国家	中国
准备时刻	0	0	0
上杆9点钟	−0.049±0.016	−0.047±0.023	−0.033±0.02
上杆12点钟	−0.051±0.016	−0.05±0.026	−0.048±0.02
上杆顶点	−0.038±0.021	−0.037±0.016	−0.036±0.019

续表

挥杆时刻	欧洲国家	美洲国家	中国
下杆12点钟	0.017±0.014	0.005±0.024	0.009±0.021
下杆9点钟	0.026±0.015	0.014±0.024	0.021±0.021
击球时刻	0.017±0.016	0.005±0.021	0.026±0.027
击球后3点钟	0.015±0.016	0.003±0.024	0.025±0.033

由表3-22可知，我国和欧美国家球员在上杆9点钟的重心在x轴上移动距离均值分别为（-0.033±0.02）m、（-0.049±0.016）m、（-0.047±0.023）m，在上杆12点钟，重心在x轴上移动距离均值分别为（-0.048±0.02）m、（-0.051±0.016）m、（-0.05±0.026）m，在上杆顶点，重心在x轴上移动距离均值分别为（-0.036±0.019）m、（-0.038±0.021）m、（-0.037±0.016）m，在下杆12点钟，重心在x轴上移动距离均值分别为（0.009±0.021）m、（0.017±0.014）m、（0.005±0.024）m，在下杆9点钟，重心在x轴上移动距离均值分别为（0.021±0.021）m、（0.026±0.015）m、（0.014±0.024）m，在击球时刻，重心在x轴上移动距离均值分别为（0.026±0.027）m、（0.017±0.016）m、（0.005±0.021）m，在击球后3点钟，重心在x轴上移动距离均值分别为（0.025±0.033）m、（0.015±0.016）m、（0.003±0.024）m。

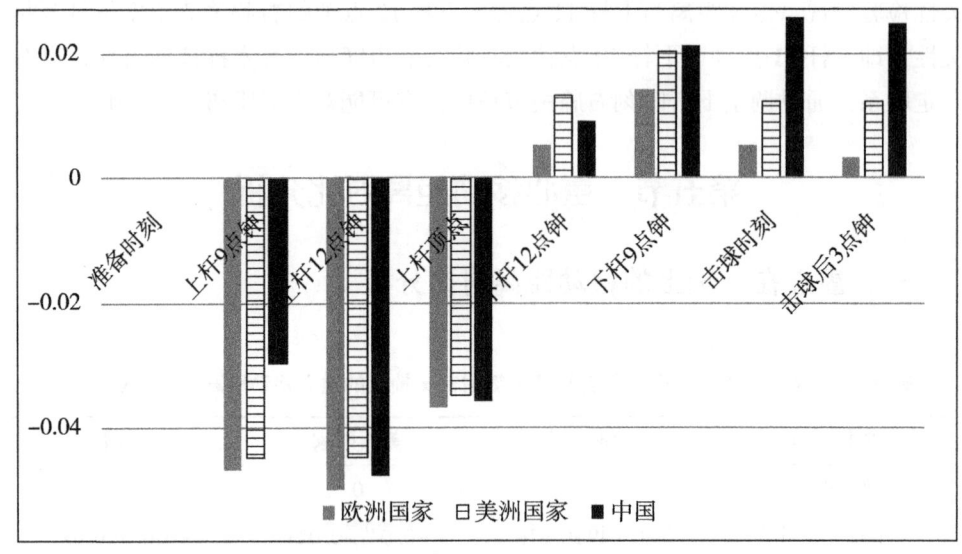

图3-23 我国与欧美国家球员重心在x轴上的移动距离变化

由图3-23可知，我国与欧美国家球员在上杆阶段重心在x轴上向后移动，

在下杆阶段重心在 x 轴上向前移动。在上杆9点钟，欧美国家球员重心转移距离比我国球员大，在上杆12点钟，欧美国家球员重心转移距离依然比我国球员大，在上杆顶点，我国与欧美国家球员重心转移距离相似，在下杆12点钟，欧洲球员比重心转移距离我国和美洲球员大，在下杆9点钟，我国和美洲球员重心转移距离较欧洲球员小，在击球时刻和击球后3点钟我国球员重心转移距离均较欧美国家球员大。在上杆12点钟，我国与欧美国家球员重心在 x 轴上向后移动距离最大，在下杆12点钟，欧美国家球员重心在 x 轴上向前移动距离最大，我国球员在击球时刻重心在 x 轴上向前移动距离最大。

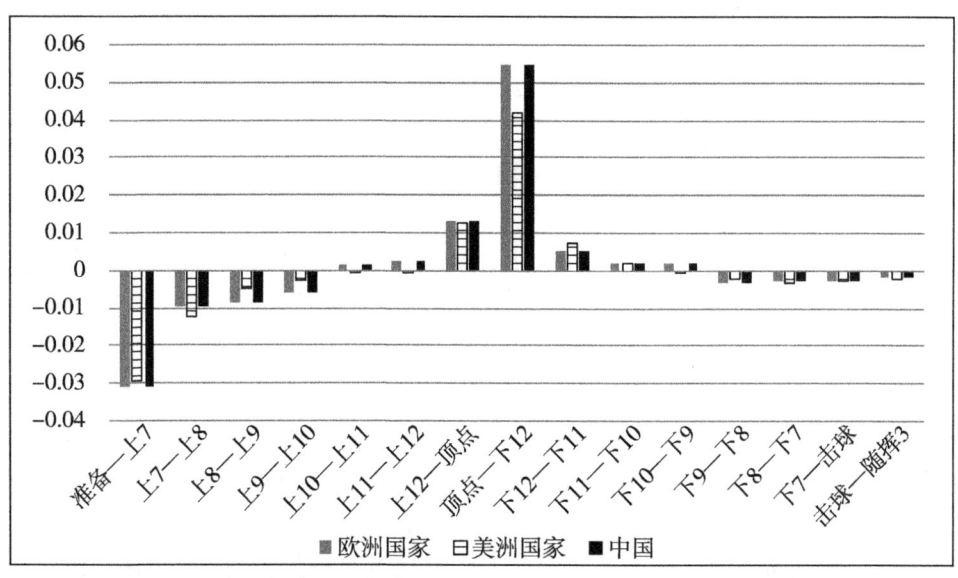

图3-24 我国与欧美国家球员各挥杆时刻重心在 x 轴上的移动距离对比

球员身体重心在 x 轴上向身体前侧位移为正值，反之则为负值。由图3-24可知，在从准备时刻到上杆7点钟的上杆第一阶段，18名球员中有12名球员身体重心在 x 轴上向身体后侧位移，其中有5名球员身体重心在 x 轴上向身体后侧位移距离>0mm 且 ≤5mm；有5名球员身体重心在 x 轴上向身体后侧位移距离>5mm 且 ≤10mm；有2名球员身体重心在 x 轴上向身体后侧位移距离>10mm 且 ≤15mm。18名球员中有2名球员身体重心在 x 轴上向身体前侧进行位移，且2名球员身体重心在 x 轴上向身体后侧位移距离>0mm 且 ≤5mm。其余4名球员身体重心在 x 轴上向身体后侧位移距离为0mm。

由此可以看出，在上杆第一阶段，18名球员中身体重心在 x 轴上向身体后侧位移的球员居多，有一半球员身体重心在 x 轴上向身体后侧位移距离≤10mm。2名身体重心在 x 轴上向身体前侧位移的球员的位移距离均≤5mm。同时，18名球员中有4名球员在上杆第一阶段的身体重心在x轴上保持不动。

在从上杆7点钟到上杆8点钟的上杆第二阶段，18名球员中有5名球员身体重心在x轴上向身体前侧位移，其中有3名球员身体重心在x轴上向身体前侧位移距离>0mm且≤5mm；有2名球员身体重心在x轴上向身体后侧位移距离>5mm且≤10mm。这5名球员中有2名球员在前一个挥杆阶段中，球员身体重心在x轴上向身体前侧位移；2名球员在前一个挥杆阶段体重心在x轴上向身体后侧位移；1名球员在前一个挥杆阶段身体重心在x轴上保持不动。18名球员中有1名球员在上杆第二阶段身体重心在x轴上保持不动。18名球员中有12名球员身体重心在x轴上向身体后侧位移，其中有8名球员身体重心在x轴上向身体后侧位移距离>0mm且≤5mm；有3名球员身体重心在x轴上向身体后侧位移距离>5mm且≤10mm；其中有1名球员身体重心在x轴上向身体后侧位移距离>15mm且≤20mm。由此可以看出，在上杆第二阶段，大部分球员重心仍向身体后侧位移，绝大部分球员身体重心在x轴上向身体后侧位移距离在≤10mm，且其中大部分球员集中在≤5mm的范围内。

在从上杆8点钟到上杆9点钟的上杆第三阶段，18名球员中有9名球员身体重心在x轴上向身体前侧位移，其中有7名球员身体重心在x轴上向身体后侧位移距离>0mm且≤5mm；其中有1名球员身体重心在x轴上向身体后侧位移距离>5mm且≤10mm。其中有4名球员在前一个挥杆阶段身体重心在x轴上向身体前侧位移；有4名球员在前一个挥杆阶段身体重心在x轴上向身体后侧位移；有1名球员在前一个挥杆阶段身体重心在x轴上保持不变。18名球员中有9名球员身体重心在x轴上向身体后侧位移，其中有7名球员身体重心在x轴上向身体后侧位移距离>0mm且≤5mm；其中有2名球员身体重心在x轴上向身体后侧位移距离>5mm且≤10mm。其中有1名球员在前一个挥杆阶段身体重心在x轴上向身体前侧位移；其余8名球员在前一个挥杆阶段身体重心在x轴上向身体后侧方向位移。在该挥杆阶段，球员尽可能控制身体重心在x轴上的位移保持不变，但未出现上边情况，说明在上杆过程中，由于身体动作幅度不断增大，球员保持身体重心在x轴上不动的难度增加。

在从上杆9点钟到上杆10点钟的上杆第四阶段，18名球员中有15名球员身体重心在x轴上向身体前侧位移，其中有5名球员身体重心在x轴上向身体前侧位移距离>0mm且≤5mm；有3名球员身体重心在x轴上向身体前侧位移距离>5mm且≤10mm；有1名球员身体重心在x轴上向身体前侧位移距离>10mm且≤15mm；有3名球员身体重心在x轴上向身体前侧位移距离>20mm且≤25mm；有2名球员身体重心在x轴上向身体前侧位移距离>30mm且≤35mm；有1名球员身体重心在x轴上向身体前侧位移距离>35mm且≤40mm。其中有8名球员在前一个挥杆阶段身体重心在 x 轴上向身体前侧位移；有 7 名球员在前一个挥杆阶段身体重心在 x 轴上向身体后侧位移。18 名球员中有 1 名球员身体重心在 x 轴上位移保持不变。18 名球员中有 2 名球员身体重心在 x 轴上向身体后侧位移，2 名球员身体重心在 x 轴上向身体后侧位移距离>0mm 且≤5mm。在该阶段，身体重心在 x 轴上向身体前侧位移球员居多，与上杆阶段中前三个阶段形成鲜明对比。

在从上杆 10 点钟到上杆 11 点钟的上杆第五阶段，18 名球员身体重心在 x 轴上均出现向身体前侧位移的现象，其中有 3 名球员身体重心在 x 轴方向身体前侧位移距离>20mm 且≤25mm；有 1 名球员身体重心在 x 轴上向身体前侧位移距离>25mm 且≤30mm；有 3 名球员身体重心在 x 轴上向身体前侧位移距离>35mm 且≤40mm；有 1 名球员身体重心在 x 轴上向身体前侧位移距离>40mm 且≤45mm；有 6 名球员身体重心在 x 轴上向身体前侧位移距离>50mm 且≤55mm；有 2 名球员身体重心在 x 轴上向身体前侧位移距离>60mm 且≤65mm；有 1 名球员身体重心在 x 轴上向身体前侧位移距离>65mm 且≤70mm；有 1 名球员身体重心在 x 轴上向身体前侧位移距离>75mm 且≤80mm。其中 14 名球员身体重心在 x 轴上向身体前侧位移距离在≤55mm，且集中于>50mm 且≤55mm 的范围内；8 名球员身体重心在 x 轴上向身体前侧位移距离不集中，但在上杆阶段重心位移近乎保持不变，说明球员在努力保持身体重心在 x 轴上稳定，但难度较大，仅少量球员位移距离较小，且位移距离分散程度较大。

在从上杆 11 点钟到上杆 12 点钟的上杆第六阶段，3 名球员身体重心开始在 x 轴上向身体后侧位移，说明球员动作幅度越大，控制身体重心在 x 轴上向身体前后位移距离难度越大。这 3 名球员身体重心在 x 轴上向身体后侧位移距离>0mm 且≤5mm 内。这说明球员虽然身体重心在 x 轴上向身体后侧位移，但是球员仍在努力保持身体重心在 x 轴上尽可能靠近前一个挥杆阶段结束时的位置。其余 15 名球员身体重心在 x 轴上均向身体前侧位移，其中有 10 名球员身体重心在 x 轴上向身体前侧位移距离>0mm 且≤5mm；有 3 名球员身体重心在 x 轴上向身体前侧位移距离>5mm 且≤10mm；有 1 名球员身体重心在 x 轴上向身体前侧位移距离>10mm且≤15mm；有 1 名球员身体重心在 x 轴上向身体前侧位移距离>35mm 且≤40mm。由此可以看出，15 名球员身体重心在 x 轴上向身体前侧位移，有 13 名球员身体重心在 x 轴上向身体前侧位移距离在≤10mm，且大部分球员集中在>0mm且≤5mm 的范围内。

在从上杆 12 点钟到上杆顶点的上杆第七阶段，18 名球员中仅有 3 名球员身体重心在 x 轴上向身体后侧位移，位移距离均>0mm 且≤5mm。18 名球员中有 3 名球员身体重心在 x 轴上保持稳定，位移距离为 0mm。18 名球员中有 12 名球员身体重心在x轴上向身体前侧位移，其中有10名球员身体重心在x轴上向身体前侧位移距离在>0mm且≤5mm；有2名球员身体重心在x轴上向身体前侧位移距离>5mm且≤10mm。由此可见，球员在上杆后阶段，为了确保上下挥杆的顺利交替，身体重心在x轴上较为稳定，大部分球员位移距离集中在>0mm且≤5mm范围内。

在上杆顶点到下杆12点钟的下杆第一阶段，18名球员中有4名球员身体重心在x轴上向身体后侧位移，位移距离>0mm且≤5mm。18名球员中有2名球员身体重心在x轴上保持不变，为上下挥杆动作的稳定转换创造了有利条件。18名球员中有12名球员身体重心在x轴上向身体前侧位移，且12名球员身体重心在x轴上向身体前侧位移距离均在>0mm且≤5mm，说明球员在下杆第一阶段身体重心在x轴上较为稳定。

在从下杆12点钟到下杆11点钟的下杆第二阶段，18名球员中有8名球员身体重心在x轴上向身体前侧位移，其中有6名球员身体重心在x轴上向身体前侧位移距离>0mm且≤5mm；有2名球员身体重心在x轴上向身体前侧位移距离>5mm且≤10mm。18名球员中有10名球员身体重心在x轴上向身体前侧位移，其中有6名球员身体重心在x轴上向身体前侧位移距离>0mm且≤5mm；有2名球员身体重心在x轴上向身体前侧位移距离>5mm且≤10mm。由此可以看出，球员为了提高击球瞬间的精准性，在下杆过程中会尽量控制身体重心在x轴上的位移，尽可能减小位移，为提高击球瞬间精准性做好准备。

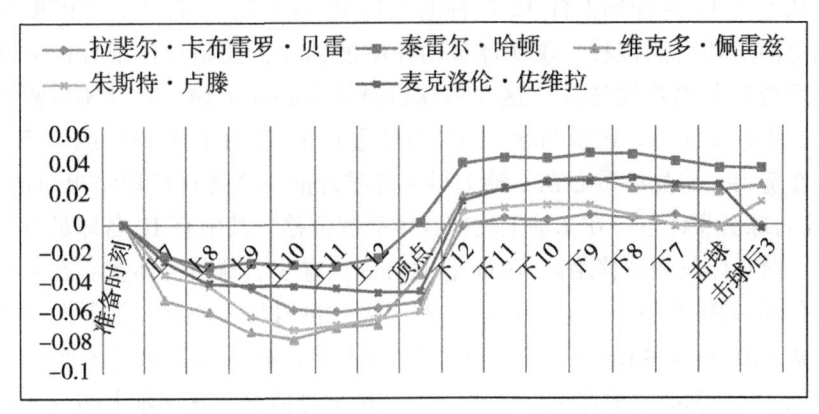

图3-25 欧洲国家球员各挥杆时刻重心在x轴上的移动曲线对比

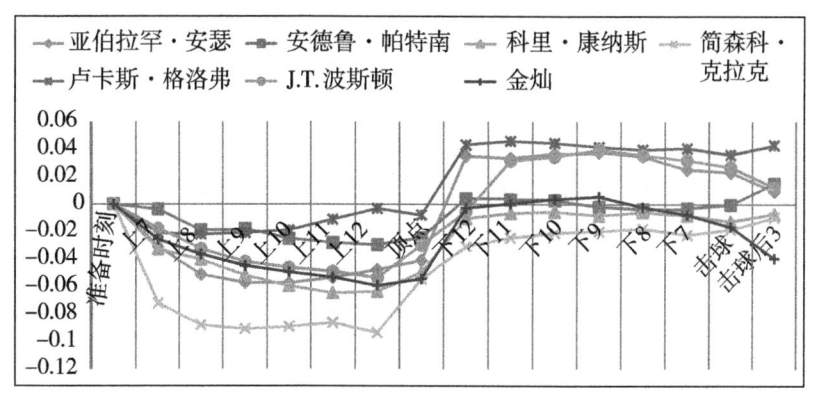

图 3-26 美洲国家球员各挥杆时刻重心在 x 轴上的移动曲线对比

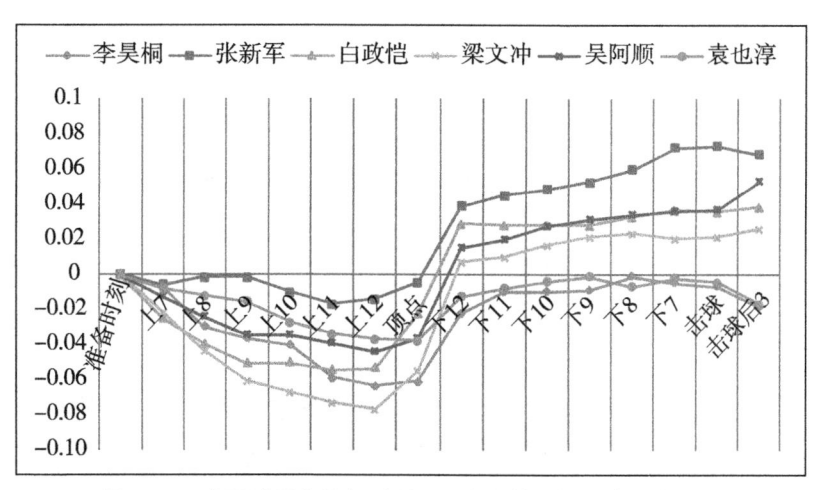

图 3-27 中国球员各挥杆时刻重心在 x 轴上的移动曲线对比

由图 3-25 至图 3-27 可知，男子球员的挥杆重心在 x 轴上的位移具有较强的一致性，欧美国家球员普遍表现为上杆时重心向后移动，幅度最大约为 0.08m，最小为 0.02m，在上杆至顶点位置前后，重心由后向前大幅移动，幅度最大的为欧洲球员维克多·佩雷兹，其上杆至顶点前后重心在 x 轴上移动幅度高达 0.09m，移动幅度最小的为美洲球员科里·康纳斯，其上杆至顶点前后重心在 x 轴上移动幅度约为 0.05m。在下杆阶段至击球前，欧美国家球员整体表现平缓，其重心在 x 轴上表现基本平稳，未出现大幅波动，直至击球后，出现了不同水平的变化。

中国男子高尔夫球员的重心在 x 轴上的位移表现出了与欧美国家球员截然不同的特点。在上杆过程初期，在上杆 7 点钟到 8 点钟，张新军和袁也淳表现出了较强的稳定性，其重心基本没有发生明显变化，而其他中国球员重心尽管向后移动，但很快在上杆 9 点钟位置重新回到准备状态时的水平，移动幅度最大不超过

0.05m，这与欧美国家球员有明显差异。在上杆至顶点位置前后，中国球员重心在 x 轴上大幅移动，梁文冲重心前移的最大幅度接近 0.09m，在上下杆转换瞬间，球员们努力保持位移距离直到击球时刻。

表 3-23　重心在 x 轴上的移动距离与击球距离的相关性分析

击球距离	准备时刻到 上杆 7 点钟	上杆 10 点钟到 上杆 11 点钟	击球后 3 点钟到 随挥结束
294.72±13.02	−0.0247±0.01596*	−0.0010±0.0046*	0.0494±0.0194*

注：*表示 $P<0.05$，二者具有显著相关性。

由表 3-23 可知，在高尔夫球挥杆过程中，重心在 x 轴上的移动距离与一号木击球距离有不同水平的相关性，准备时刻到上杆 7 点钟、上杆 10 点钟到上杆 11 点钟、在击球后 3 点钟到随挥结束，均表现出了显著相关性（$P<0.05$），在其他位置均未表现出相关性。

表 3-24　重心在 x 轴上的移动距离与挥速的相关性分析

挥速	准备时刻到上杆 7 点钟	上杆 10 点钟到上杆 11 点钟
117.96±4.25	−0.0247±0.01596*	−0.0010±0.0046*

注：*表示 $P<0.05$，二者具有显著相关性。

由表 3-24 可知，重心在 x 轴上的移动与挥速也表现出了一定的相关性，在准备时刻到上杆 7 点钟，上杆 10 点钟到上杆 11 点钟表现出了相关性，这与重心在 x 轴上的移动距离与击球距离的相关性有高度一致性，进一步说明了击球距离与挥速高度相关。

表 3-25　重心在 x 轴上的移动距离与击球效率的相关性分析

击球效率	准备时刻到上杆 7 点钟	下杆 8 点钟到下杆 7 点钟
1.46±0.05	−0.0247±0.01596*	−0.00082±0.0051*

注：*表示 $P<0.05$，二者具有显著相关性。

由表 3-25 可知，重心在 x 轴上的移动距离与击球效率在准备时刻到上杆 7 点钟阶段表现出了与击球距离及挥速的高度一致性（$P<0.05$），而在下杆 8 点钟到下杆 7 点钟表现出了显著相关性（$P<0.05$），这意味着击球前保持重心稳定对击球效率有最直接的影响。

表 3-26 重心在 x 轴上的移动距离与起飞角度的相关性分析

起飞角度	上杆 9 点钟到上杆 10 点钟	击球后 3 点钟到随挥结束
10.47±1.95	−0.0050±0.0050*	0.0494±0.0194*

注：*表示 $P<0.05$，二者具有显著相关性。

由表 3-26 可知，重心在 x 轴上的移动距离与起飞角度具有不同水平的相关性，在上杆 9 点钟到上杆 10 点钟表现出了显著相关性（$P<0.05$），而在击球后 3 点钟到随挥结束也表现出了显著相关性（$P<0.05$），这意味着在上杆阶段，重心的前后移动幅度直接关系到球的起飞角度，在这一阶段腕部开始弯曲蓄力，手腕的蓄力效果直接影响击球时刻杆面与杆头的运动，在这一阶段的重心移动显得尤为重要，在上杆 9 点钟到上杆 10 点钟，重心在 x 轴上向后移动距离越大，球的起飞角度越低。

二、重心在 y 轴上的移动距离对比分析

表 3-27 我国与欧美国家球员各挥杆关键时刻重心在 y 轴上的移动距离对比（$\bar{x}±SD$）

	欧洲国家	美洲国家	中国
准备时刻	0	0	0
上杆 9 点钟	−0.074±0.035	−0.06±0.013	−0.063±0.02
上杆 12 点钟	−0.079±0.038	−0.069±0.02	−0.089±0.019
上杆顶点	−0.055±0.031	−0.047±0.026	−0.073±0.02
下杆 12 点钟	−0.005±0.034	0.0135±0.033	−0.002±0.036
下杆 9 点钟	0.029±0.027	0.052±0.044	0.03±0.04
击球时刻	0.046±0.023	0.073±0.049	0.047±0.045
击球后 3 点钟	0.064±0.02	0.095±0.051	0.064±0.05

由表 3-27 可知，我国和欧美国家球员在上杆 9 点钟重心在 y 轴上的移动距离均值分别为（−0.063±0.02）m、（−0.074±0.035）m、（−0.06±0.013）m，在上杆 12 点钟重心在 y 轴上移动距离均值分别为（−0.089±0.019）m、（−0.079±0.038）m、（−0.069±0.02）m，在上杆顶点重心在 y 轴上移动距离均值分别为（−0.073±0.02）m、（−0.055±0.031）m、（−0.047±0.026）m，在下杆 12 点钟重心在 y 轴上移动距离均值分别为（−0.002±0.036）m、（−0.005±0.034）m、（0.0135±0.033）m，在下杆 9 点钟重心在 y 轴上移动距离均值分别为（0.03±

0.04）m、（0.029±0.027）m、（0.052±0.044）m，在击球时刻重心在 y 轴上移动距离均值分别为（0.047±0.045）m、（0.046±0.023）m、（0.073±0.049）m，在击球后3点钟重心在 y 轴上移动距离均值分别为（0.064±0.05）m、（0.064±0.02）m、（0.095±0.051）m。

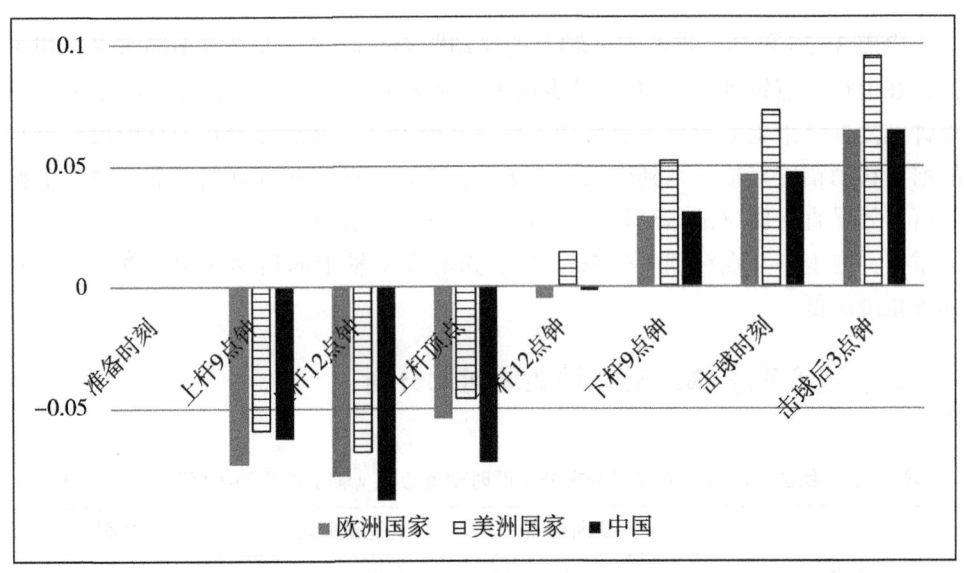

图3-28 我国与欧美国家球员重心在 y 轴上的移动距离变化

由图3-28可知，我国与欧美国家球员在上杆阶段重心在 y 轴上向右移动，在下杆阶段重心在 y 轴上向目标方向移动。在上杆9点钟，欧洲球员重心转移距离比我国和美洲球员大，在上杆12点钟，欧洲球员重心转移距离比我国和美洲球员大，在上杆顶点，我国球员重心转移距离较欧美国家球员大，在下杆12点钟欧洲球员和我国球员重心在准备时刻的重心的右侧，而美洲球员重心已经转移到目标方向，在下杆9点钟我国和欧洲球员的重心转移距离较美洲球员重心转移距离小，在击球时刻和击球后3点钟，我国球员和欧洲球员重心转移距离相似，而美洲球员重心转移距离较我国与欧洲球员大。在上杆12点钟，我国与欧美国家球员重心在 y 轴上向右移动距离最大，在下杆12点钟，我国与欧美国家球员重心在 y 轴上移动距离最小。

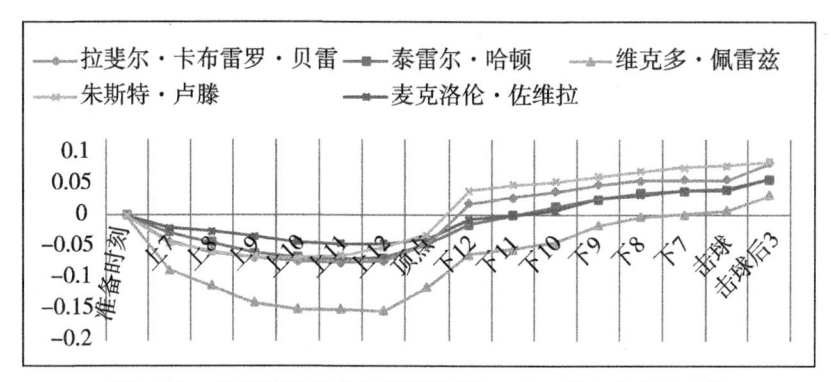

第三章 我国与欧美优秀男子高尔夫球员一号木技术对比分析

图 3-29 欧洲国家球员各挥杆时刻重心在 y 轴上的移动曲线

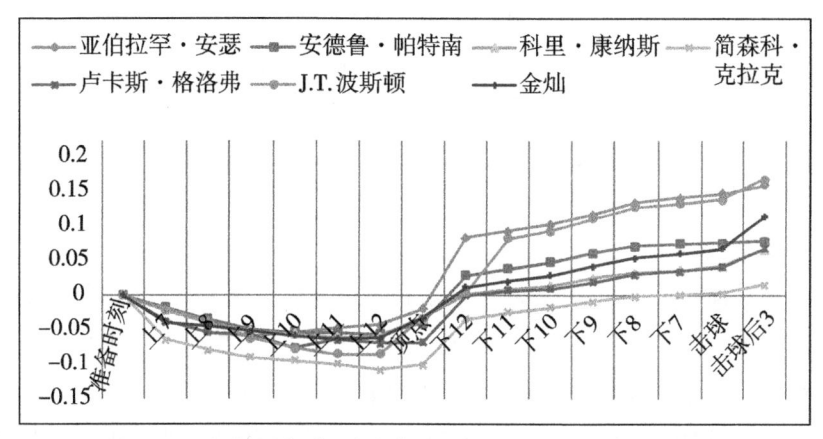

图 3-30 美洲国家球员各挥杆时刻重心在 y 轴上的移动曲线

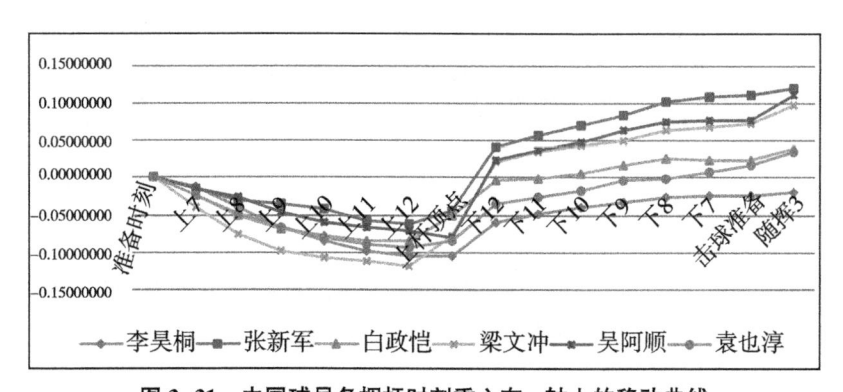

图 3-31 中国球员各挥杆时刻重心在 y 轴上的移动曲线

由图 3-29 至图 3-31 可知，男子球员在一号木击球时的重心在 y 轴上的移动曲线呈现出一致性，优秀球员在执行这一动作时重心在 y 轴上移动具有一定共同特征。在上杆阶段，球员的重心在 y 轴上持续小幅向后移动，而在上杆至顶点前后向后移动的趋势突然改变为大幅向前移动，其移动幅度基本上都在0.1m以上。到达顶点后到击球前，重心在y轴上表现为持续小幅向前移动，击球前重心状态基本稳定。在不同阶段，不同地区的球员展现出不同的特点，欧洲球员除了维克多·佩雷兹以外，其他球员在上杆到顶点前重心在y轴上都表现出了最小幅度地向后移动，在整个上杆过程中，重心移动幅度都比较小，而在顶点前后阶段，欧洲球员的重心在y轴上向前移动幅度也相对较小。相比之下，中国球员在上杆到顶点位置前后的重心在y轴上的移动幅度较大，在较短时间内完成了大幅移动，其移动幅度大多在0.1m左右。美洲球员中有2名球员在顶点位置前后重心在y轴上的移动幅度比较大，亚伯拉罕·安瑟与J.T.波斯顿的重心移动了约0.15m。

表3-28 重心在y轴上的移动距离与击球距离的相关性分析

击球距离	准备时刻到上杆7点钟	下杆11点钟到下杆10点钟	击球后3点钟到随挥结束
294.72±13.02	−0.0332±0.0181*	0.0086±0.0029*	0.0348±0.0347*

注：*表示$P<0.05$，二者具有显著相关性。

由表3-28可知，一号木挥杆时重心在y轴上的移动距离与击球距离存在不同水平的相关性，分别是在准备时刻到上杆7点钟、下杆11点钟到下杆10点钟、击球后3点钟到随挥结束三个阶段，这三个阶段的重心在y轴上的移动距离与击球距离具有相关性（$P<0.05$），而在下杆11点钟到下杆10点钟则表现出显著相关性（$P<0.01$），在到达上杆顶点后，身体持续发力，重心在y轴上小幅持续移动。

表3-29 重心在y轴上的移动距离与挥速的相关性分析

挥速	准备时刻到上杆7点钟
117.96±4.25	−0.0332±0.0181*

注：*表示$P<0.05$，二者具有显著相关性。

由表3-29可知，男子球员在一号木挥杆时，重心在y轴上的移动距离与挥速仅在准备时刻到上杆7点钟表现出一定相关性（$P<0.05$）。

表3-30 重心在y轴上的移动距离与起飞角度的相关性分析

起飞角度	上杆11点钟到上杆12点钟
10.47±1.95	−0.0011±0.0044*

注：*表示$P<0.05$，二者具有显著相关性。

由表 3-30 可知，重心在 y 轴上移动距离与起飞角度之间在上杆 11 点钟到上杆 12 点钟，表现出显著相关性（$P<0.05$），在上杆到顶点位置前一刻，重心落于 y 轴后侧，但表现较为平稳。这意味着上杆时身体重心向上杆一侧转移的幅度，直接影响击球时的起飞角度。

三、重心在 z 轴上的移动距离对比分析

表 3-31　我国与欧美国家球员各挥杆关键时刻重心在 z 轴上的移动距离对比　（$\bar{x}\pm SD$）

挥杆时刻	欧洲国家	美洲国家	中国
准备时刻	0	0	0
上杆 9 点钟	0.02±0.021	0.01±0.015	0.005±0.006
上杆 12 点钟	0.041±0.025	0.028±0.015	0.026±0.004
上杆顶点	0.063±0.025	0.043±0.014	0.051±0.009
下杆 12 点钟	0.015±0.017	-0.006±0.029	-0.018±0.012
下杆 9 点钟	0.018±0.011	-0.014±0.023	-0.01±0.015
击球时刻	0.037±0.013	-0.002±0.019	0.01±0.016
击球后 3 点钟	0.064±0.014	0.02±0.016	0.051±0.012

由表 3-31 可知，我国和欧美国家球员在上杆 9 点钟重心在 z 轴上的移动距离均值分别为（0.005±0.006）m、（0.02±0.021）m、（0.01±0.015）m，在上杆 12 点钟重心在 z 轴上移动距离均值分别为（0.026±0.004）m、（0.041±0.025）m、（0.028±0.015）m，在上杆顶点重心在 z 轴上移动距离均值分别为（0.051±0.009）m、（0.063±0.025）m、（0.043±0.014）m，在下杆 12 点钟重心在 z 轴上移动距离均值分别为（-0.018±0.012）m、（0.015±0.017）m、（-0.006±0.029）m，在下杆 9 点钟重心在 z 轴上移动距离均值分别为（-0.01±0.015）m、（0.018±0.011）m、（-0.014±0.023）m，在击球时刻重心在 z 轴上移动距离均值分别为（0.01±0.016）m、（0.037±0.013）m、（-0.002±0.019）m，在击球后 3 点钟重心在 z 轴上移动距离均值分别为（0.051±0.012）m、（0.064±0.014）m、（0.02±0.016）m。

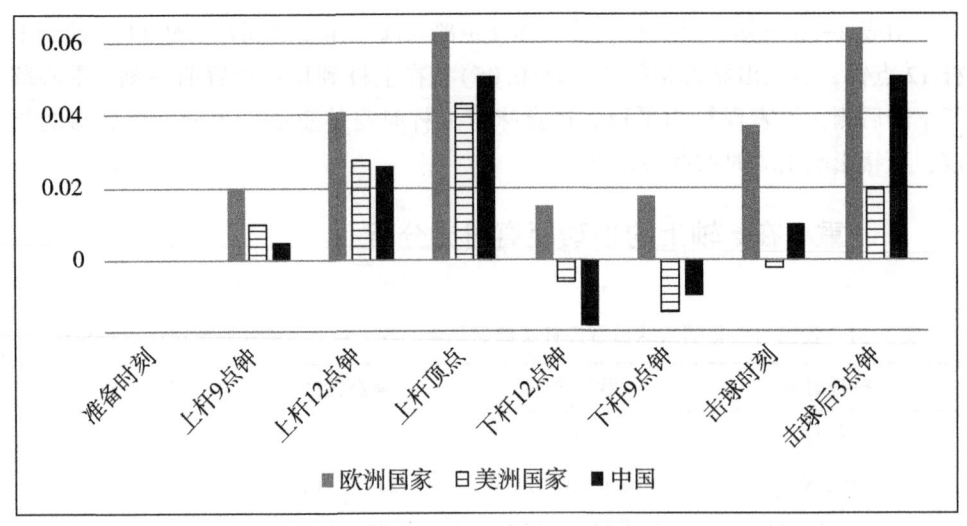

图 3-32　我国与欧美国家球员重心在 z 轴上的移动距离变化

由图 3-32 可知，我国与欧美国家球员在上杆阶段重心在 z 轴上向上移动，我国和美洲球员下杆 12 点钟和下杆 9 点钟的重心在 z 轴上向下移动，而欧洲球员在下杆 12 点钟和下杆 9 点钟的重心在 z 轴上向上移动，我国和欧洲球员在击球时刻和击球后 3 点钟的重心在 z 轴上向上移动，美洲球员在击球时刻的重心在 z 轴上向下移动，美洲球员在击球后 3 点钟的重心在 z 轴上向上移动。在上杆 9 点钟，欧美国家球员重心转移距离比我国球员大，在上杆 12 点钟，欧美国家球员重心转移距离依然比我国球员大，在上杆顶点，我国球员重心转移距离较美洲球员大，欧洲球员重心转移距离比我国和美洲球员大，在下杆 12 点钟，美洲球员重心转移距离最小，在下杆 9 点钟，我国球员重心转移距离最小，在击球时刻，美洲球员重心向下转移距离最小，欧洲球员重心向上转移距离最大，在击球后 3 点钟，美洲球员重心向上转移距离最小。在到达上杆顶点时，我国球员重心在 z 轴上向上移动距离最大，在下杆 12 点钟，欧洲球员重心在 z 轴上移动距离最小，在击球时刻，美洲球员重心转移距离最小。

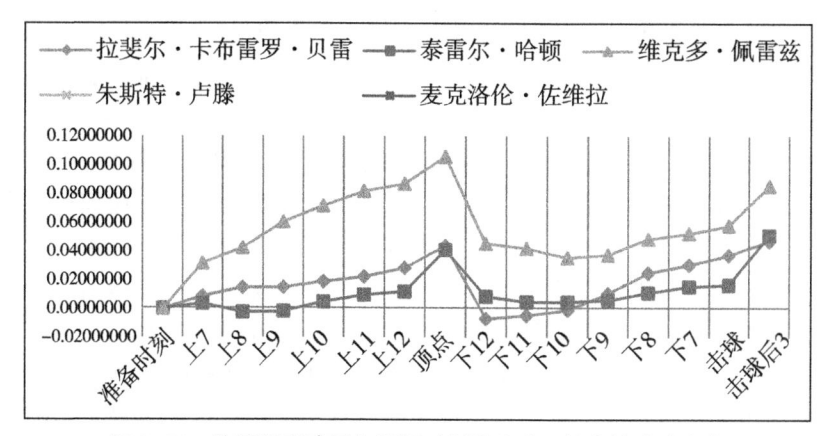

图 3-33　欧洲国家球员各挥杆时刻重心在 z 轴上的移动变化

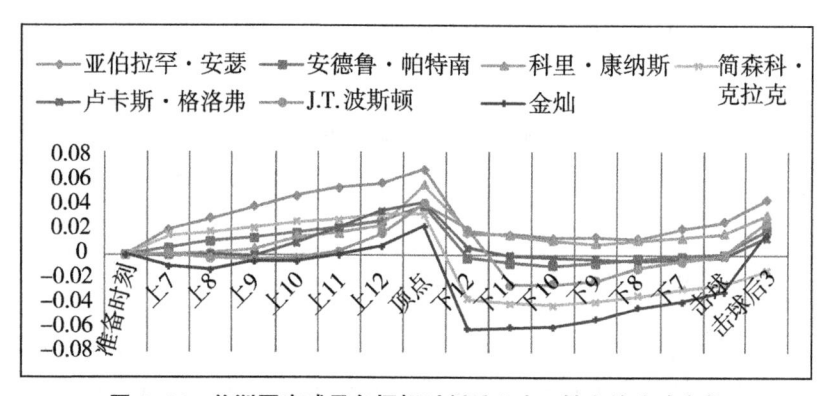

图 3-34　美洲国家球员各挥杆时刻重心在 z 轴上的移动变化

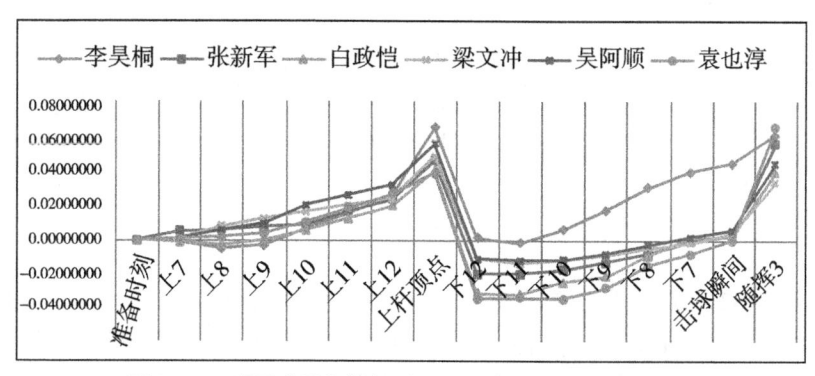

图 3-35　中国球员各挥杆时刻重心在 z 轴上的移动变化

由图 3-33 至图 3-35 可知，在男子球员一号木挥杆过程中，身体重心在 z 轴上的移动趋势展现出较强的一致性。对大多数球员而言，自准备时刻到上杆顶点，球员身体的重心在 z 轴上呈现出均匀上行的趋势，部分球员出现了身体重心略微下沉而后渐升的变化，这一类球员大多能在 z 轴上保持相对稳定，即在上杆到顶点位置时的重心最高高度显著低于其他球员。在顶点位置前后，球员在 z 轴上的重心变化出现了明显的尖峰，在顶点时刻，球员重心出现了一次明显的抬升，而后突然下降。此时表现出不同地区球员的重心移动的整体特征，在欧洲、美洲球员中，除了金灿、简森科·克拉克以外，大多数球员重心在到达顶点后普遍能回到准备时刻前后的重心水平，甚至保持高于准备时刻的重心水平，但中国球员与美洲个别球员则表现出重心低于准备时刻的情况，这一类型的球员在上杆到顶点后的下杆瞬间，重心降低的幅度尤其大，美洲球员金灿在这一过程中的重心在 z 轴上的下降幅度甚至超过 0.07m。继续下杆后，球员的重心在到达低谷后逐渐回升，中国球员在这一阶段也表现出了与欧美国家球员的差异，中国球员在重心回升阶段明显更加激进，上升幅度更大，除了李昊桐以外，中国球员的重心在 z 轴上基本都在击球的瞬间回到准备时刻的高度，而其他地区球员很少表现出这一特点。

表 3-32　重心在 z 轴上的移动距离与击球距离的相关性分析

击球距离	上杆 12 点钟到上杆顶点
294.72±13.02	0.0176±0.0096*

注：*表示 $P<0.05$，二者具有显著相关性。

由表 3-32 可知，男子一号木挥杆时重心在 z 轴上的移动距离与击球距离在上杆 12 点钟到上杆顶点表现出了相关性（$P<0.05$）。这意味着一般而言，顶点位置前重心越高的球员的击球距离相应越高。

表 3-33　重心在 z 轴上的移动距离与挥速的相关性分析

挥速	准备时刻到上杆 7 点钟	上杆 8 点钟到上杆 9 点钟
171.88±5.02	0.0055±0.0089*	0.0041±0.0045*

注：*表示 $P<0.05$，二者具有显著相关性。

由表 3-33 可知，重心在 z 轴上的移动距离与球杆挥速具有较强的相关性，分别是在准备时刻到上杆 7 点钟、上杆 8 点钟到上杆 9 点钟两个阶段，均表现出了显著相关性（$P<0.01$）。这意味着在引杆阶段，球员重心越高，击球时的挥速就会越快。

表 3-34 重心在 z 轴上的移动距离与击球效率的相关性分析

击球效率	准备时刻到上杆 7 点钟
1.46±0.05	0.0055±0.0089*

注：*表示 $P<0.05$，二者具有显著相关性。

由表 3-34 可知，重心在 z 轴上的移动距离与击球效率具有一定相关性，在准备时刻到上杆 7 点钟，显示出显著的相关性（$P<0.01$），这意味着起杆时重心越高，击球效率也会越高。

本章小结

①我国与欧美国家男子高尔夫球员一号木击球距离、球速和挥速三者之间具有显著相关性，我国男子球员的平均球速较欧美国家男子球员快，平均挥速较欧美球员低，平均距离较欧美球员近，一号木杆击球起飞角度较欧美地区球员高。

②我国与欧美国家男子球员一号木击球距离与下杆阶段用时具有显著相关性。中国男子球员挥杆总用时较欧美国家球员短，上杆阶段用时也较欧美国家球员较短。

③我国男子球员上杆阶段肩关节转动角度较欧美国家球员转动角度大，而下杆阶段肩关节转动角度则相对较小，送杆 3 点钟时的平均肩关节角度最小。我国男子球员上杆阶段髋关节转动角度较欧美国家球员转动角度大，而下杆阶段髋关节转动角度较小。在上杆阶段和下杆阶段，我国男子球员的平均肩-髋转动角度均比欧美国家球员大。

④我国男子球员左膝关节角度在击球时刻与准备时刻之差比欧美国家球员小，我国球员在击球时刻左膝关节角度增加变化小；我国男子球员右膝关节角度在击球时刻与准备时刻之差比欧美国家球员小，我国球员在击球时刻左膝关节角度减少变化小；左膝关节在顶点时刻的角度与起飞角度有显著相关性。

⑤相比欧美国家球员，我国男子球员在 x 轴上的重心变化表现为上杆时向后移动距离更小，下杆时向前移动距离更大，但欧美国家球员在下杆过程中的重心在 x 轴上的稳定性相对更好。在 y 轴上，中国球员与欧美国家球员的重心移动幅度区别不大，但中国球员重心移动稍早些，在上下杆转换时移动幅度更大。在 z 轴上，中国球员普遍在下杆 12 点钟前后重心快速下降，在击球时刻中国球员大都能够使重心在 z 轴上回到准备时刻状态。

针对本章结论，提出以下建议：

①一方面，我国男子球员可以通过适当降低球起飞角度，根据相应球速匹配

最佳角度，进一步提高击球距离表现水平；另一方面，应当通过增加挥杆速度，在击球瞬间表现出更快的杆头速度，达到提高击球距离的目的。

②我国男子球员上杆阶段节奏应适当放慢，达成更稳定的上杆与更极限的上杆幅度，使在上下杆的转换过程中蓄力也更加充分，从而凝聚更强的力量增加开球距离。

③我国男子球员下杆阶段适当增大肩关节转动角度，增强送杆意识，加强上肢躯干旋转，使击球瞬间释放更大动量；髋关节转动角度适当增大，增强旋转力量，加强对球的冲击，从而获得更大的击球距离。上杆阶段适当减小髋关节转动角度，增强身体稳定性，并使上杆过程肩-髋相对角度更大，蓄力更强。

④我国男子球员在上杆顶点时刻适当减少左膝关节角度，有利于减少球起飞角度，增加距离。在击球时刻增大蹬伸，使左膝关节角度适当增大，右膝关节角度适当减少。

⑤我国男子球员在击球时应特别注意保持重心在 x 轴上的稳定，上下杆减少前后移动。在 y 轴上使重心稍晚些移动到击球位置，使重心的转移在更接近击球的时刻完成，更好地完成对球的挤压，提高击球距离效果。

第四章 中日韩优秀男子高尔夫球员一号木全挥杆技术运动学分析

第一节 球员信息基本介绍

汇丰冠军赛作为世界高尔夫锦标赛之一，受新冠疫情影响，在 2020 年、2021 年、2022 年均被取消赛程。本文以 2019 年汇丰冠军赛中 14 名优秀男子高尔夫球员一号木杆全挥杆技术动作为研究对象，中国优秀男子球员包括李昊桐、张新军、白政恺、吴阿顺、袁也淳、梁文冲，日本优秀男子球员包括石川辽、川村昌宏、崛川未来梦、浅地洋佑、松山英树，韩国优秀男子球员包括安秉勋、李泰熙、任成宰。球员基本信息详见表 4-1。

表 4-1　球员基本信息

球员	国籍	身高/cm	年龄/岁	2019 年世界排名	转职业时间/年
安秉勋	韩国	186	31	41	2011
李泰熙	韩国	—	37	439	2008
任成宰	韩国	183	34	34	2015
川村昌宏	日本	168	29	184	—
崛川未来梦	日本	176	30	144	2014
浅地洋佑	日本	169	29	207	2012
石川辽	日本	173	31	102	2008
松山英树	日本	180	30	22	2013
李昊桐	中国	183	27	65	2012

续表

球员	国籍	身高/cm	年龄/岁	2019 年世界排名	转职业时间/年
张新军	中国	185	35	131	2010
白政恺	中国	180	25	331	2019
吴阿顺	中国	181	37	340	2007
袁也淳	中国	177	25	370	2019
梁文冲	中国	175	44	753	1999

注：表中球员数据均来自 2022 年 12 月 PGA 官网、中国巡回赛官方网。

第二节 相关概念界定

为能详细地对高尔夫技术动作进行研究，本文将高尔夫挥杆技术动作划分为五个阶段：准备时刻、上杆阶段、下杆阶段、击球瞬间和随挥阶段。准备时刻为球杆启动前瞄准那一帧，上杆阶段是指准备时刻到上杆顶点，包含上杆前期、上杆中期和上杆后期。下杆阶段是指上杆顶点到下杆 7 点钟，包含下杆前期、下杆中期和下杆后期。击球瞬间为球杆击球那一帧，随挥阶段是指送杆 3 点钟到随挥结束。本文研究的挥杆范围是由准备时刻到随挥结束。其详细划分如图 4-1 和图 4-2 所示，具体挥杆技术动作详见图 4-3。其中框架标尺的坐标定义分为 x 轴：人体的矢状轴方向，x 轴正方向是自后往前。y 轴：人体的额状轴方向，y 轴正方向是自右往左。z 轴：人体的垂直轴方向，z 轴正方向是自下往上；三维解析点包括：①头；②左肩膀、右肩膀；③左肘关节、右肘关节；④左手腕、右手腕；⑤左手、右手；⑥左髋关节、右髋关节；⑦左膝、右膝；⑧左脚踝、右脚踝；⑨左脚尖、右脚尖；⑩左脚跟、右脚跟；⑪一号木杆握把末端；⑫一号木杆杆头前端；⑬一号木杆杆头末端；⑭高尔夫球体中心。通过对一号木挥杆运动学研究，结合高尔夫挥杆技术动作要领，将从以下方面进行运动学分析。挥速：杆头击球前一帧速度，杆头通过的距离与时间的比值。球速：球被杆头撞击后一帧的速度，球通过的距离与时间的比值。起飞角度：球起飞路线与水平地面之间的夹角。击球距离：球从击球前到落地停止滚动的直线距离。重心在 x 轴上变化量：动作结束时刻与准备时刻 x 轴坐标的差值。重心在 y 轴上变化量：动作结束时刻与准备时刻 y 轴上坐标的差值。重心在 z 轴上变化量：动作结束时刻与准备时刻 z 轴坐标的差值。肩转动角度：动作开始时刻与结束时刻，人体左右肩峰连线形成的夹角；夹角开口在右为负值，在左为正值，正负仅代表肩转动方向。髋转动角度：动作开始时刻与结束时刻，人体左右髋连线形成的夹角；夹角开口在右为负值，在左为正值，正负仅代表髋转动方向。肩-髋相对角度：在某一时刻，人体左右肩峰连线与人体左右髋连线，垂直于水平面所形成的夹角，夹角开口在右为负值，在左为正值，正负号仅代表肩与髋的空间位置。左膝关节角度：人体左髋点、左膝点与左踝点连线形成的夹角。右膝关节角度：人体右髋点、右膝点与右踝点连线形成的夹角。

　　本文均以右利手球员为例，所得出的数值采用保留两位小数的原则，但关于重心和挥杆用时的数据在保留两位小数的情况下难以看出差别，因此关于重心和挥杆用时的数据均保留三位小数。

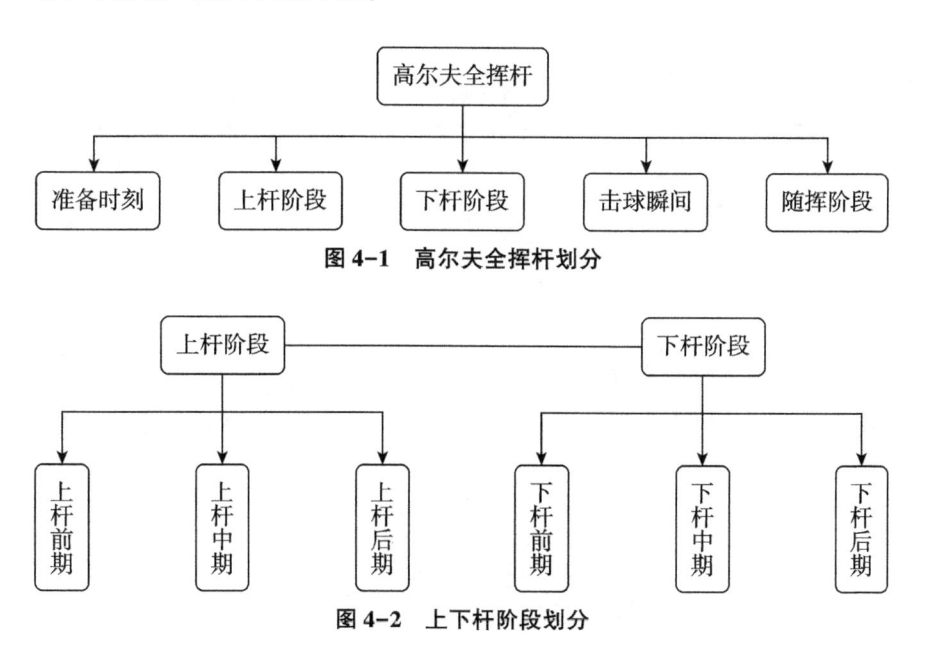

图 4-1　高尔夫全挥杆划分

图 4-2　上下杆阶段划分

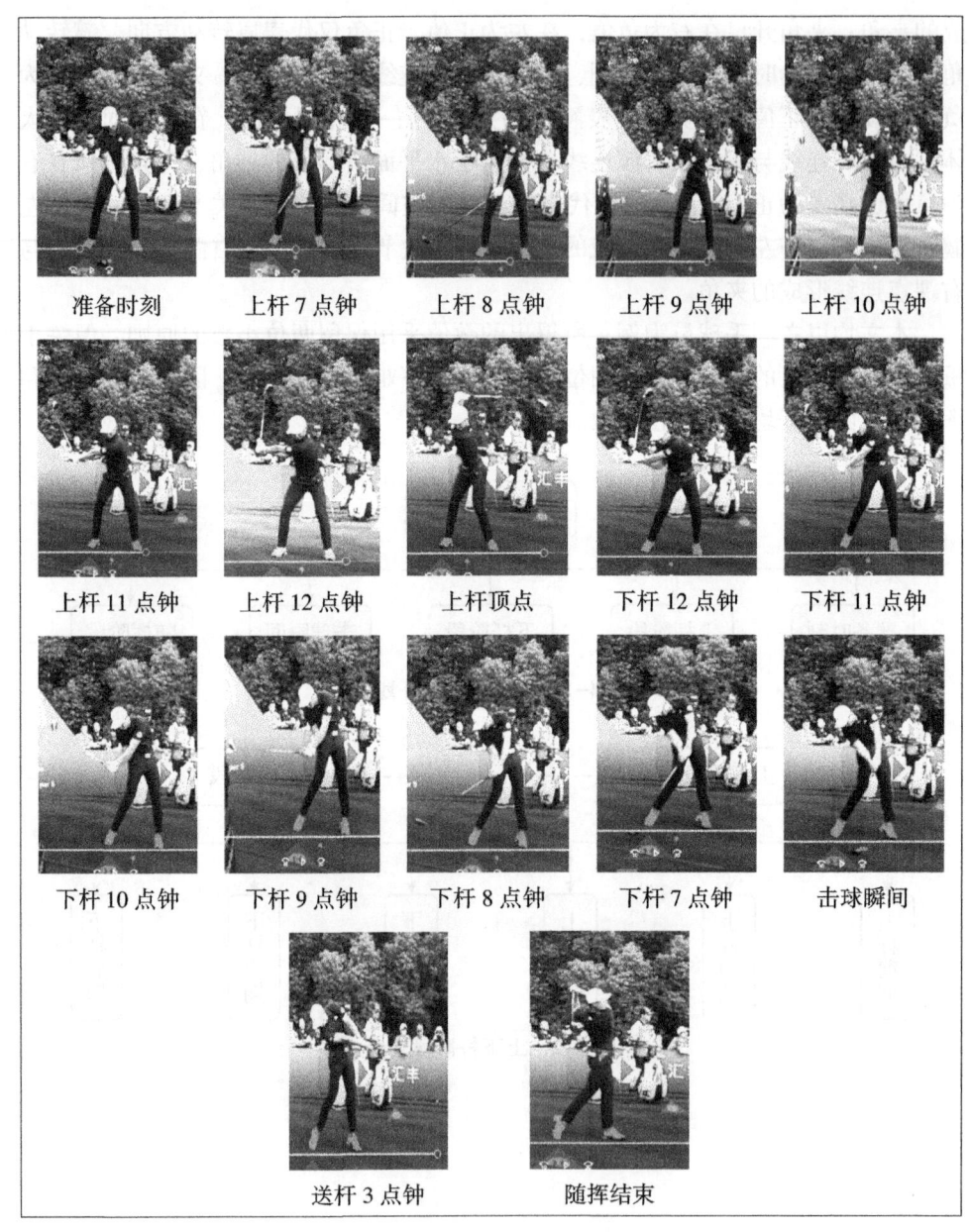

图4-3 挥杆各时刻具体技术动作

第三节 一号木准备时刻运动学参数分析

在高尔夫挥杆过程中，最重要的是什么？针对这个问题，相信每个人都有自己不同的理解，但在我看来，无非有两点：挥杆原理和基本功。了解挥杆原理，才能解决遇到的任何挥杆难题，设计出自己的挥杆动作，打出自己想要的球路；基本功则是平常不被我们重视的一些基础动作，比如准备姿势、身体各关节的旋转、重心的转移等。建造高楼大厦时，得有一个稳固的根基，对于高尔夫而言更是如此，要想设计出自己的挥杆动作，那基本功训练必不可少。优秀的球员都在苦练基本功，可见基本功的重要性，本文将对基本功中准备姿势的重要性进行研究。

一、准备时刻肩转动角度对比分析

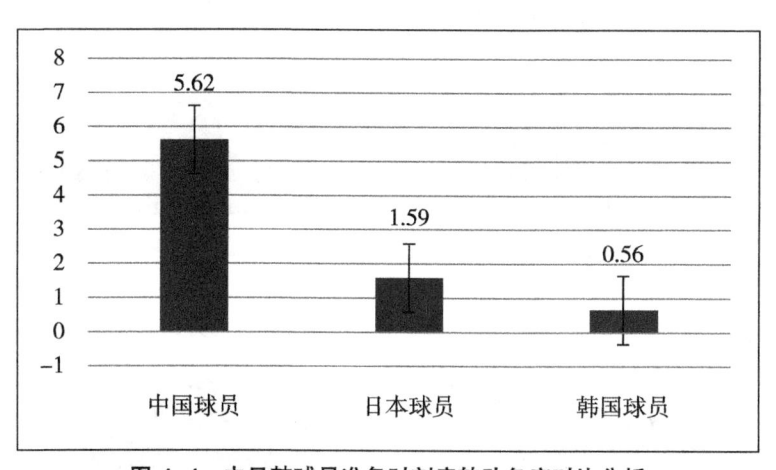

图 4-4 中日韩球员准备时刻肩转动角度对比分析

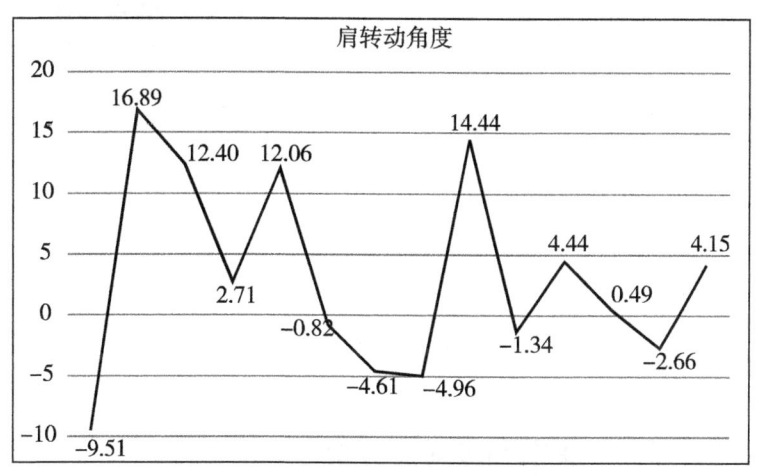

图 4-5 准备时刻各国球员肩转动角度

由图 4-4 和图 4-5 可知，在肩部转动角度平均值方面，我国男子球员在准备时刻平均肩部转动角度均大于日本和韩国男子球员在准备时刻肩部转动角度，通过肩部转动角度的标准差来看，我国在准备时刻肩部转动角度最大的球员为白政恺，日本男子球员中准备时刻肩转动角度最大的为崛川未来梦，韩国男子球员中准备时刻肩转动角度最大的为任成宰，而我国球员李昊桐在准备时刻肩转动角度更偏向于目标方向的左侧（图4-6）。

(A) 李昊桐 准备时刻肩转动角度为-9.51°，击球距离为 298.2 码

(B) 松上英树 准备时刻肩转动角度为 4.44°，击球距离为 312 码

(C) 白政恺 准备时刻肩转动角度为 16.89°，击球距离为 300.3 码

(D) 任成宰 准备时刻肩转动角度为 4.15°，击球距离为 312 码

图 4-6　中日韩球员准备时刻肩部转动角度对比

二、准备时刻膝关节角度对比分析

由图 4-7 和图 4-8 可知，在平均值方面，我国球员左右膝关节角度变化最

小，日本球员左膝关节角度变化最大，韩国球员右膝关节角度变化最小。在标准偏差方面，韩国球员中准备时刻左膝关节和右膝关节角度最大的为任成宰，在日本球员中，松山英树准备时刻的左膝关节角度最小，准备时刻右膝关节角度最小的为川村昌宏，而在我国球员中，李昊桐准备时刻的右膝关节角度最小，白政恺在准备时刻的左膝关节角度最小。分析认为，在一号木杆准备过程中，由于一号木杆杆身长且杆面角度较小，为在击球过程中能有更好的起飞角度，可以在准备过程中通过改变左右膝关节角度，来改变球的起飞角度（图4-9）。

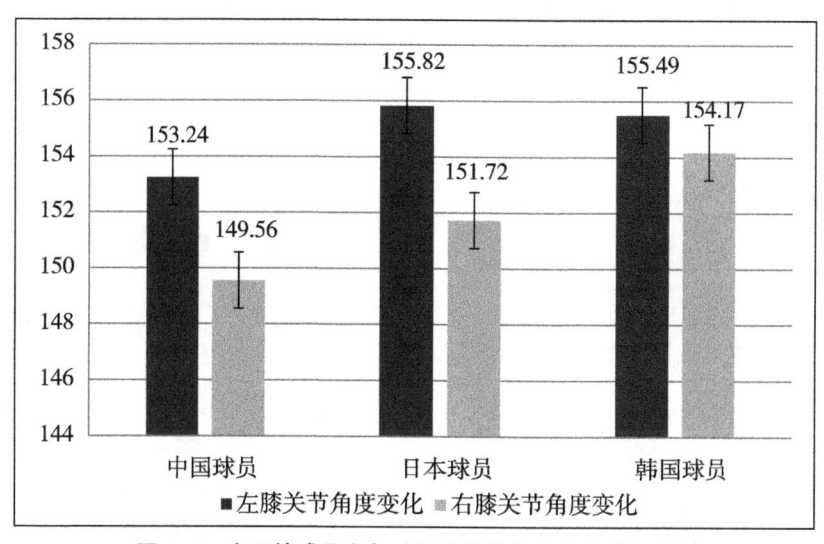

图 4-7　中日韩球员准备时刻膝关节角度变化对比分析

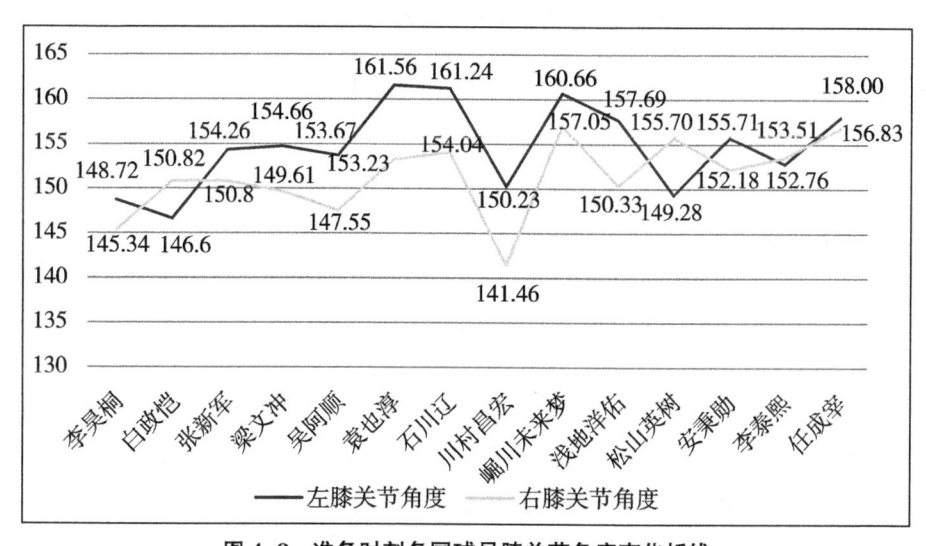

图 4-8　准备时刻各国球员膝关节角度变化折线

(A) 李昊桐 准备时刻右膝关节角度为 145.34°

(B) 川村昌宏 准备时刻右膝关节角度为 141.46°

(C) 吴阿顺 准备时刻右膝关节角度为 147.55°

(D) 任成宰 准备时刻右膝关节角度为 156.83°

图 4-9　中日韩球员准备时刻右膝角度对比

本研究虽未发现准备时刻中日韩球员各关节角度存在差异，但发现准备时刻右膝关节角度与起飞角度呈显著相关性，见表 4-2。

表 4-2　准备时刻右膝关节角度与起飞角度相关性分析

准备时刻		起飞角度
右膝关节角度	皮尔逊相关性	−0.692*

注：* 表示 $P<0.05$，二者呈显著相关性。

由表 4-2 可知，中日韩球员在准备时刻右膝关节角度与起飞角度呈显著负相关（$P<0.05$），相关系数为-0.692，即在准备时刻右膝关节角度越大，起飞角度越小。分析其原因是在准备时刻由于一号木杆杆身长和杆面角度较小，通过改变右膝关节角度来改变身体的倾斜角度，从而改变杆面角度，以保证击球时打出自

己想要的起飞轨迹。因此，我国球员要想打出自己想要的起飞轨迹，可以通过改变准备时刻右膝关节角度来改变起飞角度。

第四节 一号木上杆阶段运动学参数分析

一、上杆阶段用时对比分析

由图4-10可知，中国球员与日韩球员在上杆前期用时均值差异较大，平均差值为0.4s，在上杆中期和上杆后期用时均值差异较小，在0.1s左右，而日韩两国球员在上杆各部分用时均值差异较小。在上杆后期，日本球员用时大于中韩球员用时，在上杆前期和上杆中期，韩国球员用时最大，在整个上杆阶段，中国球员用时小于日韩两国球员用时，而日韩两国球员上杆用时较为接近，均值相差约0.1s。在高尔夫挥杆过程中，上杆阶段用时长，有利于身体重心的稳定，下杆阶段用时短，有利于加快击球瞬间杆头的初速度。韩国球员在上杆阶段用时长，可能是为了更好地保持身体重心稳定，从而保证完成下杆动作，以增大挥速和球速，从而增加击球距离。而徐华雨研究发现，国外球员在上杆前期和上杆中期用时与击球距离呈显著负相关，即上杆前期用时或上杆后期用时越长，击球距离就越近。由图4-10可知，我国球员上杆用时最少，但击球距离并不是最远。分析认为在挥杆路径一致的情况下，球员挥杆用时越少，最大的杆头速度越快，相比于上杆用时多的球员，最大杆头速度更大，但是要想通过改变挥杆用时来改变击球距离，需要更好的身体素质，而我国球员的体型及年龄与日韩球员有较大差距，而通过调整挥杆用时来改变击球距离，结果可能会适得其反。因此，我国球员应根据自身条件来选择适合自己的挥杆方式。在高尔夫挥杆过程中，每位球员有自己的上杆方式，上杆用时也会有所不同，见图4-11。

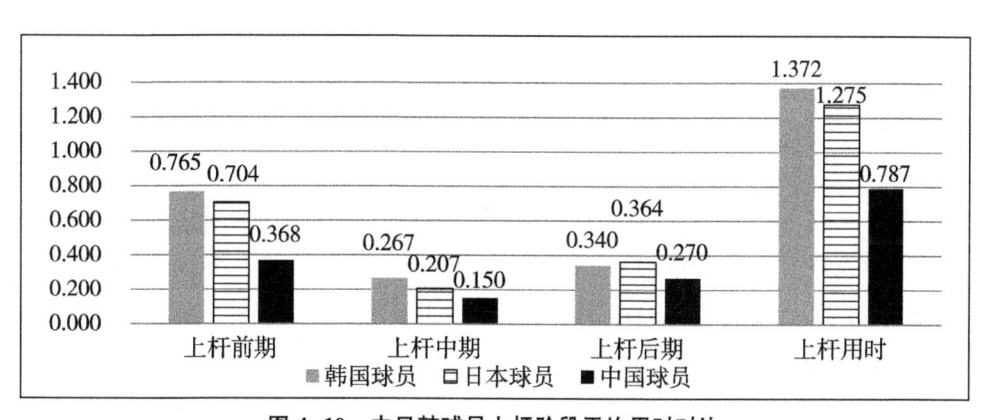

图4-10 中日韩球员上杆阶段平均用时对比

由图 4-11 可知，我国球员李昊桐上杆阶段挥杆用时较少，约为 0.710s，吴阿顺上杆阶段用时较多，用时约为 0.870s。在韩国球员中，上杆阶段挥杆用时较多的是任成宰，用时约为 1.881s，用时较少的是安秉勋，约为 0.802s。日本球员川村昌宏上杆阶段挥杆用时较多，约为 1.988s，而用时较少的是石川辽，约为 0.953s。在上杆阶段用时较少的日韩球员与我国用时较多的球员用时差异较小。分析可知，我国球员在上杆阶段节奏较快，导致上杆时蓄力不足，使得杆头速度未能达到最大，从而影响击球距离。在后期训练中，我国球员可以根据自身条件，增大上杆阶段用时，来改变击球距离。

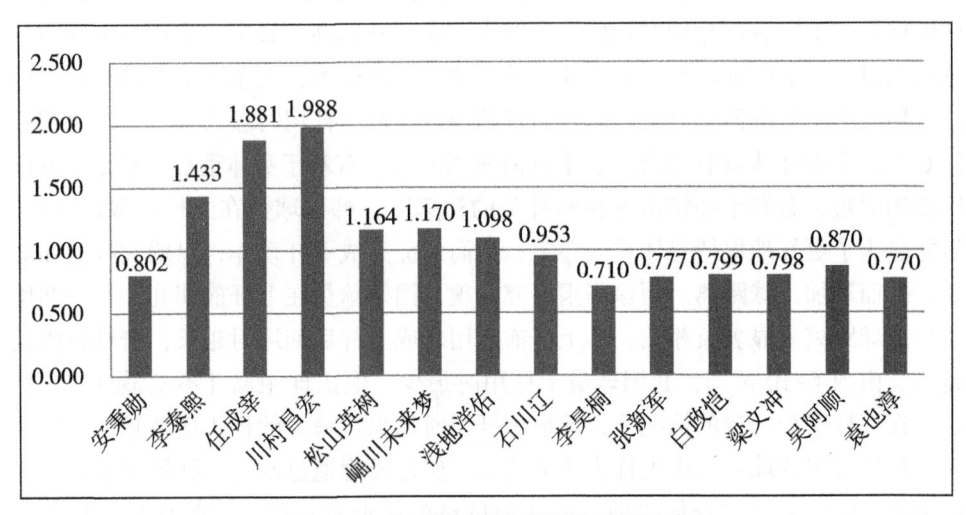

图 4-11 中日韩球员上杆阶段用时对比

二、上杆阶段肩转动角度对比分析

表 4-3 中日韩球员上杆阶段肩转动平均角度

挥杆时刻	中国球员	日本球员	韩国球员
准备时刻	5.62±9.07	1.59±7.25	0.66±2.79
上杆 7 点钟	-3.42±6.06	-5.18±5.70	-4.72±3.74
上杆 8 点钟	-18.31±4.84	-19.71±8.12	-20.05±4.92
上杆 9 点钟	-34.77±7.30	-38.31±9.26	-39.30±4.93
上杆 10 点钟	-49.34±6.63	-55.95±16.64	-51.28±7.88
上杆 11 点钟	-62.41±7.68	-68.91±19.02	-60.05±10.39

续表

挥杆时刻	中国球员	日本球员	韩国球员
上杆12点钟	−69.76±11.65	−76.18±23.05	−67.06±10.60
上杆顶点	−105.98±11.09	−107.52±11.08	−107.74±8.31

由表4-3可知，中日韩男子球员在上杆阶段平均肩转动角度整体趋势较为接近，在准备时刻中日韩男子球员肩转动角度偏向于目标方向的左侧。在整个上杆过程中，我国男子球员的肩向远离目标方向转动角度除了在上杆12点钟时大于韩国男子球员，其余时刻均小于其他两国球员的肩转动角度。在上杆顶点时，肩向远离目标方向转动的角度是整个上杆过程中肩转动角度的最终结果，上杆顶点时肩转动角度越大，在上杆过程中肩转动越充分。由表4-3可知，日韩男子球员在上杆顶点时肩转动角度基本一致，但我国男子球员在上杆顶点时肩转动角度较其他两国球员小。该现象说明，日韩男子球员在上杆过程中肩部转动得更为充分，能够保证在下杆过程击球时产生更大的挥速。

吴淑元发现，中韩两国女子球员在准备时刻肩转动角度与击球效率成反比，在准备时刻肩的转动角度越靠近目标方向，击球效率越高。徐华雨发现，国内外男子球员在上杆9点钟和上杆12点钟肩转动角度与击球距离呈正相关，即上杆9点钟和上杆12点钟肩转动角度越远离目标方向，击球距离越远。分析认为，在准备时刻肩转动角度更靠近目标方向，在整个准备过程中，肩、髋、膝与击球的方向均一致，击球效率就会提高。在上杆阶段，肩转动角度越远离目标方向，积蓄的力量越多，能够更好地为下杆做好准备，从而加大杆头速度，增加击球距离。本研究尚未发现准备时刻肩转动角度与击球效率之间、上杆9点钟和上杆12点钟肩转动角度与击球距离之间具有相关性，但我国男子球员在准备时刻肩转动角度较日韩男子球员更远离目标方向，在上杆顶点，我国男子球员的肩转动角度相较日韩男子球员更靠近目标方向，导致在到达上杆顶点时蓄力不足，对击球效率和击球距离有一定的负面影响。图4-12为上杆阶段各国球员肩转动角度折线图。

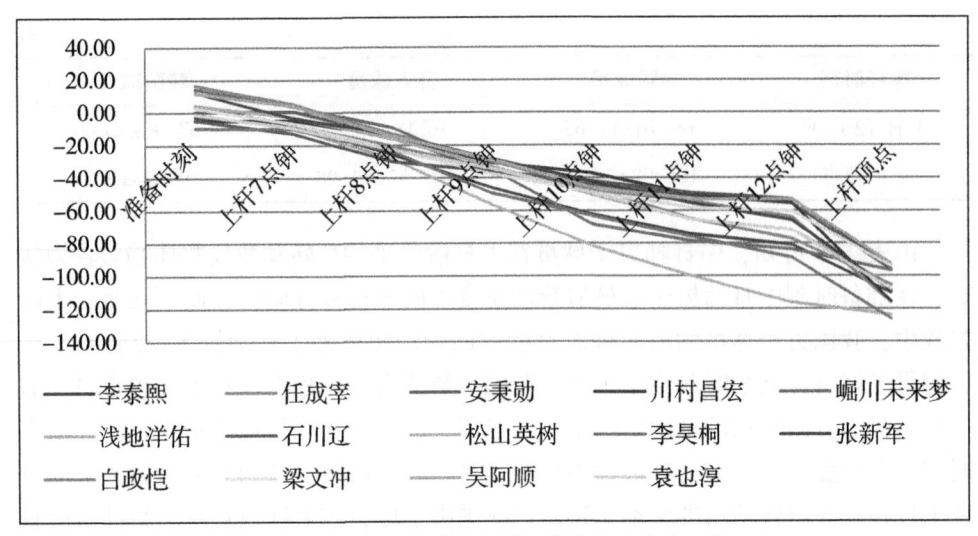

图 4-12　中日韩球员上杆阶段肩转动角度对比

由图 4-12 可知，在准备时刻，我国球员李昊桐和袁也淳的肩转动角度靠近目标方向，其余我国球员在准备时刻肩转动角度远离目标方向。日本球员崛川未来梦和松山英树在准备时刻肩转动角度远离目标方向，其余日本球员在准备时刻肩转动角度靠近目标方向。对于韩国球员来说，在准备时刻肩转动角度靠近目标方向的球员为任成宰和安秉勋，李泰熙在准备时刻肩转动角度远离目标方向。在上杆 7 点钟，韩国球员安秉勋肩转动角度相对于准备时刻更远离目标方向，日本球员崛川未来梦和中国球员白政恺在上杆 7 点钟时肩转动角度远离目标方向，但与准备时刻相比更靠近目标方向，说明上杆时肩部先启动（图 4-13）。日本球员浅地洋佑从上杆 9 点钟开始，肩转动角度更远离目标方向。我国球员吴阿顺在上杆顶点时肩转动角度更靠近目标方向，上杆时转动蓄力不足；李昊桐在上杆顶点肩转动角度更远离目标方向，在上杆时蓄力更为充分，能够保证下杆时产生更大的挥速，从而增加击球距离，但我国球员李昊桐并未发挥出这一优势，击球距离较小。

(A) 吴阿顺 上杆顶点时刻
肩转动角度为-92.59°

(B) 白政恺 上杆顶点时刻
肩转动角度为-105.54°

(C) 石川辽 上杆顶点时刻
肩转动角度为-94.89°

(D) 安秉勋 上杆顶点时刻
肩转动角度为-96.47°

图 4-13　中日韩球员上杆顶点肩转动角度对比

三、上杆阶段髋转动角度对比分析

表 4-4　中日韩球员上杆阶段髋转动平均角度对比

挥杆时刻	中国球员	日本球员	韩国球员
准备时刻	0.00±0.00	0.00±0.00	0.00±0.00
上杆 7 点钟	-0.41±0.91	-5.72±3.05	-9.13±4.61
上杆 8 点钟	-4.44±2.93	-16.31±7.54	-22.16±2.42
上杆 9 点钟	-12.20±5.25	-18.18±6.07	-24.83±2.33

续表

挥杆时刻	中国球员	日本球员	韩国球员
上杆 10 点钟	−18.87±6.23	−23.67±6.64	−30.25±4.31
上杆 11 点钟	−23.10±7.65	−27.17±8.32	−32.59±4.83
上杆 12 点钟	−26.11±9.24	−29.90±9.84	−33.48±5.63
上杆顶点	−38.16±0.35	−31.94±6.26	−35.31±0.13

由表4-4可知，在髋转动角度平均值方面，我国男子球员在上杆7点钟和上杆8点钟髋转动角度最小，在上杆顶点，我国男子球员的髋转动角度最大，而日韩男子球员髋转动角度除上杆顶点外，其余时刻髋转动角度均大于我国男子球员髋转动角度。在一号木挥杆过程中，上杆阶段是以肩部带动手臂再带动髋所完成的动作，我国男子球员在上杆阶段肩部带动起杆更为明显，而日韩男子球员更多的是同时启动，对上杆过程中保持动作的稳定性有一定影响。表4-5为上杆7点钟髋转动角度与击球距离相关性分析。

表4-5　上杆7点钟髋转动角度与击球距离相关性分析

髋转动角度		击球距离
上杆7点钟	皮尔逊相关性	0.565*

注：*P表示<0.05，呈显著相关性。

由表4-5可知，中日韩男子球员在上杆7点钟髋转动角度与击球距离呈显著正相关（$P<0.05$），即在上杆7点钟，髋向目标反方向转动角度越大，击球距离越远。但是髋关节转动角度并不是越大越好，上杆过程中髋转动角度过大，会造成下肢不稳定，而在上杆过程中髋转动角度过小，会导致下肢蓄力不足，从而影响击球距离。日韩男子球员在上杆7点钟时髋转动角度更远离目标方向，击球距离也相对较远。因此，在平时训练中，我国男子球员可以在一定范围内，增加上杆7点钟髋向目标反方向转动角度，从而使上杆顶点时髋转动充分，来增加下杆时下肢蓄力，进而增加击球距离。图4-14为各国球员上杆阶段髋转动角度折线图。

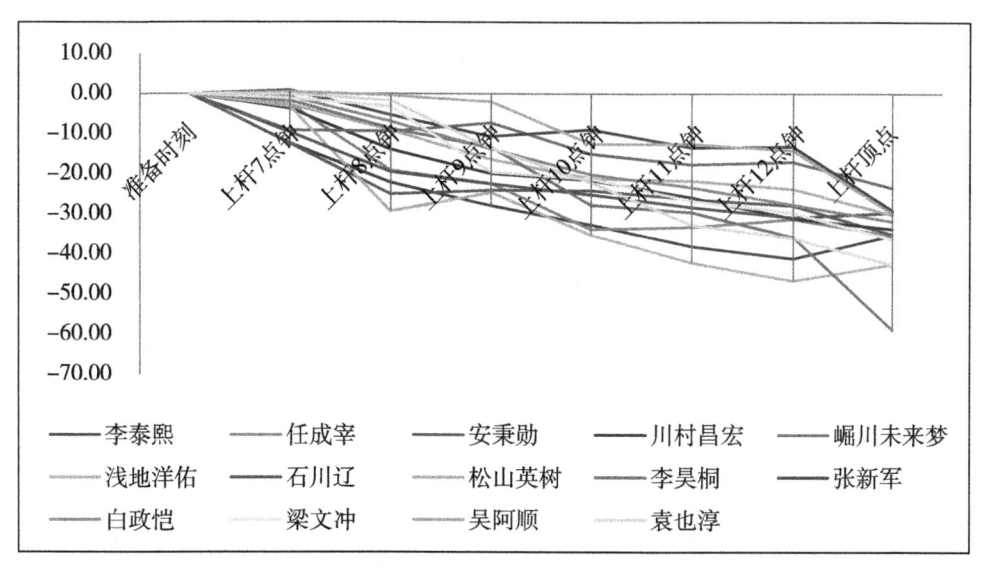

图 4-14　中日韩球员上杆阶段髋转动角度对比

由图 4-14 可知，在上杆 7 点钟，我国球员张新军和吴阿顺的髋部向前转动，而其他球员在上杆 7 点钟髋部均是向后转动，韩国球员任成宰上杆 7 点钟的髋向后转动角度最大，我国球员袁也淳的髋向后转动角度最小。在上杆 8 点钟，日本球员浅地洋佑的髋向后转动角度最大，我国球员吴阿顺的髋向后转动角度最小，两者相差 29°。在上杆顶点，我国球员李昊桐髋向后转动角度最大，为 58.91°，日本球员崛川未来梦在上杆顶点时髋向后转动角度最小，为 23.54°，两者相差 35.37°。在上杆 7 点钟，髋转动角度与击球距离呈显著正相关，而我国球员在上杆 7 点钟时髋向后转动角度较小，上杆阶段髋转动不充分，影响下杆时击球力量，从而导致击球距离较小。

四、上杆阶段肩-髋相对转动角度对比分析

由表 4-6 可知，在一号木全挥杆过程中，中日韩男子球员在上杆阶段的肩-髋相对转动角度平均值逐渐增大，我国男子球员在准备时刻、上杆 8 点钟和上杆 9 点钟的肩-髋相对转动角度均大于日韩男子球员的肩-髋相对转动角度，而在上杆顶点，我国男子球员的肩-髋相对转动角度较小，可能是因为我国男子球员在上杆 8 点钟和上杆 9 点钟的肩转动角度大而髋转动角度小，这也间接说明我国男子球员在上杆时更多的是从肩先启动，带动髋部旋转。而在上杆顶点，我国男子球员的肩-髋相对转动角度小于日韩球员，可能是由于我国男子球员身体柔韧性不足，上杆过程中肩转动受限，影响了肩-髋相对转动角度。本研究发现，中日

韩男子球员在上杆 9 点钟的肩-髋相对转动角度与击球距离具有显著相关性。

表 4-6　中日韩球员上杆阶段肩-髋相对转动平均角度对比

挥杆时刻	中国球员	日本球员	韩国球员
准备时刻	5.62±9.07	1.59±7.25	0.66±2.79
上杆 7 点钟	-3.02±5.79	0.53±6.57	4.41±7.26
上杆 8 点钟	-13.87±5.58	-3.40±4.51	2.11±6.36
上杆 9 点钟	-22.57±6.89	-20.13±8.20	-14.47±6.47
上杆 10 点钟	-30.47±3.77	-32.28±15.25	-21.03±7.17
上杆 11 点钟	-39.31±5.25	-41.75±16.55	-27.46±11.60
上杆 12 点钟	-43.64±8.77	-46.29±20.20	-33.60±14.57
上杆顶点	-106.0±11.1	-75.59±6.13	-72.43±8.40

由表 4-7 可知，中日韩男子球员在上杆 9 点钟肩-髋相对转动角度与击球距离之间呈显著负相关（$P<0.05$），相关系数为-0.554，即在上杆 9 点钟肩-髋相对转动角度越大，击球距离越近。韩国男子球员上杆 9 点钟的肩-髋相对转动角度最小，最终击球距离相对较远，符合表 4-7 中研究结果。分析认为，在上杆 9 点钟，肩-髋相对转动角度越小，肩部和髋部在上杆 9 点钟时向右转动更为充分，在上杆顶点时肩-髋相对转动角度更小，使下杆时髋部的旋转更为充分，从而增加击球距离。综上所述，我国男子球员可通过改变上杆 9 点钟的肩-髋相对转动角度，保证在上杆顶点时肩-髋在合理范围内旋转更为充分，减少两者之间的夹角，从而增加击球距离。图 4-15 为中日韩球员肩-髋相对转动角度折线图。

表 4-7　上杆 9 点钟肩-髋相对转动角度与击球距离相关性分析

肩-髋相对转动角度		击球距离
上杆 9 点钟	皮尔逊相关性	-0.554*

注：* 表示 $P<0.05$，呈显著相关性。

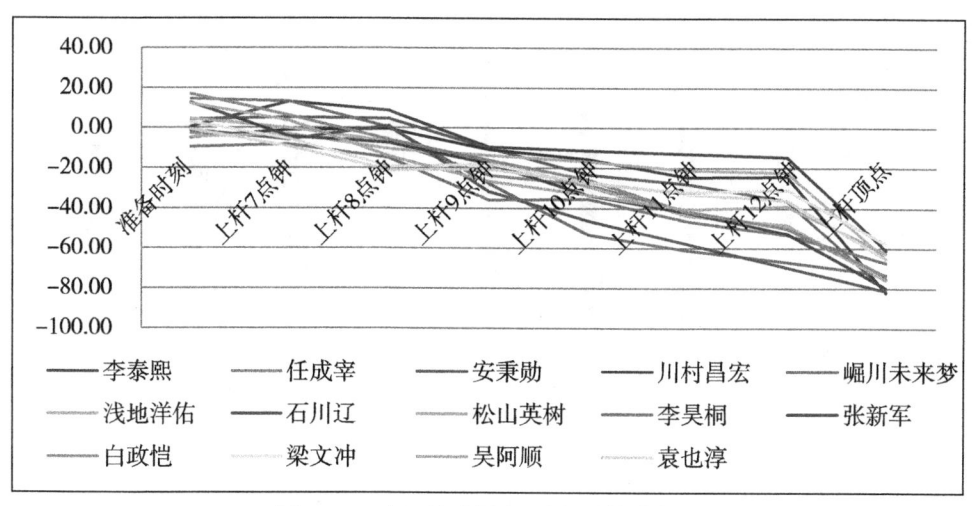

第四章 中日韩优秀男子高尔夫球员一号木全挥杆技术运动学分析

图 4-15 中日韩球员肩-髋相对转动角度

由图 4-15 可知，在上杆 7 点钟，韩国球员任成宰的肩-髋相对转动角度为 5.14°，日本球员崛川未来梦在上杆 7 点钟的肩-髋相对转动角度为 13.06°，我国球员白政恺和吴阿顺在上杆 7 点钟的肩-髋相对角度分别为 6.01° 和 3.53°。此时，肩向远离目标方向转动角度大于髋向远离目标方向转动角度。在上杆 9 点钟，我国球员李昊桐肩-髋相对转动角度为 36.01°，远大于在上杆 9 点钟日本球员浅地洋佑和韩国球员李泰熙的肩-髋相对转动角度，而在上杆顶点时我国球员肩-髋相对转动角度小于日韩两国球员。上杆 9 点钟时肩-髋相对转动角度与击球距离呈负相关，而我国球员在上杆 9 点钟时肩-髋相对转动角度较大，这可能是导致我国球员击球距离较近的原因。

五、上杆阶段左膝关节角度对比分析

由图 4-16 可知，在上杆阶段，中日男子球员的左膝关节角度均呈现出减小的趋势，而韩国男子球员的左膝关节角度呈现出先增大后减小的趋势。在上杆 8 点钟，韩国男子球员的左膝关节角度最大，在上杆顶点，中国男子球员的左膝关节角度最小。在上杆 9 点钟、上杆 10 点钟、上杆 11 点钟到上杆 12 点钟，中日韩男子球员左膝关节角度变化较为平缓，而从上杆 12 点钟到上杆顶点，中日韩男子球员左膝关节角度变化最大。综上所述，本研究通过非参数性单因素方差检验，并未发现在上杆阶段中日韩男子球员左膝关节角度存在显著差异。

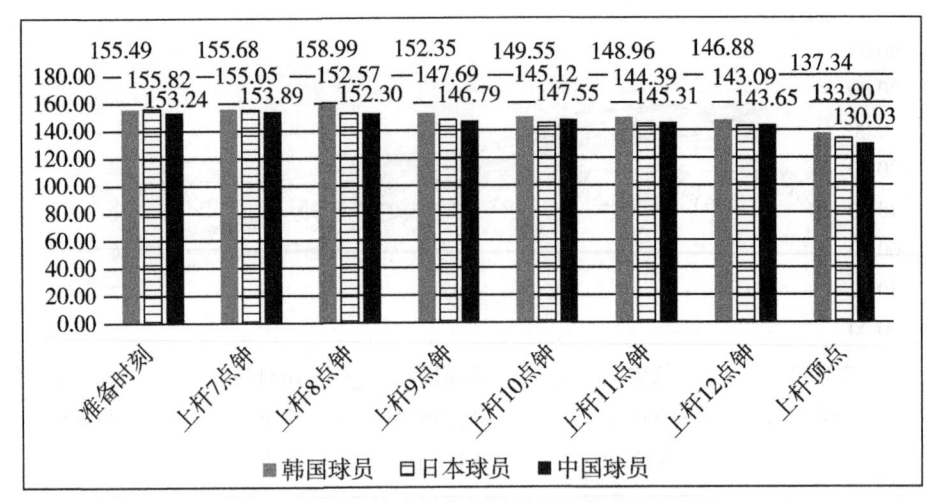

图 4-16　中日韩球员上杆阶段左膝关节平均角度

马宏鑫认为，外国优秀女子球员在上杆中期左膝关节角度变化与击球距离呈显著正相关，即上杆中期左膝关节角度变化越大，击球距离越远。吴淑元提到，中韩女子球员在上杆 9 点钟、上杆 12 点钟和上杆顶点，左膝关节角度的变化与击球距离呈显著正相关，即左膝关节角度变化越大，击球距离越远。而本研究并未发现其相关性，可能是由于男女球员身高、体重不同，也可能是日韩球员在上杆阶段变化较小，对最终的击球距离影响较小，导致并未发现两者之间相关性。图 4-17 为中日韩球员上杆阶段左膝关节角度变化折线图。

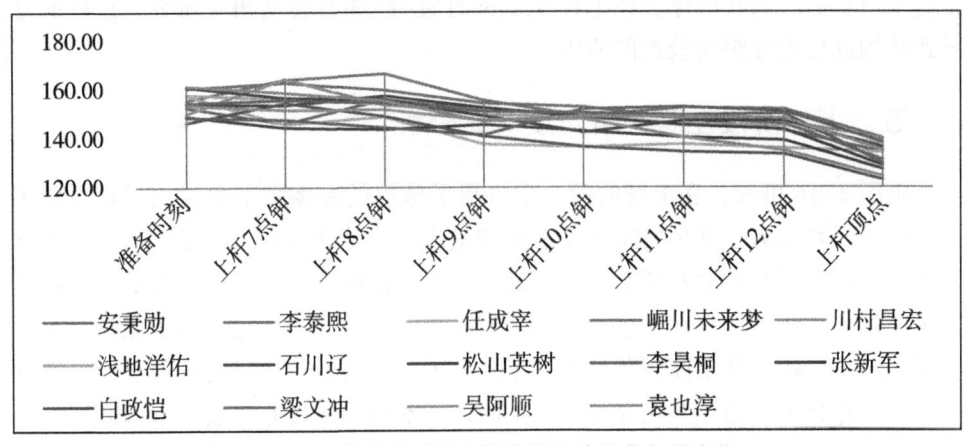

图 4-17　中日韩球员上杆阶段左膝关节角度变化

由图 4-17 可知，在上杆阶段，中日韩球员左膝关节角度变化较小，其中，在上杆 9 点钟，韩国球员安秉勋左膝关节角度最大，约为 155.73°，在上杆 9 点钟，我国球员白政恺左膝关节角度最小，约为141°。我国球员李昊桐左膝关节角度在上杆9点钟为141.43°，日本球员松山英树左膝关节角度在上杆9点钟为145.67°，但从上杆12点钟开始，各国球员左膝关节角度逐渐减小。本文虽未发现上杆过程中左膝关节角度变化与击球距离之间存在相关性，但球员左膝关节角度的变化对击球效果具有较大的影响（图4-18）。

综上可知，上杆阶段左膝关节角度变化较小，在上杆9点钟，我国球员左膝关节角度最小，韩国球员左膝关节角度较大，在上杆顶点，我国球员左膝关节角度小于日韩球员，浅地洋佑和李昊桐左膝关节角度在上杆9点钟相对较小，白政恺和袁也淳左膝关节角度在上杆顶点相对较小，这可能是影响球员击球距离小于日韩球员击球距离的原因之一（图4-19）。

(A) 李昊桐 上杆9点钟左膝关节角度为141.43°

(B) 吴阿顺 上杆9点钟左膝关节角度为147.48°

(C) 安秉勋 上杆9点钟左膝关节角度为155.73°

(D) 川村昌宏 上杆9点钟左膝关节角度为151.47°

图4-18　上杆9点钟中日韩球员左膝关节角度对比

(A) 白政恺 上杆顶点左膝关节角度为 122.92°

(B) 浅地洋佑 上杆顶点左膝关节角度为 134.31°

(C) 梁文冲 上杆顶点左膝关节角度为 129.94°

(D) 李泰熙 上杆顶点左膝关节角度为 134.44°

图 4-19 上杆顶点中日韩球员左膝关节角度对比

六、上杆阶段右膝关节角度对比分析

由图 4-20 可知，在上杆阶段，中国男子球员的右膝关节角度呈现出逐步上升的趋势，从准备时刻到上杆顶点，右膝关节角度增大了 4.04°，而日本男子球员的右膝关节角度整体上呈现上升趋势，但从准备时刻到上杆顶点，右膝关节角度只增大了 0.62°，韩国男子球员在上杆阶段的右膝关节角度整体高于中国和日本男子球员在上杆阶段的右膝关节角度。在上杆 8 点钟到上杆 11 点钟，韩国男子球员右膝关节角度变化较小，中国男子球员右膝关节角度在上杆 10 点钟到上杆顶点的变化较小。通过非参数性单因素方差分析检验，中日韩男子球员右膝关节角度变化在上杆阶段无显著差异。

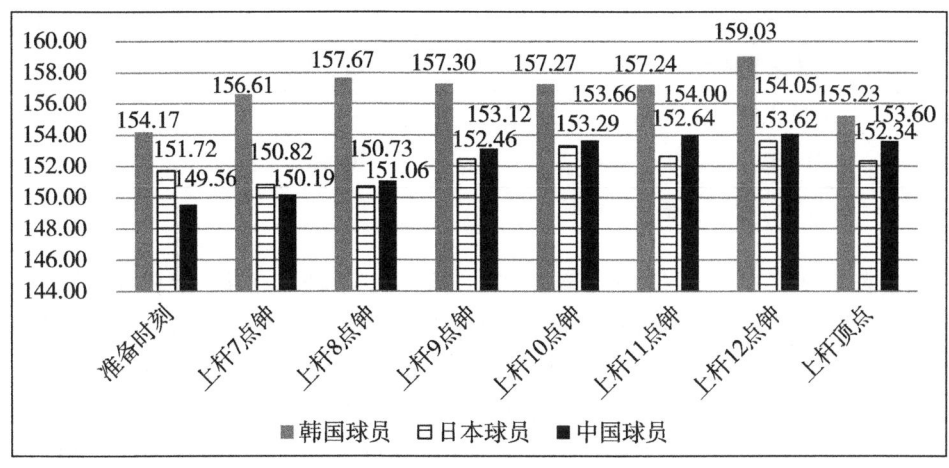

图4-20 中日韩男子球员上杆阶段右膝关节平均角度

由表4-8可知，中国男子球员在上杆中期和上杆后期的右膝关节角度变化最小，但在上杆前期右膝关节角度变化最大，而韩国球员在上杆中期和上杆后期右膝关节角度变化最大，其中日本球员在上杆过程中的右膝关节角度变化均小于中韩两国男子球员的右膝关节角度。在整个上杆阶段，韩国男子球员右膝关节角度变化最小，而中国男子球员的右膝关节角度变化最大。中国球员的起飞角度最大，而韩国男子球员的起飞角度最小。表4-9为上杆阶段右膝关节角度与起飞角度之间的相关性分析。

表4-8 中日韩球员上杆阶段右膝关节角度变化和起飞角度对比

球员国籍	上杆前期	上杆中期	上杆后期	上杆阶段	起飞角度
中国球员	3.56±4.01	0.93±2.09	−0.45±8.64	4.04±6.71	11.49±1.50
日本球员	0.74±7.20	1.16±5.61	−1.28±8.85	0.62±8.75	11.18±2.91
韩国球员	3.13±4.05	1.73±2.77	−3.8±6.83	1.05±4.25	10.08±2.46

表4-9 上杆阶段右膝关节角度与起飞角度之间的相关性分析

各时刻右膝关节角度	起飞角度
准备时刻	−0.692*
上杆7点钟	−0.775*
上杆8点钟	−0.600*
上杆10点钟	−0.565*
上杆11点钟	−0.604*

续表

各时刻右膝关节角度	起飞角度
上杆12点钟	-0.622*
上杆阶段	0.556*

注：* $P<0.05$，二者呈显著相关性。

由表4-9可知，中日韩男子球员在准备时刻、上杆7点钟、上杆8点钟、上杆10点钟、上杆11点钟和上杆12点钟右膝关节角度与球的起飞角度呈显著负相关（$P<0.05$），相关系数分别为-0.692、-0.775、-0.600、-0.565、-0.604和-0.622，即在这些时刻右膝关节角度越大，起飞角度越小。中日韩男子球员在整个上杆阶段右膝关节角度的变化与起飞角度呈显著正相关（$P<0.05$），相关系数为0.556，即在整个上杆阶段，右膝关节角度的变化越大，球的起飞角度越大。分析认为，球员在一号木准备时刻，站位宽度角度且球位更靠近于左脚，在上杆过程中，右膝关节角度逐渐增大，但在下杆时为了能更好地提高击球效率，右膝关节角度逐渐减小，身体倾斜角度加大，在击球时杆面角度更大，从而导致球的起飞角度更大。而日韩球员在准备时刻右膝关节角度均大于我国球员，因此在到达上杆顶点时角度变化较小，击球时右膝关节角度变化较小，从而影响球的起飞角度。在一号木挥杆过程中，每位球员右膝关节角度变化是不同的，图4-21中日韩为球员上杆阶段右膝关节角度折线图。

由图4-21可知，我国球员李昊桐在准备时刻右膝关节角度相对较小，为145.34°，日本球员川村昌宏在准备时刻右膝关节角度最小，为141.46°。在上杆9点钟，崛川未来梦右膝关节角度最大，约为169.19°，李昊桐右膝关节角度较小，约为142.52°。从上杆12点钟到上杆顶点右膝关节角度变化趋势来看，李泰熙、石川辽和袁也淳等球员的右膝关节角度逐渐减小，任成宰、松山英树和李昊桐等的右膝关节角度逐渐增大。但从整体上看，韩国球员右膝关节角度在上杆阶段变化较大，而我国球员和日本球员在上杆阶段右膝关节角度变化相对较小，这可能也是起飞角度较大的原因（图4-22）。

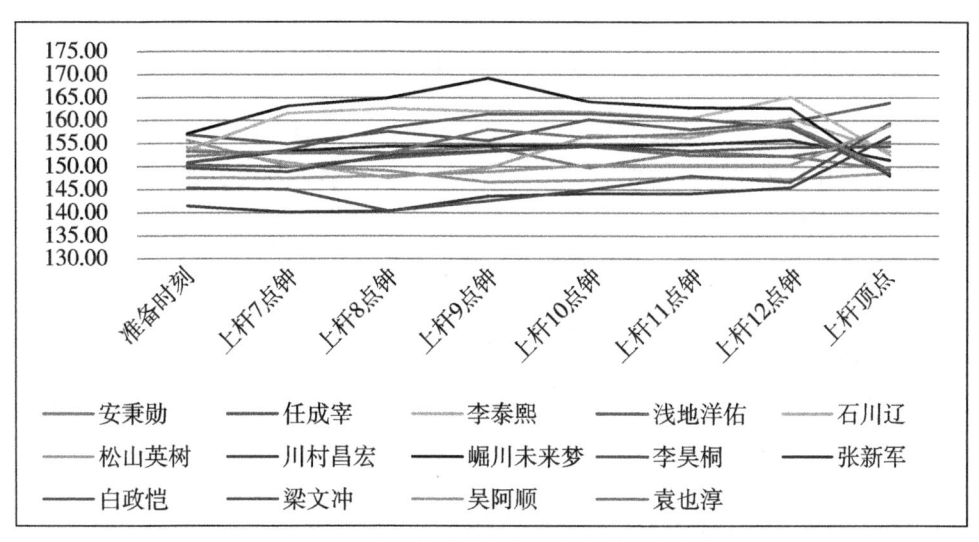

图 4-21 中日韩球员上杆阶段右膝关节角度

（A）白政恺 上杆顶点右膝关节角度为 148.4°

（B）浅地洋佑 上杆顶点右膝关节角度为 155.35°

（C）梁文冲 上杆顶点右膝关节角度为 154.35°

（D）李泰熙 上杆顶点右膝关节角度为 152.48°

图 4-22 上杆顶点中日韩球员右膝关节角度对比

七、上杆阶段重心在 x 轴上的移动距离对比分析

身体重心的合理改变会带来更好的运动效果,并且对良好的运动表现有着重要的影响。在高尔夫挥杆动作中,随着重心的改变,动作表现更加完善,并能够保证球员的挥杆动作高效进行。因此,在高尔夫运动中,重心的改变也是非常重要的。以下是在上杆阶段,身体重心在 x 轴、y 轴、z 轴上移动的对比分析。

由图 4-23 可知,在上杆 12 点钟,日本男子球员重心在 x 轴上开始向前移动,而中韩两国男子球员在上杆顶点时重心在 x 轴上开始向前移动,且中国球员在上杆顶点时重心在 x 轴上向前移动距离较大,韩国男子球员在上杆顶点时重心在 x 轴上向前移动距离均值为 (0.012±0.011) m。日本男子球员在上杆 7 点钟重心在 x 轴上向后移动的距离最大,中国男子球员在上杆 8 点钟、上杆 9 点钟和上杆 10 点钟重心在 x 轴上向后移动距离最大。

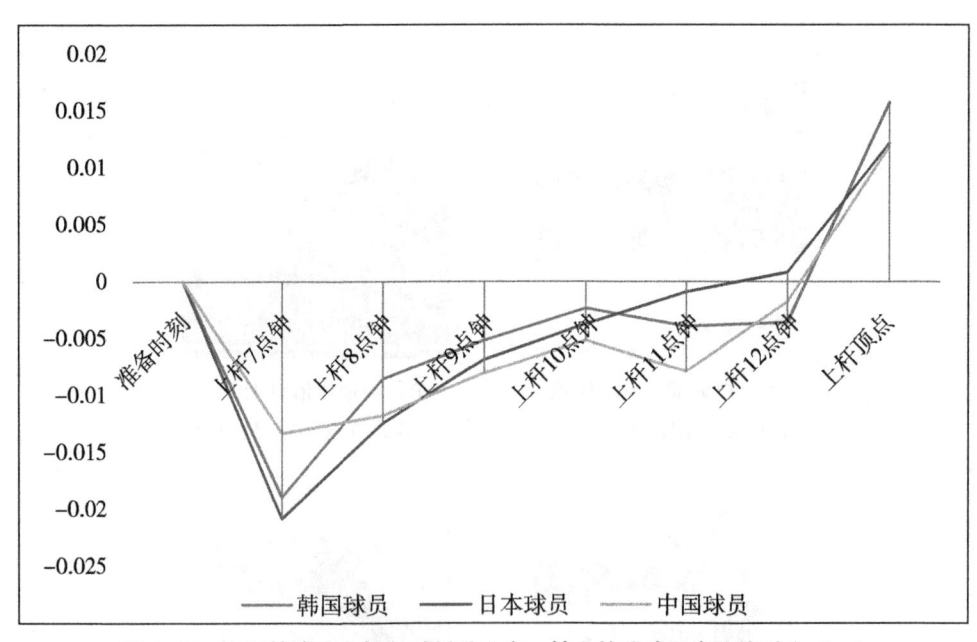

图 4-23 中日韩球员上杆各时刻重心在 x 轴上的移动距离均值对比 (m)

由表 4-10 可知,中日韩球员在上杆阶段重心在 x 轴上均向后移动,中国球员在上杆阶段重心在 x 轴上向后移动距离较大,均值为 (0.036±0.019) m。日本球员在上杆前期重心在 x 轴上向后移动距离最大,均值为 (0.040±0.033) m,中国球员在上杆中期重心在 x 轴上向后移动距离最大,均值为 (0.015±0.008) m。在上杆后期,中日韩球员重心在 x 轴上均向前移动,且韩国球员向前移动距

离较大。本研究虽未发现中日韩男子球员上杆阶段重心在 x 轴上移动距离之间存在显著差异,但在上杆阶段,中国球员重心在 x 轴上向后移动距离最大,与日韩两国男子球员存在差距。表 4-11 为上杆 9 点钟重心在 x 轴上移动距离与击球距离的相关性分析。

表 4-10 中日韩球员在各挥杆时刻重心在 x 轴上的移动距离对比（m）

球员国籍	上杆前期	上杆中期	上杆后期	上杆阶段
中国球员	−0.033±0.020	−0.015±0.008	0.012±0.011	−0.036±0.019
日本球员	−0.040±0.033	−0.004±0.005	0.012±0.013	−0.032±0.018
韩国球员	−0.033±0.020	−0.010±0.007	0.016±0.011	−0.027±0.030

表 4-11 上杆 9 点钟重心在 x 轴上的移动距离与击球距离相关性分析

重心在 x 轴上的移动距离	击球距离
上杆 9 点钟	0.645*

注：*表示 $P<0.05$，二者呈显著相关性。

由表 4-11 可知，中日韩男子球员在上杆 9 点钟的重心在 x 轴上移动距离与击球距离呈显著正相关（$P<0.05$），相关系数为 0.645，即在上杆 9 点钟的重心在 x 轴上向后移动的距离越大，击球距离越远。分析认为，在上杆 9 点钟的重心在 x 轴上向后移动距离越大，在上杆过程中髋部转动更为充分，保证在下杆时重心转移和髋部旋转，使得击球时发力更为充分，从而提高击球效率，增大击球距离。中国球员在上杆 9 点钟的重心在 x 轴上向后移动距离最大，但击球距离却小于日韩两国男子球员，说明在这一过程中，中国球员未能发挥这一优势，击球距离较小。因此，在后期训练中，我国球员应注意这一方面的训练，从而增加击球距离。

八、上杆阶段重心在 y 轴上的移动距离对比分析

由图 4-24 可知，在上杆 11 点钟，日本男子球员重心在 y 轴上开始向左移动，而中韩两国男子球员在上杆顶点的重心在 y 轴上开始向左移动，且日本球员在上杆顶点的重心在 y 轴上向左移动距离最大，而中国男子球员在上杆顶点的重心在 y 轴上向左移动距离最小。韩国男子球员在上杆 7 点钟的重心在 y 轴上向右移动距离最大，中国男子球员在上杆 8 点钟、上杆 9 点钟、上杆 10 点钟、上杆 11 点钟和上杆 12 点钟的重心在 y 轴上向右移动距离最大，日本球员在上杆 9 点钟的重心在 y 轴上向右移动距离最小。

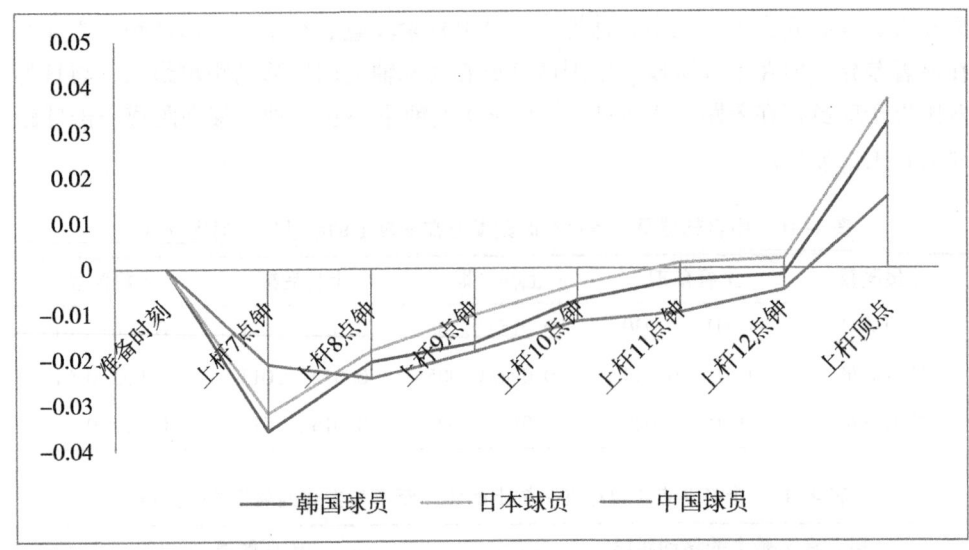

图 4-24　中日韩球员在上杆各时刻重心在 y 轴上的移动距离对比

由表 4-12 可知，中日韩球员在上杆阶段重心在 y 轴上均向右移动，中国球员在上杆阶段重心在 y 轴上向右移动距离较大，均值为（0.073±0.020）m。韩国球员在上杆前期重心在 y 轴上向右移动距离最大，均值为（0.072±0.011）m，而中国球员在上杆中期重心在 y 轴上向右移动距离最大，均值为（0.026±0.008）m。在上杆后期，中日韩球员重心在 y 轴上均向左移动，且日本球员向左移动距离较大。表 4-13 为重心在 y 轴上移动距离与挥速和球速相关性分析。

表 4-12　中日韩球员在各挥杆时刻重心在 y 轴上的移动距离对比

球员国籍	上杆前期	上杆中期	上杆后期	上杆阶段
中国球员	−0.063±0.020	−0.026±0.008	0.016±0.017	−0.073±0.020
日本球员	−0.060±0.010	−0.001±0.016	0.037±0.004	−0.032±0.022
韩国球员	−0.072±0.011	−0.011±0.015	0.032±0.014	−0.052±0.005

表 4-13　上杆各阶段重心在 y 轴上的移动距离与挥速和球速相关性分析

上杆阶段	挥速皮尔逊相关性	球速皮尔逊相关性
上杆中期	−0.557*	−0.631*
上杆阶段	−0.38	−0.537*

注：* $P<0.05$，呈显著相关性。

由表 4-13 可知，中日韩男子球员在上杆中期重心在 y 轴上向右移动距离与挥速呈显著负相关（$P<0.05$），相关系数为0.038，即在上杆中期重心在y轴上向右移动的距离越大，挥速越小。中日韩男子球员在上杆中期重心在y轴上向右移动距离与球速同样呈显著负相关（$P<0.05$），相关系数为0.016，即在上杆中期重心在y轴上向右移动的距离越大，球速越小。同时发现，在上杆阶段，中日韩球员重心在y轴上向右移动距离与球速呈显著负相关（$P<0.05$），相关系数为0.048，即在上杆阶段重心在y轴上向右移动的距离越大，球速越小。分析认为，在上杆过程中，重心在y轴上向右移动距离过大，不利于下杆过程中重心的转移，从而影响击球效率，降低球速。我国球员在上杆中期和上杆阶段重心在y轴上移动距离最大，这可能是我国球员球速和挥速较慢的重要原因，在后期训练中，我们可以通过改变重心在y轴上的移动距离，来改变我们的挥速和球速。

九、上杆阶段重心在z轴上的移动距离对比分析

由图4-25可知，在上杆8点钟，日本男子球员重心在z轴上开始向下移动，而中韩两国男子球员重心在z轴上均向上移动，且中国球员在上杆顶点的重心在z轴上向上移动距离最大，而日本男子球员在上杆顶点的重心在z轴上向上移动距离最小，韩国男子球员在上杆11点钟的重心在z轴上向上移动距离最大。从整体上看，中国球员重心在z轴上向上移动变化较小，韩国球员重心在z轴上向上移动变化较大，而日本球员则呈现出重心在z轴上先向上移动再向下移动，而后再向上移动的趋势。

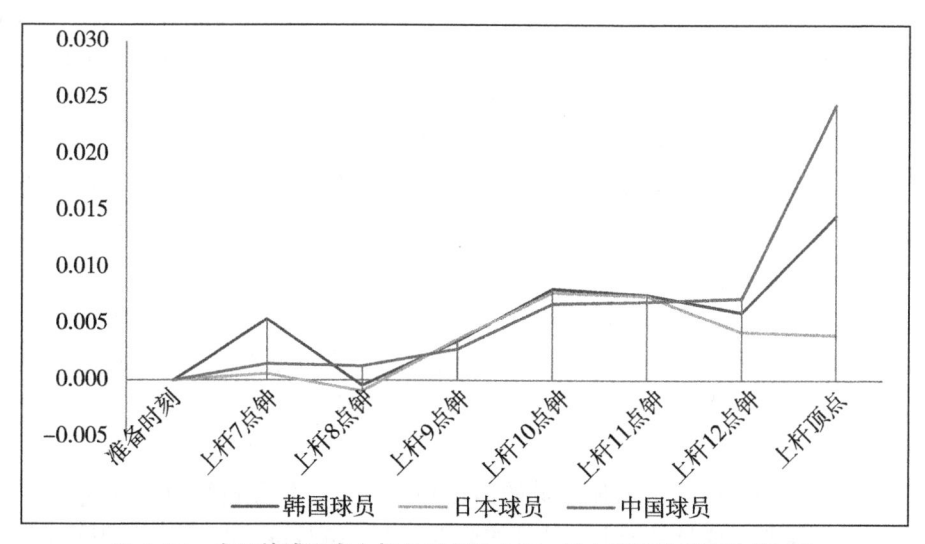

图4-25 中日韩球员在上杆各时刻重心在z轴上的移动距离均值对比

由表 4-14 可知，中日韩球员在上杆阶段重心在 z 轴上均向上移动，中国球员在上杆阶段重心在 z 轴上向上移动距离较大，均值为（0.051±0.009）m。韩国球员在上杆前期和上杆中期重心在 z 轴上向上移动距离最大，均值为（0.008±0.002）m 和（0.022±0.002）m，中国球员在上杆后期重心在 z 轴上向上移动距离最大，均值为（0.024±0.008）m。本研究虽未发现中日韩男子球员上杆阶段重心在 z 轴上移动距离之间存在显著差异，但在上杆阶段，中国球员重心在 z 轴上向上移动距离最大，与日韩两国男子球员有较大差距。表 4-15 为重心在 z 轴上移动距离与挥速相关性分析。

表 4-14　中日韩球员在各挥杆时刻重心在 z 轴上的移动距离对比

球员国籍	上杆前期	上杆中期	上杆后期	上杆阶段
中国球员	0.005±0.006	0.021±0.006	0.024±0.008	0.051±0.009
日本球员	0.003±0.009	0.019±0.004	0.004±0.017	0.027±0.017
韩国球员	0.008±0.002	0.022±0.002	0.015±0.006	0.045±0.006

表 4-15　上杆中期重心在 z 轴上的移动距离与挥速相关性分析

重心在 z 轴上的移动距离		挥速
上杆中期	皮尔逊相关性	0.542*

注：*表示 $P<0.05$，二者呈显著相关性。

由表 4-15 可知，中日韩球员在上杆中期重心在 z 轴上的移动距离与挥速呈显著正相关（$P<0.05$），相关系数为 0.045，即在上杆中期重心在 z 轴上向上移动的距离越大，挥速越大。中韩两国球员在上杆中期重心在 z 轴上的移动距离相对较大，这是影响中韩男子球员挥速的重要原因之一。

球员性别、年龄、体型不同，以及上下肢的长短不同，都会影响人体重心的位置。而徐华雨研究发现，准备时刻重心位置与身高存在正相关关系，身高越高，准备时刻重心位置就越高。在上杆过程中，左膝关节角度变小，右膝关节角度变大，而肩-髋只是向后转动，因此，在上杆前期，重心在 z 轴上的变化不大，而在上杆中期，由于手臂举起球杆到达身体上方，上杆顶点的重心在准备时刻的重心之上。在上杆中期，重心在 z 轴上的移动距离越大，下杆时能够更好地积蓄力量，从而增大击球瞬间杆头速度。但在这一过程中，因为球员身高的不同，重心位置也会不同，但为了增加球员的击球稳定性，所使用的球杆也必须有所不同。这也是需要为球员量身定制球杆的原因，也提醒教练员在球员的训练过程中应因材施教。

第五节 一号木下杆阶段运动学参数分析

一、下杆阶段用时对比分析

由图4-26可知，与上杆各阶段用时相比，中日韩球员下杆各阶段用时均值差异较小。在下杆前期，韩国球员用时最大，均值为0.170s，日本球员下杆前期用时最少，均值为0.152s，而中国球员下杆前期用时均值为0.156s。下杆中期用时和下杆后期用时接近，均值差值在0.001s。在整个下杆过程中，韩国球员下杆用时最多，日本球员下杆用时最少。对下杆各阶段进行相关性检验发现，下杆后期用时与挥速和球速之间具有显著相关性，未发现下杆前期用时和下杆中期用时具有相关性。表4-16为下杆后期用时与挥速和球速的相关性分析。

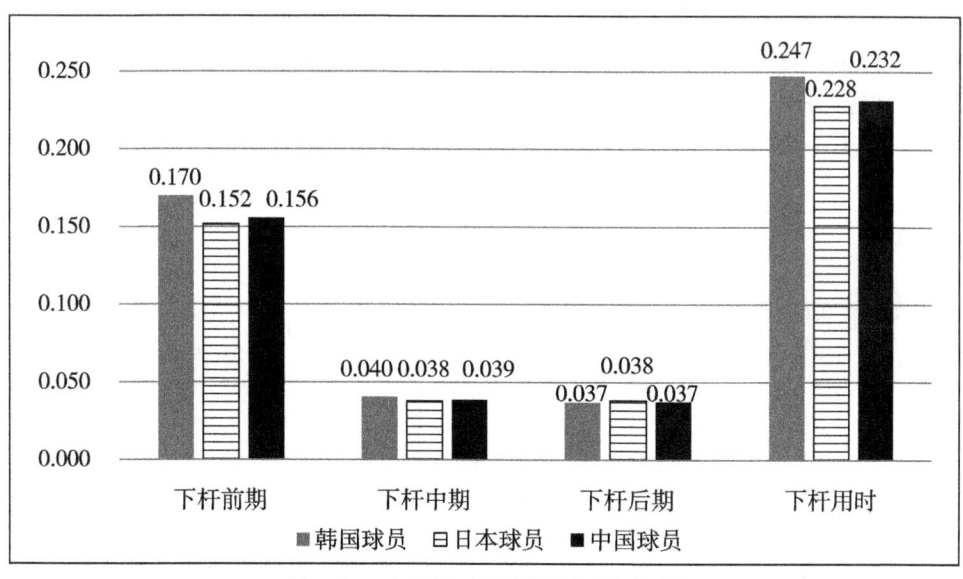

图4-26 中日韩球员下杆阶段用时对比

由表4-16可知，中日韩男子球员下杆后期用时均值为（0.038±0.002）s，挥速的均值为（115.89±3.35）m/s，球速的均值为（170.13±6.53）m/s。中日韩男子球员下杆后期用时与挥速呈显著负相关（$P<0.05$）。在同样条件下，下杆后期用时越短，挥速越大；下杆后期用时越长，挥速越小。中日韩男子球员在下杆后期用时与球速同样具有显著相关性（$P<0.05$），两者呈显著负相关，即下杆后期用时越少，球速越快；下杆后期用时越长，球速越小。分析认为，下杆后期时球杆的杆头距离球最近，当球员完成击球，且杆头通过的路程一样时，下杆后期用时越

少,挥速就越大,下杆后期用时通过影响挥速,进而影响球速,使得球速增大。

表 4-16 下杆后期用时与挥速和球速的相关性分析

下杆后期用时/s		挥速/ (m/s)		球速/ (m/s)	
相关参数	相关性	相关参数	相关性	相关参数	相关性
0.038±0.002		115.89±3.35	−0.719*	170.13±6.53	−0.697*

注:*表示 $P<0.05$,二者呈显著相关性。

综上所述,在下杆阶段主要是为了迅速完成击球,因此需要的下杆用时就很少。我国球员和韩国球员在下杆后期用时最少,但我国球员球速却小于韩国球员球速,而挥速大于韩国球员挥速。这可能是由于在上杆过程中,我国球员用时较少,致使身体重心不稳定,从而影响了击球效果,虽然挥速大,但是杆头作用到球上的力减小,从而影响了球速。有研究表明,多数优秀球员都保持上杆用时长,下杆用时短的挥杆节奏。因此,我国球员在后期训练中,可以通过改变上杆用时,保持身体重心稳定,从而能保证下杆时充分发挥身体力量,以改变挥速和球速,增大击球距离。图 4-27 为每个球员下杆阶段用时柱形图。

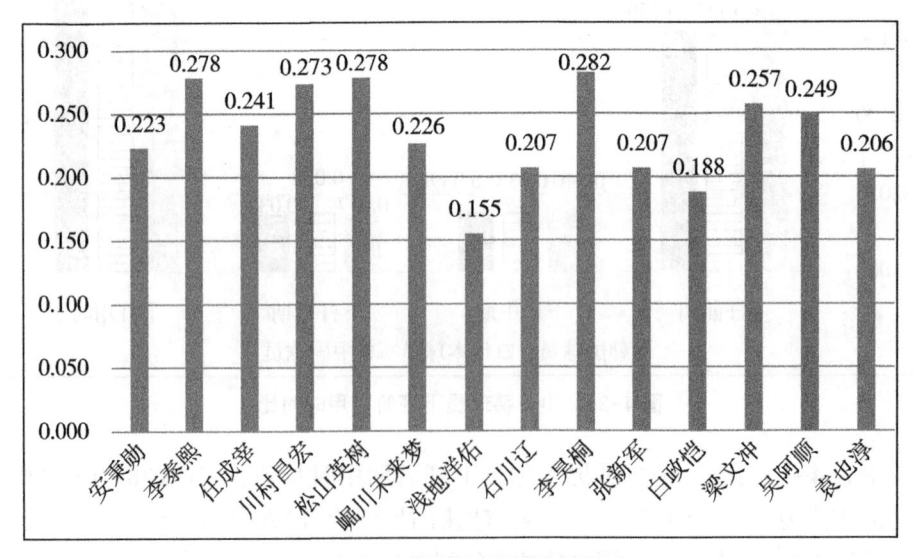

图 4-27 各国球员下杆阶段用时

由图 4-27 可知,我国球员李昊桐在下杆阶段挥杆用时较多,约为 0.282s,而白政恺在下杆阶段用时较少,约为 0.188s,在韩国球员中,上杆阶段挥杆用时较多的是李泰熙,约为 0.278s,用时较少的是安秉勋,约为 0.223s,日本球员松山英树在上杆阶段挥杆用时较多,约为0.278s,而用时较少的是浅地洋佑,约为0.155s。整体来看,中日韩球员在下杆阶段用时相差不大,都是用较少的下杆时间去完成击球,保证下杆时能迅速完成动作,击球时产生较大的力量,从而增大挥速和球速。

二、下杆阶段肩转动角度对比分析

由表4-17可知,在上杆顶点到下杆12点钟,肩开始向目标方向转动,其中日本球员肩向目标方向转动角度最大,中国球员最小。在下杆10点钟,韩国球员肩转动角度更远离目标方向,而在下杆7点钟,相对于中国球员,韩国球员肩转动角度更接近于目标方向,日本球员在下杆7点钟的肩转动角度相比中韩球员,更接近目标方向,均值为0.42°±13.50°。从整个下杆阶段来看,中日韩优秀男子球员肩转动的角度均值在逐渐减小,逐渐向目标方向靠近,而日本球员从下杆12点钟开始,直到下杆7点钟,肩转动角度相比中韩球员更接近目标方向。而中国球员从整体上来看,肩转动角度更远离目标方向。本研究发现,肩在下杆各时刻转动角度与挥速和球速具有显著相关性。

表4-17 中日韩球员下杆阶段肩转动平均角度对比

挥杆时刻	中国球员	日本球员	韩国球员
上杆顶点	−106.0±11.1	−107.5±11.1	−107.7±8.3
下杆12点钟	−43.93±8.18	−42.37±9.98	−43.2±6.14
下杆11点钟	−37.21±6.87	−32.61±9.82	−38.32±6.4
下杆10点钟	−31.05±7.14	−25.88±10.55	−32.4±7.17
下杆9点钟	−25.10±7.37	−17.89±12.12	−24.37±7.71
下杆8点钟	−17.26±7.83	−7.57±14.30	−13.30±4.64
下杆7点钟	−10.98±8.18	−0.42±13.50	−4.73±6.32

由表4-18可知,中日韩球员在下杆11点钟、下杆10点钟、下杆9点钟、下杆8点钟和下杆7点钟的肩转动角度与挥速均呈显著正相关($P<0.05$),相关系数分别为0.553、0.642、0.692、0.713和0.656,即在各下杆时刻肩转动角度越远离目标方向,挥速就越大。中日韩球员在下杆11点钟、下杆10点钟、下杆9点钟、下杆8点钟和下杆7点钟的肩转动角度与球速均呈显著正相关($P<0.05$),相关系数分别为0.594、0.605、0.623、0.599、0.543,即在各下杆时刻肩转动角度越远离目标方向,球速就越大。分析认为,在下杆过程中,为增大杆头速度,需进行"延迟释放",在球员进行"释放"时,肩向目标方向转动得越少,越有利于球员释放力量,从而更好地表现"鞭打原理"。中国球员在各时刻

肩转动角度越远离目标方向,挥速越大,从而表现出中国球员在这一过程力量释放得更为充分,但可能由于击球过程中效率不高,使得球速较低,未能很好地发挥出这一优势。图4-28为中日韩球员下杆时肩转动角度对比。

表4-18 下杆各时刻肩转动角度与挥速球速相关性分析

各时刻肩转动 角度	挥速 皮尔逊相关性	球速 皮尔逊相关性
下杆11点钟	0.553*	0.594*
下杆10点钟	0.642*	0.605*
下杆9点钟	0.692*	0.623*
下杆8点钟	0.713*	0.599*
下杆7点钟	0.656*	0.543*

注:* 表示 $P<0.05$,二者呈显著相关性。

由图4-28和图4-29可知,下杆11点钟,日本球员石川辽的肩转动角度更靠近目标方向,在下杆10点钟,日本球员松山英树的肩转动角度远离目标方向,我国球员李昊桐在下杆7点钟的肩转动角度远离目标方向,使肩-髋相对转动角度增大,能在击球瞬间更好地发力,从而使挥速和球速变大。在下杆8点钟,日本球员川村昌宏和浅地洋佑的肩转动角度更接近目标方向,其他球员的肩转动角度均远离目标方向,在下杆8点钟时肩的转动已完成,使下杆阶段肩-髋相对转动角度变小,发力不充分,从而导致日本球员挥速和球速较小。

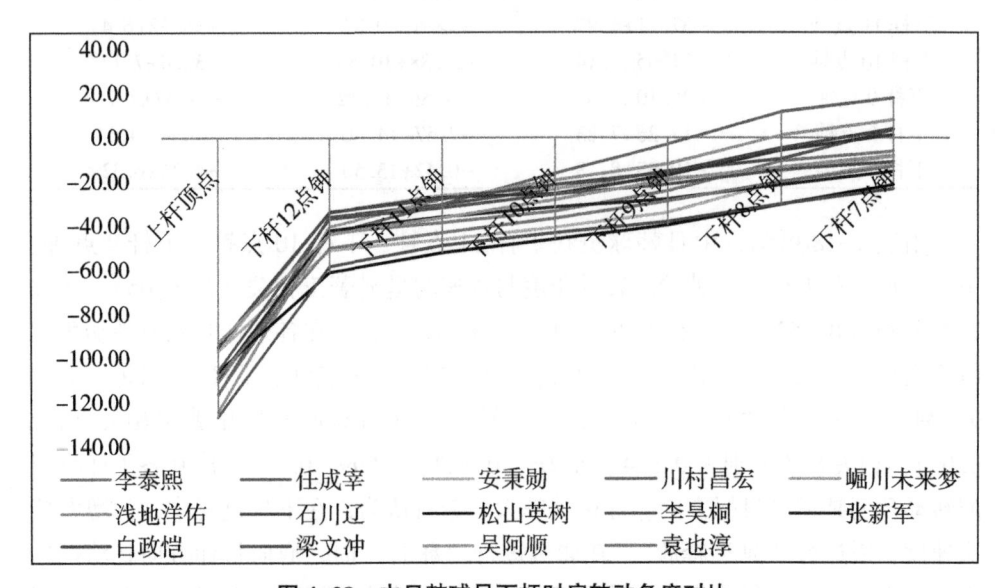

图4-28 中日韩球员下杆时肩转动角度对比

(A) 李昊桐 下杆 9 点钟肩转动角度为 -37.96°

(B) 袁也淳 下杆 9 点钟肩转动角度为 -28.69°

(C) 任成宰 下杆 9 点钟肩转动角度为 -35.01°

(D) 松上英树 下杆 9 点钟肩转动角度为 -39.54°

图 4-29　下杆 9 点钟中日韩球员肩转动角度对比

三、下杆阶段髋转动角度对比分析

由表 4-19 可知，在上杆顶点到下杆 12 点钟，中国球员在这一过程髋向目标方向转动角度变化较大，而日本球员在这一阶段髋向目标方向转动角度变化较小。在下杆 12 点钟，中日球员的髋转动角度更靠近目标方向，而韩国球员的髋转动角度在下杆 12 点钟更远离目标方向。从下杆 9 点钟开始，韩国球员的髋转动角度相对于中国球员来说逐渐靠近目标方向，而日本球员的髋转动角度从下杆开始就更靠近目标方向。

表 4-19 中日韩球员下杆阶段髋转动平均角度对比

球员	中国球员	日本球员	韩国球员
上杆顶点	-38.16±0.35	-31.94±6.26	-35.31±0.13
下杆 12 点钟	1.15±6.88	5.06±8.30	-5.03±20.18
下杆 11 点钟	4.11±6.12	13.72±14.24	0.47±23.92
下杆 10 点钟	7.39±5.63	18.26±12.89	6.16±27.63
下杆 9 点钟	12.07±6.64	22.82±17.15	13.12±31.12
下杆 8 点钟	20.64±3.70	33.63±16.60	23.07±26.96
下杆 7 点钟	30.87±5.57	41.68±16.95	32.12±22.87

综上所述，在下杆初始阶段，髋转动是挥杆发力的开始，带动肩膀旋转产生扭力，扭力越大，越有利于增加击球距离。我国球员在上杆顶点到下杆 12 点钟，髋转动角度变化最大，但我国球员却没能很好地发挥优势，从而增加击球距离。分析认为，可能是由于我国球员在上杆顶点髋向远离目标方向转动角度较大，从而影响了肩-髋之间的扭力，进而影响了击球效果，使得击球距离减少。因此，我国球员可以在后期训练中根据自身条件，通过改变上杆顶点髋转动角度，或保持在上杆顶点到下杆 12 点钟时的髋转动角度变化，发挥出我国球员自身优势，会带来意想不到的收获。图 4-30 为中日韩球员下杆阶段髋转动角度折线图。

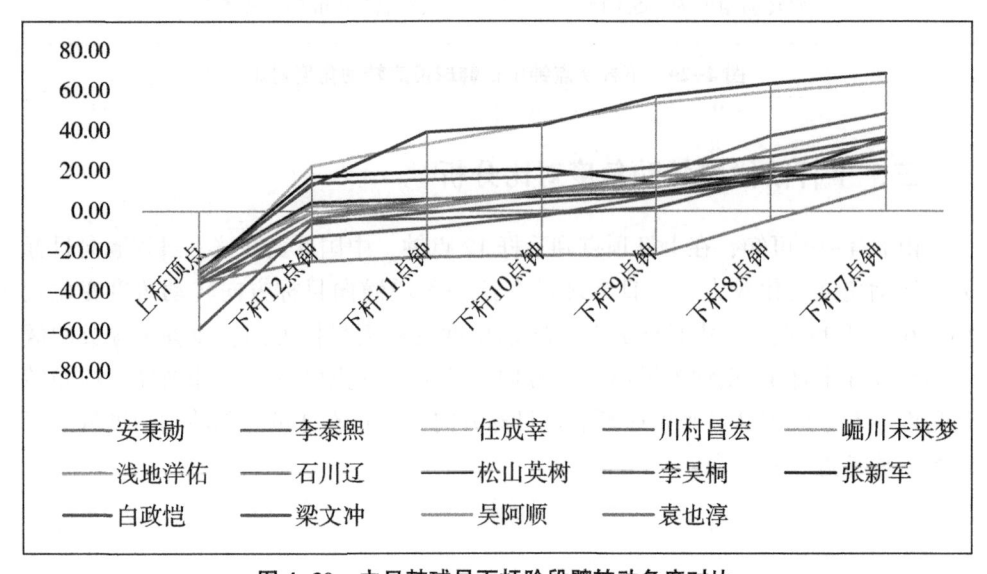

图 4-30 中日韩球员下杆阶段髋转动角度对比

由图 4-30 和图 4-31 可知，从上杆顶点到下杆 12 点钟，髋转动角度变化较大的是韩国球员任成宰，变化角度约为 57.74°，而我国球员李昊桐在这一阶段髋转动角度变化值约为 52.8°。而髋转动角度较小的是韩国球员安秉勋，变化角度约为 10.43°，日本球员浅地洋佑变化角度约为 22.72°，中国球员梁文冲变化角度约为 32°。在下杆过程中，发力是由髋先启动，然后带动其他部位完成击打动作。在下杆 9 点钟，日本球员安秉勋的髋转动角度远离目标方向，其余球员均靠近目标方向，在下杆 7 点钟，石川辽的髋转动角度更接近目标方向，说明在这一时刻，其髋转动更为充分，能将下杆时鞭打动作完成得更为充分。

(A) 李昊桐 下杆 9 点钟 髋转动角度为 8.11°

(B) 安秉勋 下杆 9 点钟 髋转动角度为 −21.86°

(C) 任成宰 下杆 9 点钟 髋转动角度为 53.74°

(D) 松上英树 下杆 9 点钟髋转动角度为 14.38°

图 4-31 下杆 9 点钟中日韩球员髋转动角度对比

四、下杆阶段肩-髋相对转动角度对比分析

由表4-20可知，在下杆阶段，中日韩球员肩-髋相对转动角度呈现出先减小后增大的趋势，但韩国球员的肩-髋相对转动角度变化不明显。在肩-髋相对转动角度平均值方面，日本球员在下杆阶段肩-髋相对转动角度大于中韩球员的肩-髋相对转动角度。在下杆10点钟和下杆9点钟，中国球员的肩-髋相对转动角度较小，而韩国球员在其他下杆肩-髋相对转动角度较小。通过相关性分析发现，各下杆阶段肩-髋相对转动角度与挥速和击球距离具有显著相关性，见表4-21。

表4-20 中日韩球员下杆阶段肩-髋相对转动平均角度对比

挥杆时刻	中国球员	日本球员	韩国球员
上杆顶点	−67.82±7.18	−75.59±6.13	−72.43±8.40
下杆12点钟	−45.08±7.49	−47.43±15.99	−38.17±14.42
下杆11点钟	−41.32±8.56	−46.33±18.50	−38.79±17.81
下杆10点钟	−38.44±9.12	−44.14±18.98	−38.56±20.54
下杆9点钟	−37.17±9.49	−40.72±20.16	−37.49±23.51
下杆8点钟	−37.90±8.74	−41.20±15.75	−36.37±23.52
下杆7点钟	−41.85±10.14	−42.09±13.05	−36.85±16.79

由表4-21可知，在下杆11点钟、下杆10点钟和下杆7点钟，肩-髋相对转动角度与挥速呈显著正相关（$P<0.05$），即在这些时刻，肩-髋相对转动角度越大，挥速越大。在下杆11点钟、下杆10点钟、下杆9点钟、下杆8点钟和下杆7点钟，肩-髋相对转动角度与击球距离呈显著正相关（$P<0.05$），即在各下杆阶段，肩-髋相对转动角度越大，击球距离越远。分析认为，在下杆过程中，髋部先转动，然后带动肩部进行转动，此时肩向目标方向转动落后于髋向目标方向转动，肩-髋的扭力增大，使鞭打动作更为充分，从而增大击球效果。日本球员在各阶段肩-髋相对角度较大，但并没能很好地发挥这一特点，使得挥速和击球距离较小，而韩国球员在这些阶段的肩-髋相对转动角度较小，但其击球距离却远大于中日球员，可能是因为在这一过程中韩球员的转动更为充分，击球效率更高，使击球距离较远。我国球员在后期训练中，可对球员动作进行纠正，帮助其找到适合自身的旋转角度，从而增加挥速和击球距离。在这一过程中，每位球员的肩-髋相对转动角度均不相同，见图4-32。

表 4-21 下杆各阶段肩-髋相对转动角度与挥速和击球距离相关性分析

挥杆时刻	挥速	击球距离
下杆 11 点钟	0.583*	0.652*
下杆 10 点钟	0.556*	0.633*
下杆 9 点钟	0.495	0.588*
下杆 8 点钟	0.532	0.583*
下杆 7 点钟	0.587*	0.586*

注：*表示 $P<0.05$，二者呈显著相关性。

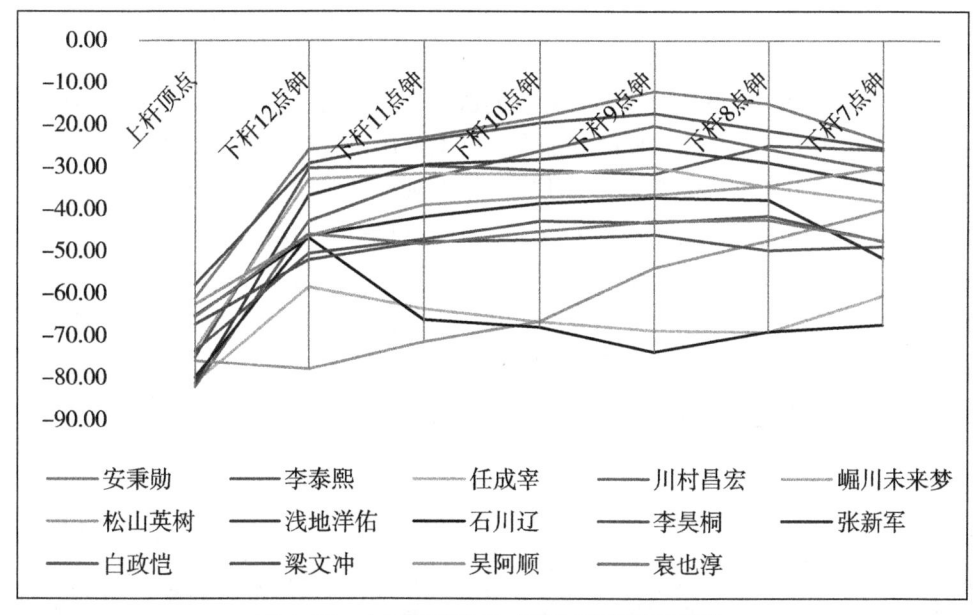

图 4-32 中日韩球员肩-髋相对转动角度对比

由图 4-32 可知，在下杆 12 点钟时，韩国球员安秉勋的肩-髋相对转动角度最小，约为 22.96°，日本球员松山英树在下杆 12 点钟的肩-髋相对转动角度最大，约为 77.93°，而我国球员白政恺和李昊桐在下杆 12 点钟的肩-髋相对转动角度较大，分别为 50.53°和 52.07°，在下杆 12 点钟，肩转动角度小于髋转动角度。在下杆 9 点钟，我国球员李昊桐的肩-髋相对转动角度为 46.07°，大于日本球员松山英树的肩-髋相对转动角度，小于韩国球员任成宰的肩-髋相对转动角度。在下杆 7 点钟，韩国球员肩-髋相对转动角度小于中日两国球员肩-髋相对转动角度。在下杆 7 点钟，我国球员李昊桐的肩-髋相对转动角度大于日本球员松山英树的肩-髋相对转动角度，小于韩国球员任成宰的肩-髋相对转动角度。在下杆

11点钟、下杆10点钟、下杆9点钟、下杆8点钟和下杆7点钟，肩-髋相对转动角度与挥速和击球距离呈正相关，而我国各球员在下杆阶段肩-髋相对转动角度较小，这可能是导致我国球员击球距离较近的原因。

五、下杆阶段左膝关节角度对比分析

由图4-33可知，在下杆阶段，中日韩男子球员的左膝关节角度均呈现出逐渐增大的趋势。在下杆7点钟，日本男子球员的左膝关节角度最大，在下杆12点钟，中国男子球员的左膝关节角度最小。从下杆10点钟开始，中日韩男子球员左膝关节角度变化较为平缓，各时刻之间差值较小，从下杆12点钟到下杆7点钟，左膝关节角度变化最大的是中国男子球员，变化最小的为韩国球员。在一号木挥杆过程中，在上杆阶段重心侧移，左腿起到重要的支撑作用，此时左膝就如弹簧一样蓄力，为下杆阶段释放力量创造更大的空间。在下杆阶段，球员蹬地发力，力量由下往上传递，此时施加在左膝上的压力就如弹簧上的压力得到解除一样，左膝关节角度逐渐增大。本研究并未发现中日韩球员在下杆阶段左膝关节角度变化与挥速之间存在显著相关性。在下杆过程中，中国球员左膝关节角度变化较大，且挥速较大，分析认为，在上杆阶段，中国球员左膝蓄力充分，下杆时蹬地发力，能够保证力量更好地释放，并传递到杆头，进而增大挥速。但对于大部分球员来说，可以通过调整挥杆动作来提高击球效率，但不能单一改变某一阶段的角度，这样不利于球员技术的提高。图4-34为中日韩球员在下杆阶段左膝关节平均角度折线图。

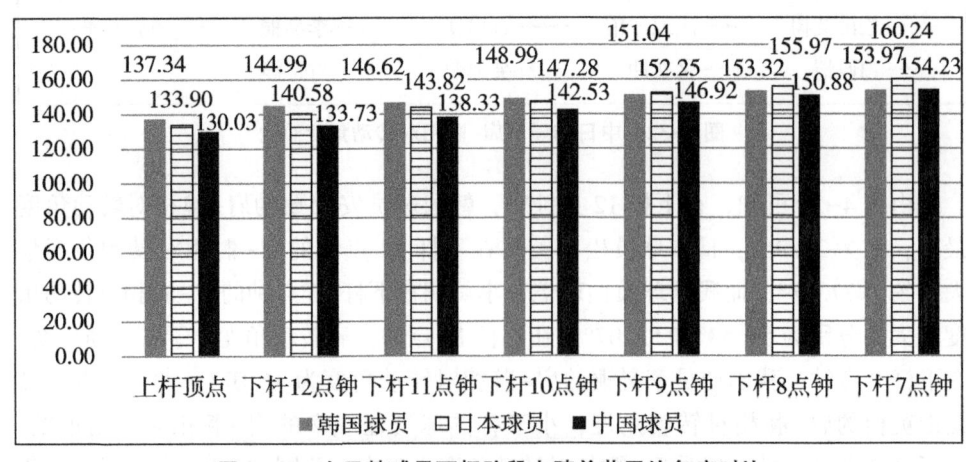

图4-33 中日韩球员下杆阶段左膝关节平均角度对比

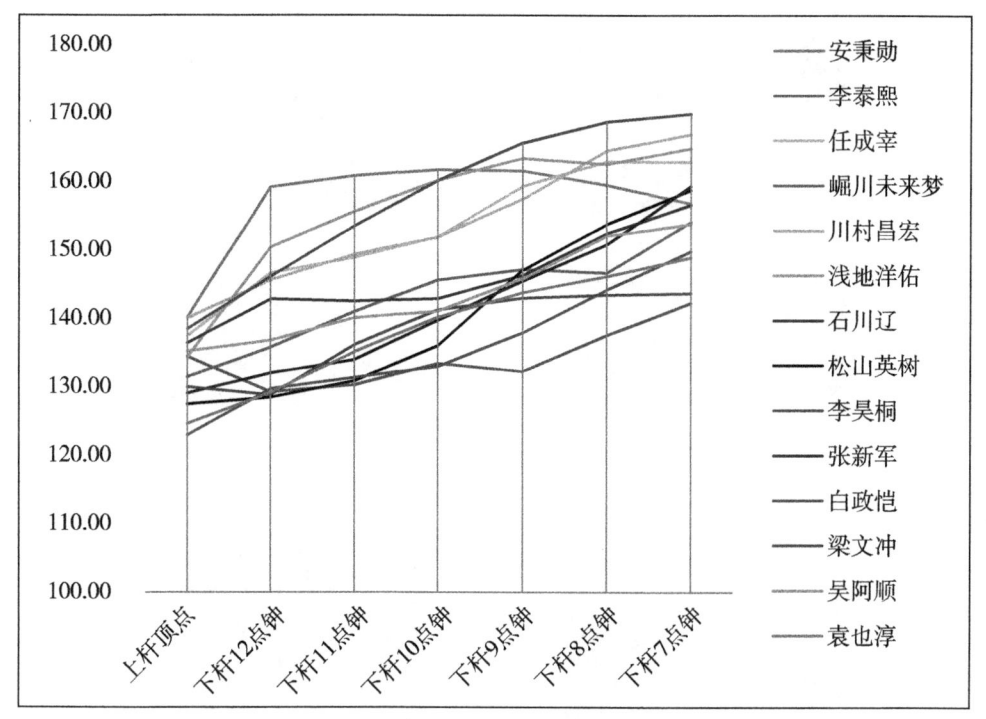

第四章 中日韩优秀男子高尔夫球员一号木全挥杆技术运动学分析

图 4-34 中日韩球员下杆阶段左膝关节角度对比

由图 4-34 和图 4-35 可知，从上杆顶点到下杆 12 点钟，球员左膝关节角度增大，而韩国球员李泰熙左膝关节角度在这一阶段减小，在下杆 9 点钟，我国球员李昊桐左膝关节角度最大，约为 165.63°，左膝关节角度较小的为李泰熙，约为 132.26°。在下杆 7 点钟，我国球员李昊桐的左膝关节角度最大，与准备时刻相比，中日韩球员在下杆 7 点钟的左膝关节角度均增大，能保证击球瞬间杆头力量更好地释放，使得击打更有效，从而增加击球距离。但从整体上来看，李昊桐、任成宰和松山英树在下杆阶段的左膝关节角度均缓慢增加，变化趋势较小，李泰熙和浅地洋佑在下杆阶段的左膝关节角度呈现先增后减再增大的趋势。

(A) 李昊桐 下杆 9 点钟
左膝关节角度为 165.63°

(B) 李泰熙 下杆 9 点钟
左膝关节角度为 132.26°

(C) 任成宰 下杆 9 点钟
左膝关节角度为 159.33°

(D) 浅地洋佑 下杆 9 点
钟左膝关节角度为 163.41°

图 4-35 下杆 9 点钟中日韩球员左膝关节角度对比

综上所述，从上杆顶点到下杆 12 点钟，左膝关节角度变化较大的原因是球员蹬地发力，如安秉勋和浅地洋佑都是在这一阶段充分蹬地，从而传递力量，而其余球员则是缓慢地蹬地发力，左膝关节角度缓慢增大，以保证蹬地发力充分，使击球距离增加。每位球员发力顺序相同，发力时间不同并不影响球员充分发力，但在这一过程中可能会失去更多动能，从而减少作用于杆头的力量，减少击球距离。

六、下杆阶段右膝关节角度对比分析

由图 4-36 可知，在下杆阶段，中日韩男子球员的右膝关节角度均呈现出逐步上升的趋势，其中中国球员在下杆阶段的右膝关节角度稳定性最好，但从下杆 12 点钟到下杆 7 点钟，日本球员下杆阶段的右膝关节角度低于中韩球员的右膝关节角度，韩国球员下杆阶段的右膝关节角度最大。从上杆顶点到下杆 12 点钟，日本球员右膝关节角度变化最大，且在下杆中期右膝关节角度变化较大，而中国球员右膝关节角度变化较小。而在下杆 9 点钟，韩国球员右膝关节角度最大。本研究未发现中日韩球员在下杆各阶段的差异，仅发现在下杆中期，右膝关节角度与挥速和击球距离具有显著相关性，见表 4-22。

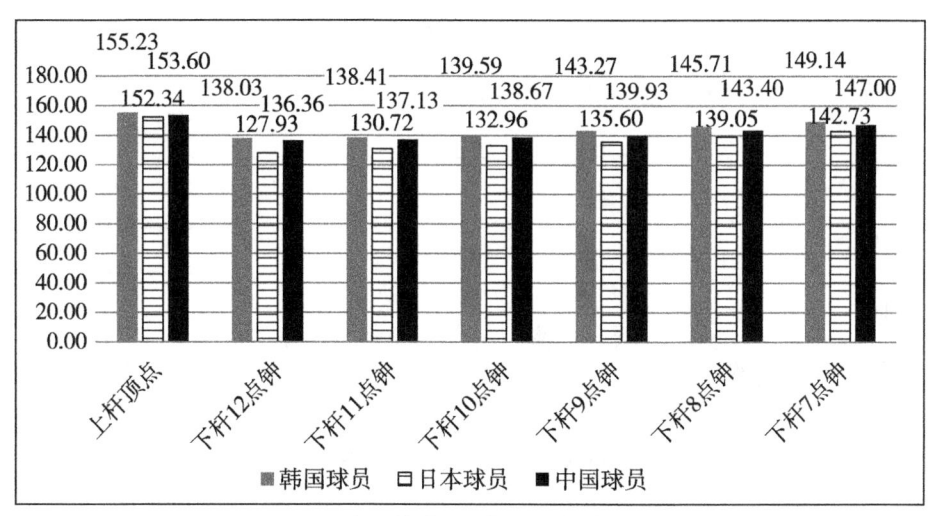

图 4-36 中日韩球员下杆阶段右膝关节角度

表 4-22 下杆中期右膝关节角度变化与挥速和击球距离相关性分析

右膝角度变化	挥速	击球距离
下杆中期	0.558*	0.591*

注：*表示 $P<0.05$，二者呈显著相关性。

由表 4-22 可知，中日韩球员在下杆中期右膝关节角度与挥速呈显著正相关（$P<0.05$），相关系数为 0.038，即在下杆中期右膝关节角度变化越大，挥速越大。在下杆中期，右膝关节角度与击球距离呈显著正相关（$P<0.05$），相关系数为 0.026，即在下杆中期右膝关节角度变化越大，击球距离越大。分析认为，球员发力顺序为由下到上，在下杆 12 点钟，球员右膝关节角度最小，此时是最好

的发力时机，在下杆中期，球员开始蹬地发力，右膝关节角度逐渐增大，下杆时力量得到充分释放，进而传递到杆头，导致杆头速度增大。而随着杆头速度增大，其作用在球上的力量增大，击球距离也逐渐增大。今后在我国球员的训练中，可以通过找到合适的发力时机，改变下杆中期球员右膝关节角度，从而增大挥速和击球距离。图4-37为中日韩球员下杆阶段右膝关节角度折线图。

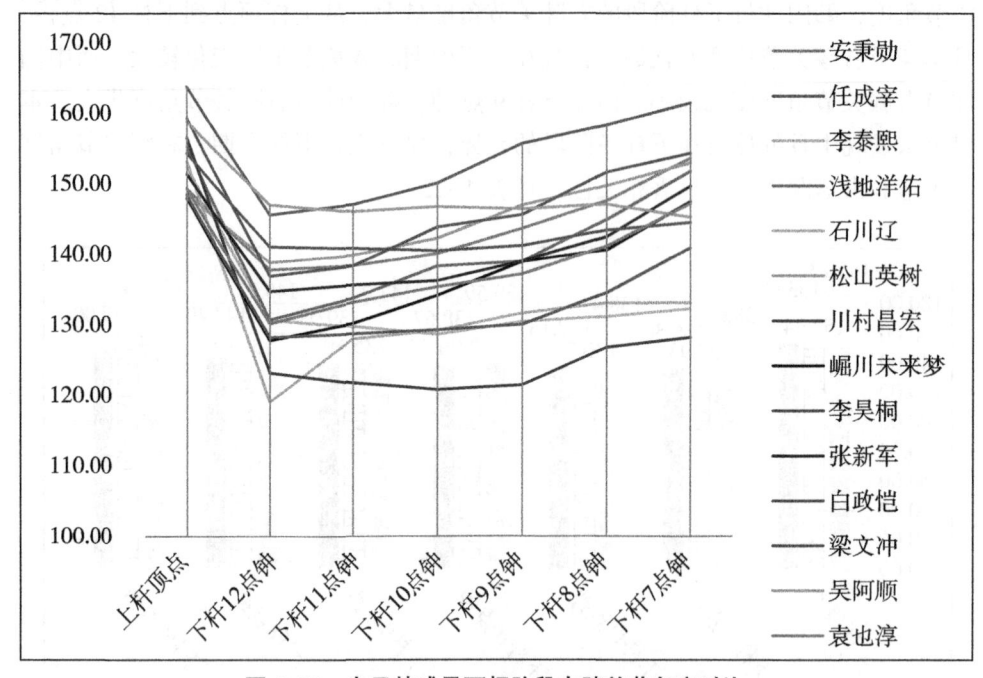

图4-37　中日韩球员下杆阶段右膝关节角度对比

由图4-37和图4-38可知，从上杆顶点到下杆12点钟，球员右膝关节角度逐渐减小，在下杆9点钟，韩国球员任成宰的右膝关节角度最大，约为155.69°，日本球员川村昌宏的右膝关节角度较小，约为121.49°。在下杆7点钟，我国球员李昊桐的右膝关节角度为154.33°，与准备时刻相比，右膝关节角度增大，韩国球员安秉勋和任成宰在此阶段的右膝关节角度较准备时刻增大，而其余球员的右膝关节角度减小。但从整体上来看，中日韩球员下杆阶段右膝关节角度缓慢增加，变化趋势较小，只有我国球员吴阿顺下杆阶段的右膝关节角度呈现减小趋势。

(A) 李昊桐 下杆 12 点钟右膝关节角度为 136.89°

(B) 川村昌宏 下杆 12 点钟右膝关节角度为 123.20°

(C) 任成宰 下杆 12 点钟右膝关节角度为 145.64°

(B) 松上英树 下杆 12 点钟右膝关节角度为 138.86°

图 4-38　中日韩球员下杆 12 点钟右膝关节角度对比

综上所述，从上杆顶点到下杆 12 点钟，右膝关节角度变化较大的原因是球员蹬地发力，如日本球员川村昌宏在这一阶段的右膝关节角度变化较大，说明在此阶段球员蓄力充分，在下杆击球时可以更好地蹬地转髋，便于力量释放、传递，其余球员在此阶段右膝关节角度变化较小，可能受球员身体素质等影响，同时每位球员发力顺序相同，发力时间不同并不影响球员充分发力。在下杆中期，右膝关节角度与挥速和球速呈正相关，如我国球员李昊桐、韩国球员任成宰和日本球员松山英树在下杆中期右膝关节角度较大，这可能是其挥速较大、击球距离较远的原因。

七、下杆阶段重心在 x 轴上的移动距离对比分析

由图 4-39 可知，在下杆 12 点钟，中国男子球员重心在 x 轴上向前移动距离最大，而日本男子球员在下杆 7 点钟的重心在 x 轴上向后移动距离最小。韩国男子球员在下杆 12 点钟到下杆 11 点钟，重心在 x 轴上向前移动距离变化较大，而中国球员从下杆 10 点钟到下杆 7 点钟，重心在 x 轴上向前移动距离变化较小。

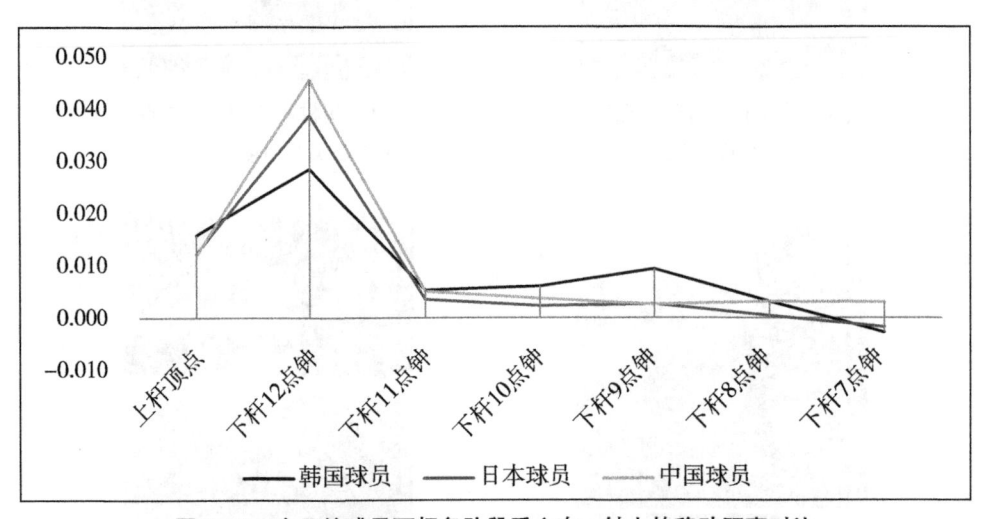

图 4-39　中日韩球员下杆各阶段重心在 x 轴上的移动距离对比

由表 4-23 可知，中日韩球员在下杆阶段重心在 x 轴上均向前移动，中国球员在下杆阶段重心在 x 轴上向前移动距离较大，均值为（0.062±0.016）m。韩国球员在下杆前期重心在 x 轴上向前移动距离最小，均值为（0.028±0.002）m，韩国球员在下杆中期重心在 x 轴上向前移动距离最大，均值为（0.021±0.008）m。在下杆后期重心在 x 轴上向后移动距离最大的是日本球员，均值为（-0.003±0.010）m。本研究未发现中日韩男子球员下杆阶段重心在 x 轴上移动距离之间存在显著差异，发现在下杆阶段，中国球员重心在 x 轴上向前移动距离最大，与日韩两国男子球员存在差异。表 4-24 为中日韩球员下杆各阶段重心在 x 轴上移动距离与击球效率的相关性分析。

表 4-23　中日韩球员下杆各阶段重心在 x 轴上的移动距离对比

球员国籍	下杆前期	下杆中期	下杆后期	下杆阶段
中国球员	0.045±0.012	0.011±0.006	0.005±0.008	0.062±0.016

续表

球员国籍	下杆前期	下杆中期	下杆后期	下杆阶段
日本球员	0.038±0.025	0.008±0.007	-0.003±0.010	0.044±0.037
韩国球员	0.028±0.002	0.021±0.008	0.001±0.006	0.050±0.012

表 4-24 中日韩球员在下杆各阶段重心在 x 轴上的移动距离与击球距离相关性分析

重心在 x 轴上的移动距离	挥速	起飞角度	击球距离
下杆 10 点钟	-0.596*	0.188	-0.412
下杆前期	-0.460	0.579*	-0.507
下杆阶段	-0.43	0.194	-0.551*

注：*表示 $P<0.05$，二者呈显著相关性。

由表 4-24 可知，中日韩球员在下杆 10 点钟重心在 x 轴上移动距离与挥速呈显著负相关（$P<0.05$），相关系数为 -0.596，即在下杆 10 点钟，重心在 x 轴上的移动距离越大，挥速越小。分析认为，从下杆 11 点钟到下杆 10 点钟，重心在 x 轴上的移动距离越大，重心会过多地向后旋转，从而导致重心不稳，不能很好地释放力量，使挥速减小。在下杆前期，中日韩球员重心在 x 轴上的移动距离与起飞角度呈显著正相关（$P<0.05$），相关系数为 0.579，即在下杆前期，重心在 x 轴上的移动距离越大，起飞角度越大。在下杆阶段，中日韩球员重心在 x 轴上的移动距离与击球距离呈显著负相关（$P<0.05$），相关系数为 -0.551，即在下杆阶段，重心在 x 轴上的移动距离越大，击球距离越小。分析认为，在下杆过程中，重心在 x 轴上的向后移动距离越大，会造成击球时重心不稳，从而不能很好地将力量传递到杆头，使得杆头速度降低，作用在球上的力量减小，从而影响击球距离。我国球员在下杆阶段重心在 x 轴上的移动距离较大，击球距离较近，因此，在后期训练中，我国球员可以通过减少下杆阶段重心在 x 轴上的移动距离，来增加击球距离。

八、下杆阶段重心在 y 轴上的移动距离对比分析

由图 4-40 可知，在下杆 12 点钟，中国球员重心在 y 轴上向左移动距离较大，而韩国球员重心在 y 轴上向左移动距离较小。在下杆 12 点钟到下杆 11 点钟，中国球员重心在 y 轴上向左移动距离变化较大，从下杆 11 点钟开始，中日韩球员重心在 y 轴上向左移动距离变化较小。在下杆 10 点钟和下杆 9 点钟，中日韩球员重心在 y 轴上向左移动距离近乎相同，两者之间变化趋势接近直线。

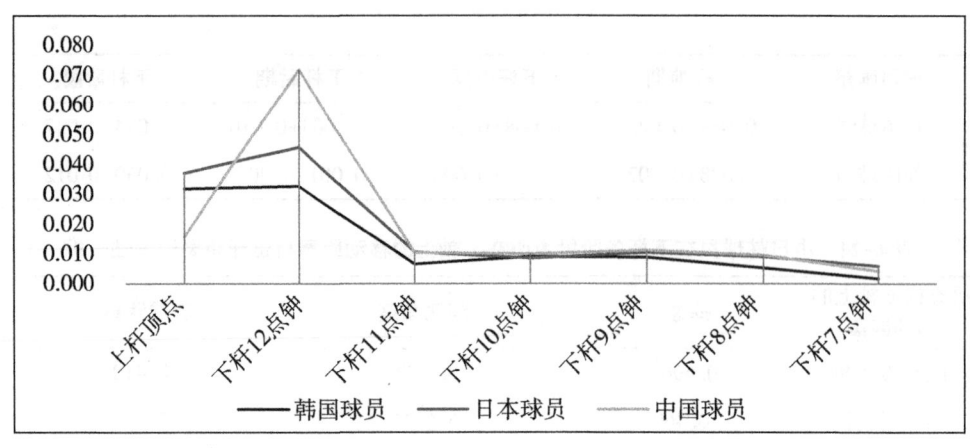

图 4-40　中日韩球员在下杆各阶段重心在 y 轴上的移动距离对比

由表 4-25 可知，中日韩球员下杆阶段重心在 y 轴上均向左移动，中国球员在下杆阶段重心在 y 轴上向左移动距离较大，均值为（0.120±0.036）m。韩国球员在下杆前期重心在 y 轴上向左移动距离较小，均值为（0.033±0.011）m，下杆中期重心在 y 轴上向左移动距离最大的是中国球员，均值为（0.032±0.008）m，在下杆后期重心在 y 轴上向左移动距离最大的为日本球员。表 4-26 为下杆 8 点钟重心在 y 轴上移动距离与击球距离之间相关性分析。

表 4-25　中日韩球员在下杆阶段重心在 y 轴上的移动距离对比

球员国籍	下杆前期	下杆中期	下杆后期	下杆阶段
中国球员	0.072±0.025	0.032±0.008	0.017±0.007	0.120±0.036
日本球员	0.046±0.013	0.029±0.006	0.019±0.004	0.094±0.016
韩国球员	0.033±0.011	0.024±0.001	0.007±0.004	0.065±0.015

表 4-26　下杆 8 点钟重心在 y 轴上的移动距离与击球距离相关性分析

重心在 y 轴上的移动距离	击球距离
下杆 8 点钟	−0.638*

注：*表示 $P<0.05$，二者呈显著相关性。

由表 4-26 可知，下杆 8 点钟重心在 y 轴上移动距离与击球距离呈显著负相关（$P<0.05$），相关系数为 0.014，即在下杆 8 点钟重心在 y 轴上向左移动距离越大，击球距离越近。分析认为，在一定条件下，下杆 8 点钟重心在 y 轴上向左移动距离越大，重心转移更为充分，可保证发力更为充分。但是若重心在 y 轴上

移动距离过大，会使重心不稳，击球时力量不能很好地传递，从而影响挥速，进而影响击球距离。孟一山发现，在下杆中期，优秀球员重心在 y 轴上移动距离与击球距离呈负相关，即下杆中期重心在 y 轴上移动距离越大，击球距离越近。这可能是因为我国球员挥杆技术不完善，在下杆 8 点钟重心在 y 轴上移动距离较大，与日韩球员在 y 轴上移动距离存在差异，从而影响了我国球员的击球距离。在后期训练中，可以通过完善挥杆技术，在符合自身条件的情况下，调整重心在 y 轴上的移动距离，从而改变我国球员的击球距离。

九、下杆阶段重心在 z 轴上的移动距离对比分析

由图 4-41 可知，在下杆 12 点钟，中日韩球员重心在 z 轴上向下移动，且中国球员重心在 z 轴上向下移动距离最大。在下杆 11 点钟，日本球员重心在 z 轴上开始向上移动，而中韩球员重心在 z 轴上开始向上移动，在下杆 10 点钟，韩国球员重心在 z 轴上向上移动距离最小，从下杆 8 点钟到下杆 7 点钟，中日韩球员重心在 z 轴上向上移动距离无较大差异。

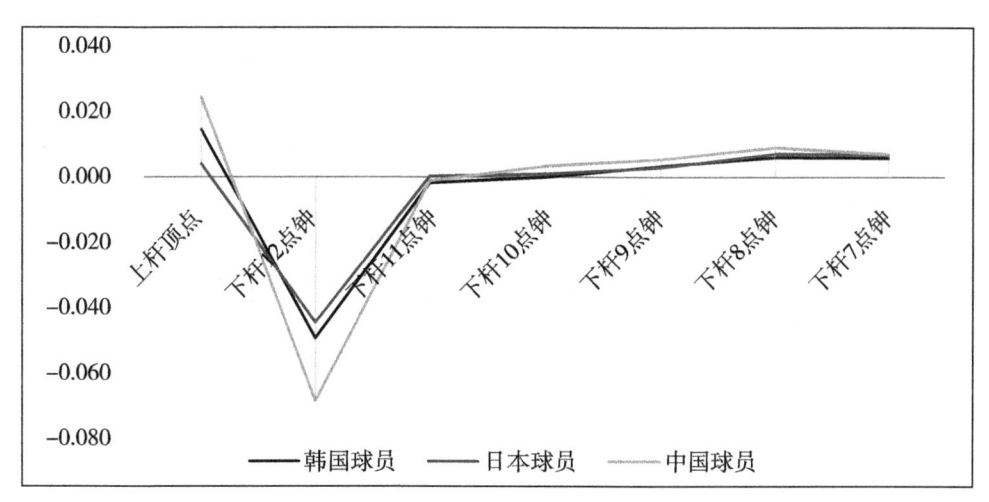

图 4-41　中日韩球员在下杆各阶段重心在 z 轴上的移动距离对比

由表 4-27 可知，中日韩球员在下杆阶段重心在 z 轴上均向下移动，中国球员在下杆阶段重心在 z 轴上向下移动距离较大，均值为（0.040±0.009）m。日本球员在下杆前期重心在 z 轴上向下移动距离较小，均值为（0.045±0.018）m，在下杆中期，中国球员重心在 z 轴上向上移动距离最大，均值为（0.008±0.005）m。韩国球员在下杆后期重心在 z 轴上向上移动距离最小。表 4-28 为中日韩球员在下杆各阶段重心在 z 轴上移动距离与挥速和球速的相关性分析。

表 4-27　中日韩球员在下杆阶段重心在 z 轴上的移动距离对比

球员国籍	下杆前期	下杆中期	下杆后期	下杆阶段
中国球员	-0.068±0.004	0.008±0.005	0.021±0.007	-0.040±0.009
日本球员	-0.045±0.018	0.004±0.005	0.019±0.004	-0.021±0.022
韩国球员	-0.049±0.003	0.001±0.006	0.016±0.005	-0.032±0.015

表 4-28　下杆各阶段重心在 z 轴上的移动距离与挥速和球速的相关性分析

重心在 z 轴上的移动距离	挥速	球速
下杆 10 点钟	0.596*	0.490
下杆 9 点钟	0.738*	0.576*
下杆 7 点钟	0.631*	0.459

注：*表示 $P<0.05$，二者呈显著相关性。

由表 4-28 可知，中日韩球员在下杆 10 点钟、下杆 9 点钟和下杆 7 点钟重心在 z 轴上移动距离与挥速呈显著正相关（$P<0.05$），相关系数分别为 0.596、0.738 和 0.631，即在下杆 10 点钟、下杆 9 点钟和下杆 7 点钟重心在 z 轴上向上移动距离越大，挥速越大。分析认为，上杆时重心在 z 轴上向下移动并开始蓄力，下杆时，重心在 z 轴上向上开始移动，由下向上传递力量。在一定条件下，在下杆 10 点钟、下杆 9 点钟和下杆 7 点钟重心在 z 轴上向上移动距离越大，由下向上发力更为充分，力量可更好地作用在杆头上，从而增大挥速。在下杆 9 点钟重心在 z 轴上向上移动距离与球速呈显著正相关（$P<0.05$），相关系数为 0.576，即在下杆 9 点钟重心在 z 轴上向上移动距离越大，球速越大。分析认为，在下杆 9 点钟，重心在 z 轴上向上移动距离大，蹬地发力更为充分，导致杆头速度增大，最终作用在球上的力量增大，球速也增大。

综上所述，在下杆 10 点钟、下杆 9 点钟和下杆 7 点钟，重心在 z 轴上向上移动距离越大，挥速越大。我国球员在下杆 10 点钟、下杆 9 点钟和下杆 7 点钟重心在 z 轴上向上移动距离较大，说明发力更为充分，挥速增大，但在下杆 9 点钟时重心在 z 轴上向上移动距离较大，但球速不足，在这一阶段，我国球员未能充分发挥这一优势。因此，在后期训练中，我国球员应注重这方面的练习。

第六节 一号木击球瞬间运动学参数分析

一、击球瞬间肩转动角度对比分析

由图 4-42 和图 4-43 可知，我国球员在击球瞬间肩转动角度远离目标方向，中国球员李昊桐在击球瞬间肩转动角度更远离目标方向，为 19.45°，梁文冲的肩转动角度近目标方向，为 11.83°。而日韩球员在击球瞬间肩转动角度靠近目标方向，其中日本球员肩转动角度更靠近目标方向。在击球瞬间角转动角度更靠近目标方向的为日本球员川村昌宏，为 20.30°，松山英树的肩转动角度更远离目标方向，为 15.66°。在韩国球员中，击球瞬间肩转动角度更靠近目标方向的为任成宰，为 12.74°，更远离目标方向的为安秉勋，为 4.63°。同时发现，中国球员在击球瞬间肩转动角度与日韩球员在击球瞬间肩转动角度平均值相差较大，这可能是影响我国球员击球效果的重要因素之一。

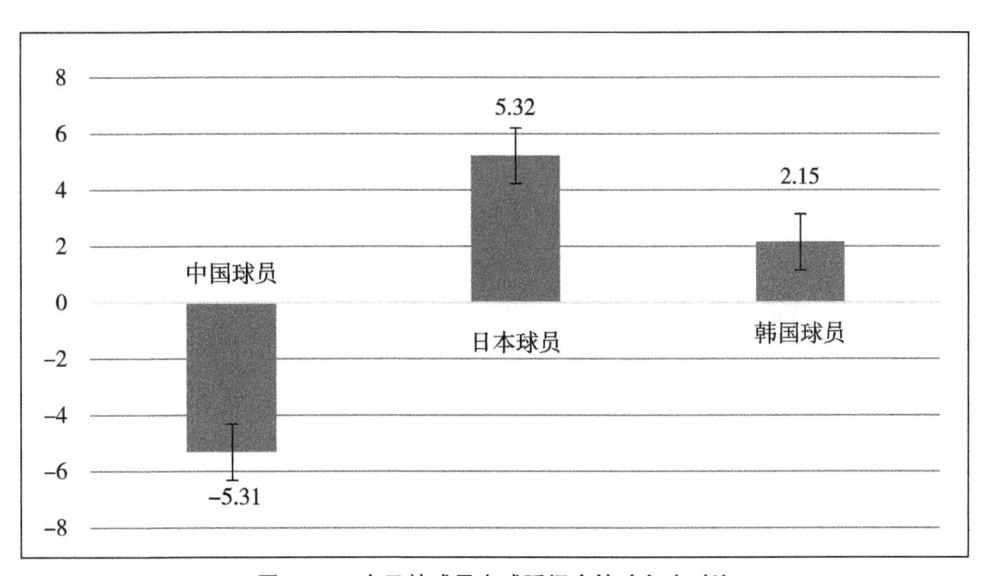

图 4-42 中日韩球员击球瞬间肩转动角度对比

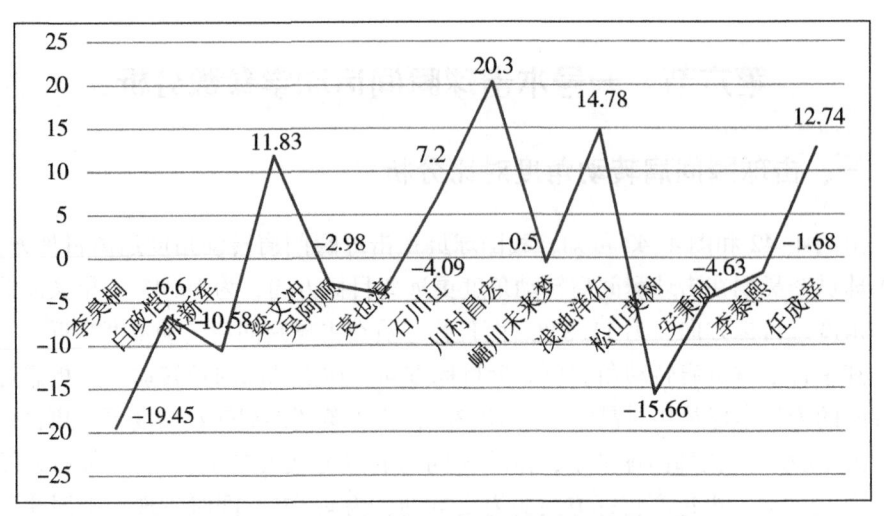

图 4-43　击球瞬间中日韩球员肩转动角度对比

二、击球瞬间髋转动角度对比分析

由图 4-44 和图 4-45 可得，中日韩球员在击球瞬间髋转动角度均靠近目标方向，其中日本球员在击球瞬间髋转动角度较中韩球员更靠近目标方向，而中国球员在击球瞬间髋转动角度相对远离目标方向。日本球员石川辽在击球瞬间髋转动角度更靠近目标方向，为 83.14°，而韩国球员安秉勋髋转动角度较小，为 18.25°。中日韩球员在击球瞬间髋转动角度平均值差异较小，因此在击球瞬间，中日韩球员髋转动角度对击球效果的影响不大。

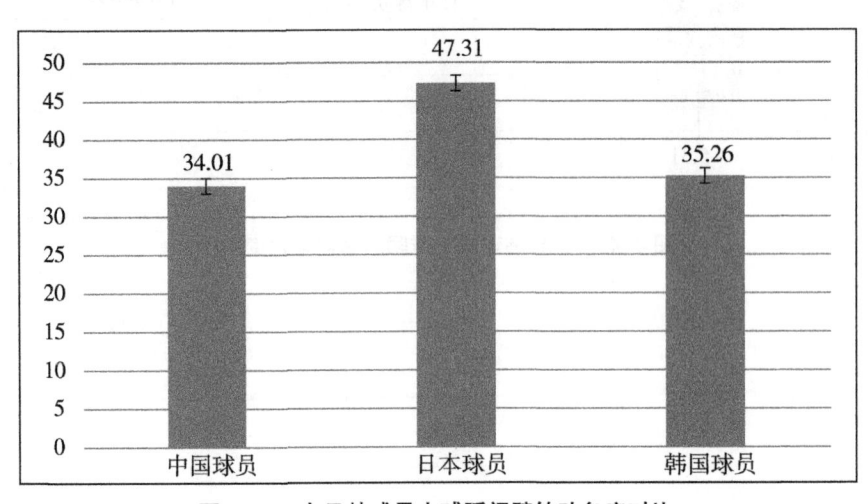

图 4-44　中日韩球员击球瞬间髋转动角度对比

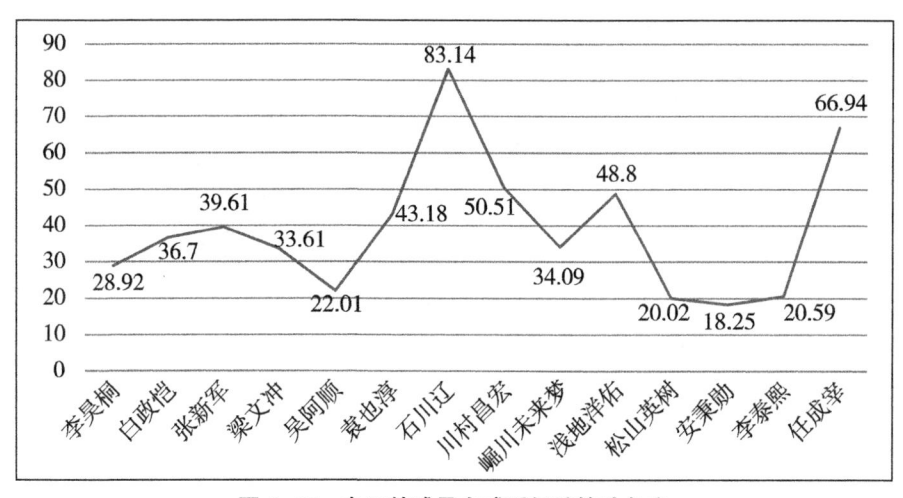

图 4-45 中日韩球员击球瞬间髋转动角度

三、击球瞬间肩-髋相对转动角度对比分析

由图 4-46 和图 4-47 可知，中日韩球员在击球瞬间肩-髋相对转动角度均呈现为肩向目标方向落后于髋向目标方向，其中日本球员肩-髋相对转动角度绝对值较大，而韩国球员肩-髋相对转动角度绝对值较小。在中国球员中，肩-髋相对转动角度绝对值最小的为梁文冲，说明在击球瞬间，梁文冲的肩向目标方向转动和髋向目标方向转动角度差值较小。在击球瞬间肩-髋相对转动角度绝对值较大的为日本球员石川辽，说明石川辽肩向目标方向转动角度和髋向目标方向转动角度的差值较大。肩-髋相对转动角度对球员的击球效果可能也有重要影响。

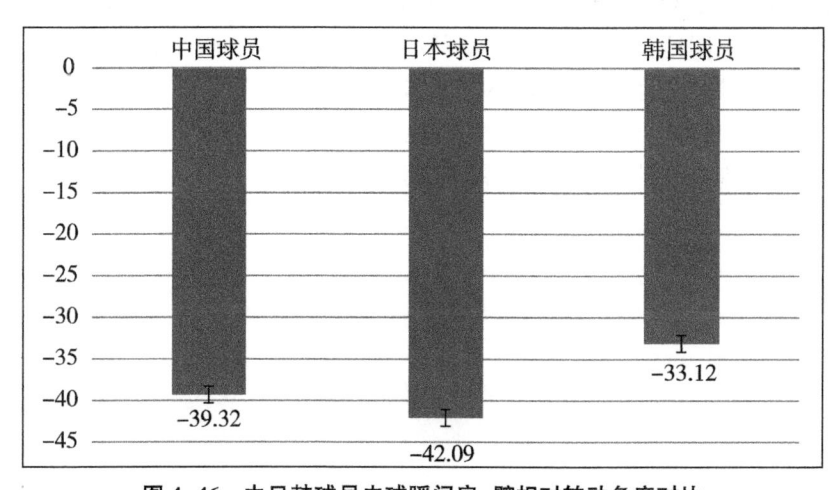

图 4-46 中日韩球员击球瞬间肩-髋相对转动角度对比

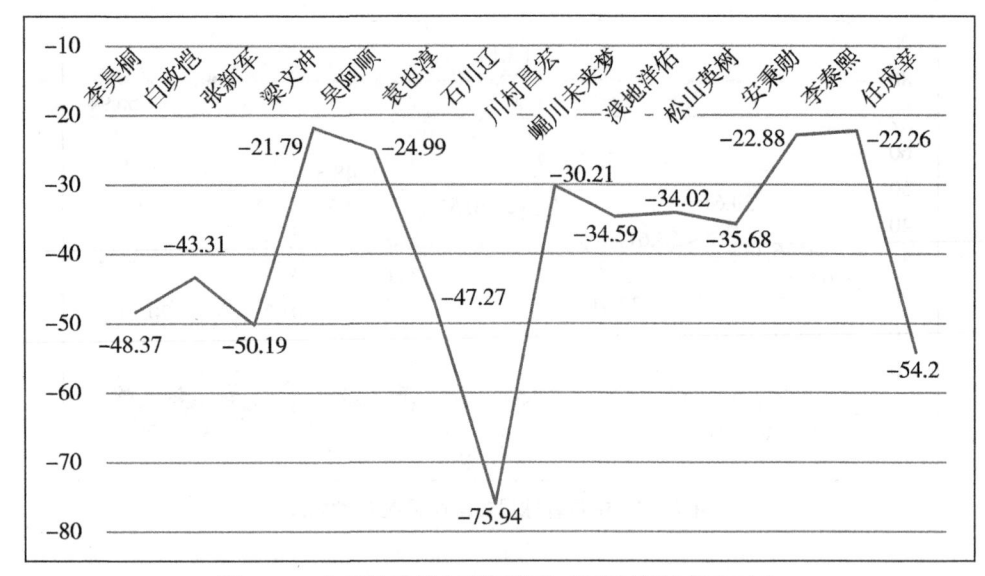

图 4-47　中日韩球员击球瞬间肩-髋相对转动角度对比

四、击球瞬间膝关节角度对比分析

由图 4-48 和图 4-49 可知，中日韩球员在击球瞬间左膝关节角度较大的为日本球员，较小的为韩国球员，而在击球瞬间，右膝关节角度较大的为韩国球员，较小的为日本球员。在中国球员中，在击球瞬间左膝关节角度较大的为李昊桐，较小的是梁文冲；在日本球员中，在击球瞬间左膝关节角度较的为川村昌宏，较小的为崛川未来梦；在韩国球员中，击球瞬间左膝关节角度较大的为任成宰，较小的为李泰熙，李泰熙同时也是中日韩球员中在击球瞬间左膝关节角度最小的。在击球瞬间，中国球员中右膝关节角度较大的为李昊桐，较小的是白政恺，其中袁也淳左、右膝关节角度差值较小；日本球员中右膝关节角度较大的为浅地洋佑，较小的为川村昌宏，川村昌宏左右膝关节角度差值较大；在韩国球员中，击球瞬间右膝角度较大的是任成宰，较小的是李泰熙。

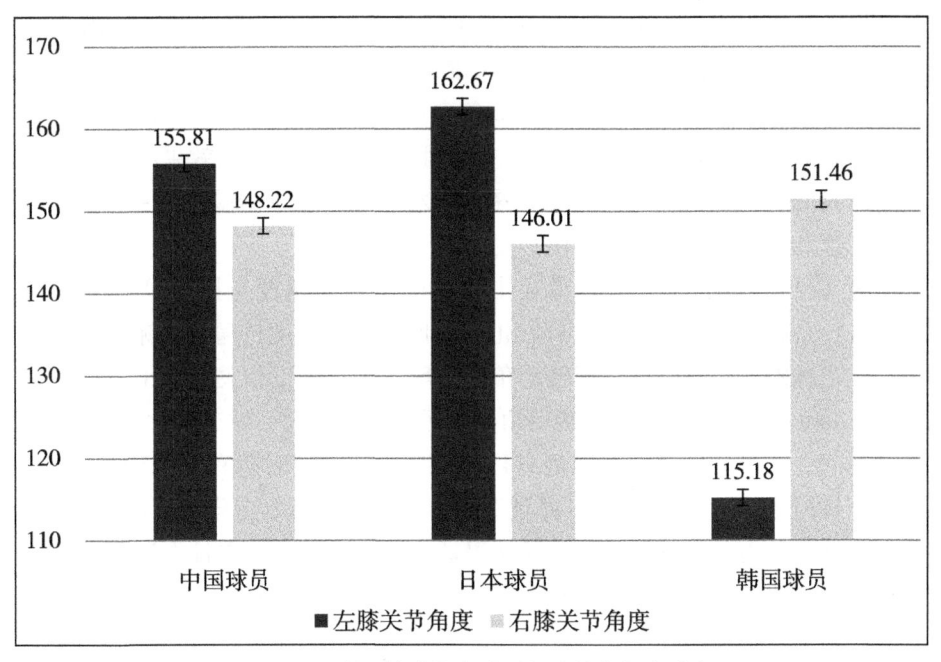

图 4-48 中日韩球员击球瞬间膝关节角度对比

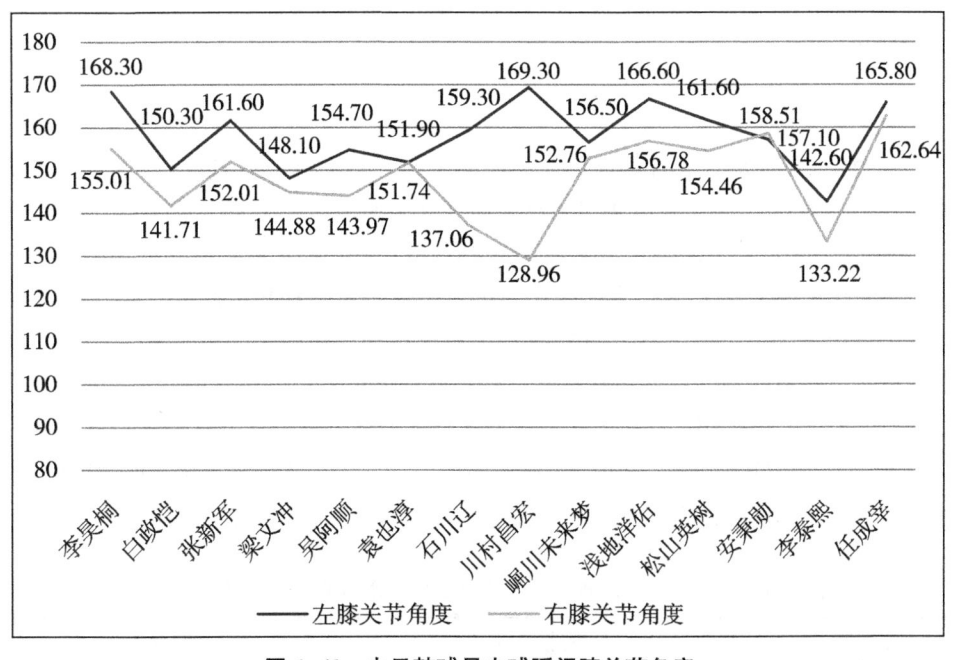

图 4-49 中日韩球员击球瞬间膝关节角度

综上所述，在击球瞬间，我国球员肩转动角度远离目标方向，而日韩球员肩转动角度靠近目标方向；我国球员击球瞬间髋转动角度较日韩球员远离目标方向；日本球员击球瞬间肩-髋相对转动角度绝对值较大；在击球瞬间，中日韩球员左膝关节角度差值较大，而右膝关节角度值较小，如图4-50所示。本研究未发现击球瞬间髋转动角度和击球瞬间左、右膝关节角度与击球效果的相关性，仅发现击球瞬间肩转动角度与挥速和球速存在相关性，在击球瞬间肩-髋相对转动角度与挥速和击球距离存在相关性，见表4-29。

由表4-29可知，中日韩球员在击球瞬间肩转动角度与挥速呈显著正相关（$P<0.05$），相关系数为0.013，即在击球瞬间肩转动角度越远离目标方向，挥速越大。在击球瞬间中日韩球员肩转动角度与球速呈显著正相关（$P<0.05$），相关系数为0.049，即在击球瞬间肩转动角度越远离目标方向，球速越大。分析认为，在击球瞬间，球员肩转动角度越远离目标方向，在下杆时越有利于于延迟释放，从而在挥杆时更好地体现"鞭打原理"，使力量传递更为充分，从而增加挥速，使传递到球上的力量更为充分，从而使得球速增加。因此，在日常训练中，我国球员可以通过改变击球瞬间肩转动角度，来改变挥速和球速。

表4-29 击球瞬间肩转动角度与挥速和球速相关性分析

击球瞬间	挥速	球速
肩转动角度	0.644*	0.534*

注：*表示$P<0.05$，二者呈显著相关性。

由表4-30可知，中日韩球员在击球瞬间肩-髋相对转动角度与挥速呈显著正相关（$P<0.05$），相关系数为0.557，即在击球瞬间肩-髋相对转动角度越大，挥速就越大。在击球瞬间肩-髋相对转动角度与击球距离呈显著正相关（$P<0.05$），相关系数为0.027，即在击球瞬间肩-髋相对转动角度越大，击球距离就越远。分析认为，一号木挥杆下杆时是由髋先启动，然后带动肩部发力，表明在击球瞬间，肩转动靠近目标方向越落后于髋转动靠近目标方向，下杆时身体转动产生的扭力更大，使作用在杆头上的力量更大，从而增大挥速，此时作用在球上的力量也增大，使得球速增大，从而增加击球距离。我国球员肩-髋相对转动角度较小，如果能在后期训练中进行调整，我国球员的挥速和击球距离能有更大进步。

表4-30 击球瞬间肩-髋相对转动角度与挥速和击球距离相关性分析

击球瞬间	挥速	击球距离
肩-髋相对转动角度	0.557*	0.587*

注：*表示$P<0.05$，二者呈显著相关性。

第四章 中日韩优秀男子高尔夫球员一号木全挥杆技术运动学分析

（A）李昊桐 击球瞬间
挥速为 123.11mph

（B）任成宰 击球瞬间
挥速为 117.39mph

（C）张新军 击球瞬间
挥速为 117.2mph

（D）松山英树 击球瞬间挥速为 119.56mph

图 4-50 中日韩球员击球瞬间挥速对比

五、击球瞬间重心在 x 轴、y 轴、z 轴上的移动距离对比分析

由表 4-31 可知，中日韩球员在击球瞬间重心在 x 轴上均向前移动，其中中国球员重心在 x 轴上向前移动距离较大，日本球员向前移动距离较小。中日韩球员在击球瞬间重心在 y 轴上均向左移动，其中日本球员重心在 y 轴上向左移动距离较大，韩国球员重心在 y 轴上向左移动距离较小。中日韩球员击球瞬间重心在 z 轴上均向上移动，其中韩国球员重心在 z 轴上向上移动距离较大，日本球员重心在 z 轴上向上移动距离较小。分析认为，球员在一号木上杆时始终保持中心枢轴稳定，围绕其中心向后、向右、向上做圆周运动，而在下杆时同样围绕身体轴心旋转，击球时重心位置与准备时刻重心位置不一样，重心转移的快慢会体现击

— 197 —

球发力时机,若未能较好地把握时机,会影响击球效果。

表 4-31　中日韩球员击球瞬间重心在 x 轴、y 轴、z 轴上的平均移动距离对比

球员国籍	重心在 x 轴上位移	重心在 y 轴上位移	重心在 z 轴上位移
中国球员	0.026±0.027	0.047±0.045	0.010±0.016
韩国球员	0.023±0.028	0.013±0.010	0.013±0.018
日本球员	0.012±0.026	0.072±0.019	0.005±0.017

由表 4-32 可知,中日韩球员在击球瞬间重心在 y 轴上移动距离与挥速呈显著负相关($P<0.05$),相关系数为 0.041,即击球瞬间重心在 y 轴上移动距离越大,挥速越小。在击球瞬间重心在 y 轴上移动距离与球速呈显著负相关($P<0.05$),相关系数为 0.014,即击球瞬间重心在 y 轴上移动距离越大,球速越小。分析认为,上杆时重心向后、向右、向上旋转,下杆时为了获得更好的击球效果,重心向前、向左、向下转移,使得球员在击球瞬间达到最佳的击球位置。本研究发现,击球瞬间重心在 y 轴上移动距离是较为重要的因素,在球员重心转移过程中,如果击球瞬间重心在 y 轴上向左移动距离过大,会使得重心不稳,造成击球效果差,挥速降低,从而影响球速。因此,今后在日常训练中,可通过调整击球瞬间重心在 y 轴上的移动距离,来增加我国球员的挥速和球速。

表 4-32　击球瞬间重心在 y 轴上的移动距离与挥速和球速相关性分析

击球瞬间	挥速	球速
重心在 y 轴上的移动距离	-0.552*	-0.639*

注:* 表示 $P<0.05$,二者呈显著相关性。

由图 4-51 可知,韩国球员任成宰击球瞬间重心在 x 轴上是向后移动的,而安秉勋和李泰熙则是在向前移动的;日本球员松山英树击球瞬间重心在 x 轴上向后移动,中国球员李昊桐和袁也淳击球瞬间重心在 x 轴上也是在向后移动,其余球员击球瞬间重心在 x 轴上均是向前移动的。安秉勋和李昊桐在球瞬间重心在 y 轴上向右移动,其余球员重心在 y 轴上均向左移动,张新军和川村昌宏击球瞬间重心在 y 轴上移动距离绝对值较大。安秉勋、崛川未来梦、川村昌宏和石川辽击球瞬间重心在 z 轴上向下移动,其余球员重心在 z 轴上均向上移动,而在这一过程中,袁也淳击球瞬间重心在 z 轴上向上移动距离较小。

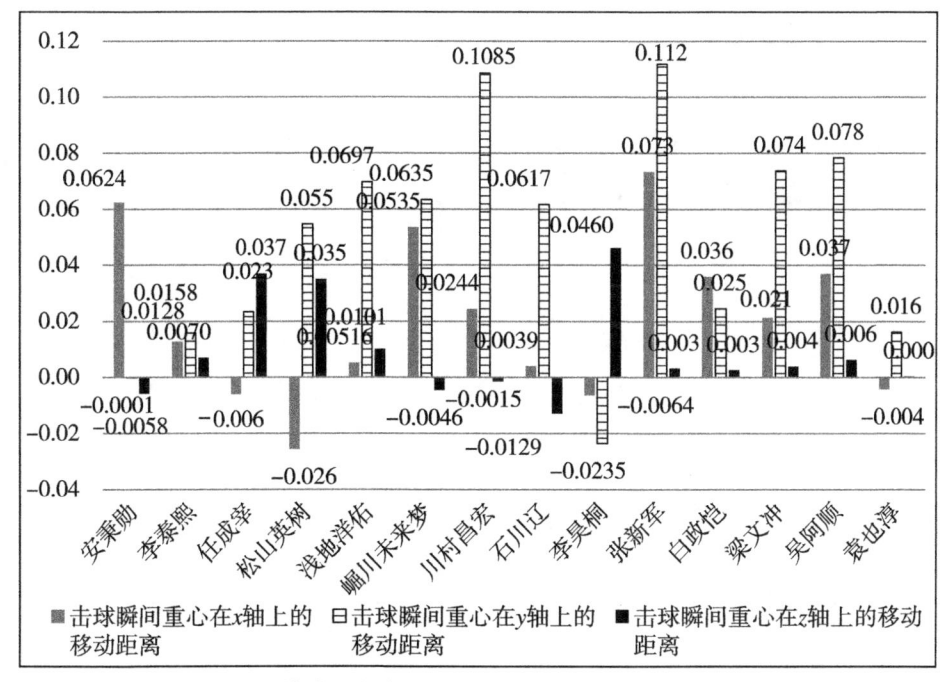

图 4-51　中日韩球员击球瞬间重心在 x 轴、y 轴、z 轴上的移动距离

综上所述，我国球员张新军击球瞬间重心在 y 轴上向左移动距离较大，可能导致挥速和球速相对较低，但实际情况并不是这样，可能是因为张新军在击球时身体充分蓄力，并较好地把握了击球时机，提高了击球效果，从而保证了更大的挥速和球速。我国球员李昊桐击球瞬间重心在 y 轴上向右移动距离较小，能保证身体力量充分释放，所以他的挥速和球速也相对较大。

第七节　一号木随挥阶段运动学参数分析

一、随挥阶段用时对比分析

由图 4-52 可知，中日韩球员在随挥阶段挥杆用时差异不大，韩国球员平均用时较少，而中国球员平均用时较长。在韩国球员中，任成宰随挥阶段用时较短，而李泰熙的用时较长；日本球员石川辽的挥杆用时较短，川村昌宏挥杆用时较长；在中国球员中，白政恺的随挥用时较长，袁也淳用时较短，每位球员的挥杆用时差异较小。本研究发现随挥用时与击球距离具有显著相关性，见表 4-33。

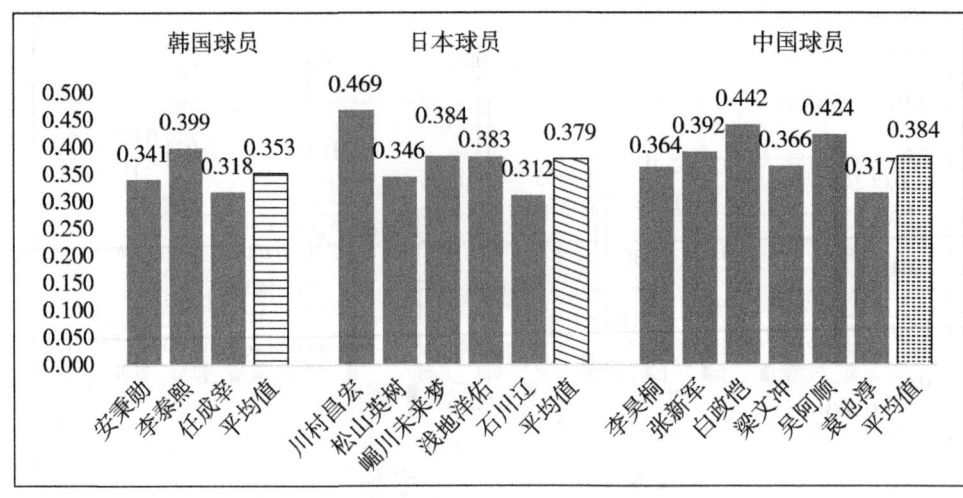

图 4-52 中日韩球员随挥阶段挥杆用时对比

表 4-33 随挥阶段用时与击球距离的相关性分析

挥杆用时	击球距离
随挥阶段	-0.666*

注：*表示 P<0.05，呈显著相关性。

由表 4-33 可知，中日韩球员在随挥阶段用时与击球距离呈显著负相关（P<0.05），相关系数为 0.009，即在随挥阶段用时越长，击球距离越近。分析认为，在一号木挥杆过程中，上杆时间较长是为了更好地蓄力，下杆用时较短是为了下杆时能更好地释放力量，从而加大挥速，随挥是在杆头击完球后所产生的势能，是一个顺势完成的阶段，随挥用时较长可能是因为下杆时击球效果不佳，致使挥速降低，杆头作用在球上的力量也较小，使击球距离减小。

二、随挥阶段肩转动角度对比分析

由表 4-34 可知，在送杆 3 点钟，我国球员肩向目标方向转动角度为 49.54°±14.55°，其中日本球员在送杆 3 点钟肩向目标方向转动角度较小，为 47.41°±14.54°，而韩国球员在送杆 3 点钟肩向目标方向转动角度较大，为 54.97°±13.48°，在随挥结束，中国球员肩向目标方向转动角度较小，为 155.96°±10.42°，日本球员肩向目标方向转动角度较大，为 145.29°±22.37°，韩国球员在随挥结束肩向目标方向转动角度为 140.39°±3.88°。本研究未发现中日韩球员在随挥阶段肩转动角度与击球效果之间的相关性，但从送杆 3 点钟和随挥结束的肩转动角度来看，中日韩球员肩转动角度差值较大，需要我们进一步研究与分析，如图 4-53 所示。

表 4-34 中日韩球员随挥阶段平均肩转动角度对比

球员国籍	送杆 3 点钟	随挥结束
中国球员	49.54±14.55	155.96±10.42
日本球员	47.41±14.54	145.29±22.37
韩国球员	54.97±13.48	140.39±3.88

（A）李昊桐 送杆 3 点钟肩转动角度为 21.56°

（B）袁也淳 送杆 3 点钟肩转动角度为 63.86°

（C）任成宰 送杆 3 点钟肩转动角度为 71.22°

（D）松上英树 送杆 3 点钟肩转动角度为 25.05°

图 4-53 送杆 3 点钟中日韩球员肩转动角度对比

三、随挥阶段髋转动角度对比分析

由表 4-35 可知，中国球员在送杆 3 点钟髋向前转动角度为 50.06°±11.00°，日本球员在送杆 3 点钟髋向前转动角度较大，为 62.65°±16.99°，而韩国球员在送杆 3 点钟髋向前转动角度较小，为 46.74°±14.77°。随挥结束时，韩国球员髋向前转动角度较小，为 90.78°±3.03°，日本球员髋向前转动角度较大为 99.21°±

9.01°，韩国球员髋向前转动角度为 90.78°±3.03°。本研究未发现髋转动角度与击球效果之间的相关性以及中日韩球员髋转动角度的差异，仅发现中日韩球员在送杆 3 点钟髋转动角度与在上杆 12 点钟重心在 z 轴上移动距离具有显著相关性，见表 4-36。

表 4-35　中日韩球员随挥阶段平均髋转动角度对比

球员国籍	送杆 3 点钟	随挥结束
中国球员	50.06±11.00	97.32±10.82
日本球员	62.65±16.99	99.21±9.01
韩国球员	46.74±14.77	90.78±3.03

由表 4-36 可知，中日韩球员在送杆 3 点钟髋转动角度与上杆 12 点钟重心在 z 轴上移动距离呈显著正相关（$P<0.05$），相关系数为 0.571，在送杆 3 点钟髋向目标方向转动角度越大，在上杆 12 点钟重心在 z 轴上移动距离越大。分析认为，送杆 3 点钟动作是球员在完成击球后的顺势动作，因此，在送杆 3 点钟髋转动角度越大，说明球员在击球时蹬地转髋动作更充分，球员在上杆时蓄力更充分，从而保证下杆时杆头作用在球上的力量增大，球速也随之增大。

表 4-36　送杆 3 点钟髋转动角度与上杆 12 点钟重心在 z 轴上的移动距离相关性分析

送杆 3 点钟	上杆 12 点钟重心在 z 轴上的移动距离
髋转动角度	0.571*

注：*表示 $P<0.05$，二者呈显著相关性。

四、随挥阶段肩-髋相对转动角度对比分析

由表 4-37 可知，在送杆 3 点钟，中国球员和日本球员的肩向目标方向转动角度小于髋向目标方向转动角度，韩国球员在送杆 3 点钟肩向目标方向转动角度大于髋向目标方向转动角度，其中，日本球员在送杆 3 点钟肩-髋相对转动角度绝对值较大。中国球员在随挥结束时肩-髋相对转动角度为 58.64°±2.57°，日本球员在随挥结束时肩-髋相对转动角度为 46.07°±16.92°，韩国球员在随挥结束时肩-髋相对转动角度为 49.61°±6.90°，中日韩球员在随挥结束时肩-髋相对转动角度变化较小。本研究发现，中日韩球员随挥结束时肩-髋相对转动角度与起飞角度具有显著相关性，见表 4-38。

表 4-37　中日韩球员随挥阶段平均肩-髋相对转动角度对比 (°)

球员国籍	送杆 3 点钟	随挥结束
中国球员	-0.52±13.53	58.64±2.57
日本球员	-15.24±6.91	46.07±16.92
韩国球员	8.24±10.90	49.61±6.90

表 4-38　随挥结束肩-髋相对转动角度与起飞角度相关性分析

随挥结束		起飞角度
肩-髋相对转动角度	皮尔逊相关性	0.554*

注：*表示 $P<0.05$，二者呈显著相关性。

由表 4-38 可知，中日韩球员随挥结束肩-髋相对转动角度与起飞角度呈显著正相关 ($P<0.05$)，相关系数为 0.554，即随挥结束时肩-髋相对转动角度越大，起飞角度越大。分析认为，一号木挥杆时杆头由下向上进行运动，且随挥结束动作是击球完成后的顺势动作。在下杆过程中，由髋先转动，然后带动肩部旋转，此时肩向目标方向转动落后髋向目标方向转动越多，在触球时杆头向上运动效果越好，击球时产生的鞭打效果更充分，完成击球后，肩向目标方向转动角度更大，但髋因生理受限，停止转动，因此随挥结束时肩-髋相对转动角度增大。

五、随挥阶段左膝关节角度对比分析

由表 4-39 可知，韩国球员在送杆 3 点钟左膝关节角度最小，均值为 159.48°±8.47°，而日本球员左膝关节角度最大，均值为 171.69°±4.94°，中国球员在送杆 3 点钟左膝关节角度均值为 163.20°±6.96°，在随挥结束时，中国球员左膝关节角度最小，均值为 165.47°±11.75°，日本球员左膝关节角度最大，均值为 172.84°±2.46°，韩国球员左膝关节角度均值为 169.59°±3.71°，日本球员和中国球员左膝关节角度差值较大。本研究未发现随挥阶段左膝关节角度与击球效果之间的相关性以及中日韩球员之间的差异，如图 4-54 所示。

表 4-39　中日韩球员随挥阶段左膝关节角度对比

球员国籍	送杆 3 点钟	随挥结束
中国球员	163.20±6.96	165.47±11.75
日本球员	171.69±4.94	172.84±2.46
韩国球员	159.48±8.47	169.59±3.71

(A) 李昊桐 送杆3点钟左膝关节角度为177.81°

(B) 袁也淳 送杆3点钟左膝关节角度为161.80°

(C) 任成宰 送杆3点钟左膝关节角度为167.53°

(D) 松上英树 送杆3点钟左膝关节角度为176.66°

图 4-54 送杆3点钟中日韩球员左膝关节角度对比

六、随挥阶段右膝关节角度对比分析

由表4-40可知，韩国球员在送杆3点钟右膝角度较大，均值为155.83°±9.93°；日本球员右膝关节角度较小，平均值为152.97°±12.07°；中国球员右膝关节角度均值为153.79°±6.54°。送杆3点钟中日韩球员右膝关节角度对比如图4-55所示。随挥结束时日本球员右膝关节角度较小，均值为149.41°±4.94°；韩国球员右膝关节角度较大，平均值为156.04°±8.51°；中国球员右膝关节角度均值为154.66°±5.71°。在送杆3点钟，中日韩球员右膝关节角度变化较小；在随挥结束时，中日韩球员右膝关节角度变化较大。

本研究发现，在随挥结束时右膝关节角度与球速具有显著相关性，见表4-41。中日韩球员在随挥结束时右膝关节角度与球速呈显著正相关（$P<0.05$），相关系数为0.537，即在随挥结束时右膝关节角度越大，球速越大。分析认为，在下杆时，球员由下向上蹬地转髋发力，随挥结束时右膝关节角度越大，说明在击

球瞬间球员蹬地发力越充分，使挥速增大，作用在球上的力量也增大，最终导致球速增大。

表 4-40 中日韩球员随挥阶段右膝关节角度对比

球员国籍	送杆 3 点钟	随挥结束
中国球员	153.79±6.54	154.66±5.71
日本球员	152.97±12.07	149.41±4.94
韩国球员	155.83±9.93	156.04±8.51

（A）李昊桐 送杆 3 点钟右膝关节角度为 159.23°

（B）袁也淳 送杆 3 点钟右膝关节角度为 163.63°

（C）任成宰 送杆 3 点钟右膝关节角度为 166.29°

（D）松上英树 送杆 3 点钟右膝关节角度为 167.13°

图 4-55 送杆 3 点钟中日韩球员右膝关节角度对比

表 4-41 随挥结束右膝关节角度与球速相关性分析

随挥结束	球速
右膝关节角度	0.537*

注：*表示 $P<0.05$，二者呈显著相关性。

七、随挥阶段重心在 x 轴上的移动距离对比分析

由表 4-42 可知，在送杆 3 点钟中日韩球员重心在 x 轴上均向后移动，中国球员在送杆 3 点钟重心在 x 轴上向后移动距离较小，绝对值为 (0.001±0.010) m，而韩国球员在送杆 3 点钟重心在 x 轴上向后移动距离较大，绝对值为 (0.011±0.016) m，日本球员在送杆 3 点钟重心在 x 轴上向后移动距离绝对值为 (0.004±0.007) m。随挥结束时，中国球员重心在 x 轴上向后移动，且移动距离较小，绝对值为 (0.004±0.009) m，而日韩球员在随挥结束时重心在 x 轴上向前移动，其中日本球员在随挥结束时重心在 x 轴上向前移动距离较大，绝对值为 (0.018±0.036) m。本研究未发现中日韩球员在随挥阶段的差异，仅发现在随挥结束时重心在 x 轴上移动距离与挥速和球速具有相关性，见表 4-43。

表 4-42　中日韩球员随挥阶段重心在 x 轴上的移动距离对比

球员国籍	送杆 3 点钟	随挥结束
中国球员	−0.001±0.010	−0.004±0.009
日本球员	−0.004±0.007	0.018±0.036
韩国球员	−0.011±0.016	0.017±0.033

表 4-43　重心在 x 轴上的移动距离与挥速和球速相关性分析

重心在 x 轴上的移动距离	挥速	球速
随挥结束	−0.572*	−0.609*

注：* 表示 $P<0.05$，二者呈显著相关性。

由表 4-43 可知，中日韩球员随挥结束时重心在 x 轴上的移动距离与挥速呈显著负相关（$P<0.05$），相关系数为 0.572，即在随挥结束时重心在 x 轴上的移动距离越大，挥速越小。中日韩球员随挥结束时重心在 x 轴上的移动距离与球速呈显著负相关（$P<0.05$），相关系数为 0.609，即在随挥结束时重心在 x 轴上的移动距离越大，球速越小。分析认为，随挥结束时重心在 x 轴上的移动距离越大，导致击球时重心不稳，击球效率不高，从而导致挥速降低，作用在球上的力量减小，最终导致球速降低。因此，在后期训练中，应保证我国球员重心在 x 轴上的移动距离处于一定范围内，从而提高球员挥速和球速。

八、随挥阶段重心在 y 轴上的移动距离对比分析

由表 4-44 可知，中日韩球员在送杆 3 点钟重心在 y 轴上均向左移动，且中

日韩球员重心在 y 轴上移动距离变化较小，其中中国球员重心在 y 轴上向左移动距离较大，在随挥结束时，中国球员重心在 y 轴上向右移动，移动距离绝对值为 (0.021±0.027) m，而日韩球员重心在 y 轴上均向左移动。在随挥结束时，韩国球员重心在 y 轴上移动距离绝对值较大，为 (0.075±0.001) m。本研究未发现随挥阶段中日韩球员重心在 y 轴上移动距离与击球效果的相关性，仅发现中日韩球员随挥结束时重心在 y 轴上移动距离差异较大。

表 4-44　中日韩球员随挥阶段重心在 y 轴上的移动距离对比

球员国籍	送杆 3 点钟	随挥结束
中国球员	0.017±0.010	−0.021±0.027
日本球员	0.015±0.017	0.045±0.035
韩国球员	0.015±0.009	0.075±0.001

九、随挥阶段重心在 z 轴上的移动距离对比分析

由表 4-45 可知，中日韩球员在送杆 3 点钟重心在 z 轴上均向上移动，其中中国球员重心在 z 轴上向上移动距离较大，绝对值为 (0.041±0.016) m，而日本球员在送杆 3 点钟重心在 z 轴上移动距离较小，绝对值为 (0.028±0.008) m，在随挥结束时，中国球员重心在 z 轴上向上移动距离较小，绝对值为 (0.028±0.037) m，日本球员重心在 z 轴上移动距离较大，绝对值为 (0.080±0.021) m，韩国球员在随挥结束时重心在 z 轴上移动距离为 (0.074±0.021) m。在本研究中未发现中日韩球员在随挥阶段与击球效果之间的相关性，以及中日韩球员重心在 z 轴上移动距离的差异，但发现中日韩球员随挥阶段重心在 z 轴上移动距离变化较大，存在较大差异。

表 4-45　中日韩球员随挥阶段重心在 z 轴上的移动距离对比

球员国籍	送杆 3 点钟	随挥结束
中国球员	0.041±0.016	0.028±0.037
日本球员	0.028±0.008	0.080±0.021
韩国球员	0.031±0.004	0.074±0.021

第八节 一号木全挥杆运动学参数分析

一、全挥杆用时对比分析

本研究涉及的全挥杆用时是指上杆用时、下杆用时和随挥阶段用时的总和，这是很多职业球员十分关注的内容，不同球员的挥杆用时也不同，有的球员上杆用时长、下杆用时短，有的球员上杆用时短、下杆用时也短。但大多数职业球员采用上杆用时较长、下杆用时较短的挥杆技术。由图 4-56 可知，我国球员全挥杆用时较少，其均值为（1.403±0.077）s，而韩国球员全挥杆用时较长，均值为（1.972±0.449）s。

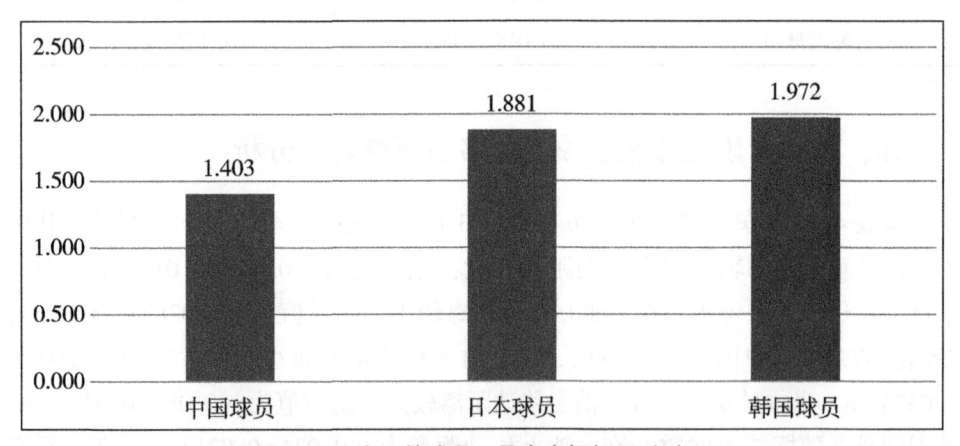

图 4-56 中日韩球员一号木全挥杆用时对比

由图 4-57 可知，中国球员全挥杆用时变化较小，而韩国球员全挥杆用时变化较大，在日本球员中，川村昌宏全挥杆用时最长，为 2.73s，石川辽全挥杆用时最短，为 1.472s，而在中国球员中，吴阿顺全挥杆用时较长，为 1.543s，而袁也淳全挥杆用时最少，为 1.293s。本研究未发现全挥杆用时与击球效率之间的相关性，但可发现下杆用时与挥速和球速之间具有显著相关性，间接表明全挥杆用时也可能会影响挥速与球速。

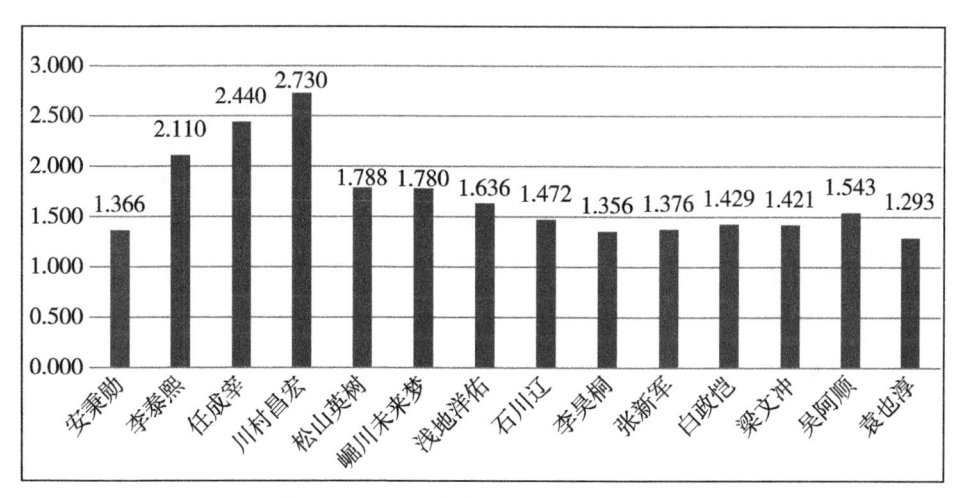

第四章 中日韩优秀男子高尔夫球员一号木全挥杆技术运动学分析

图 4-57 中日韩球员一号木全挥杆用时

二、一号木挥速和击球距离对比分析

由表 4-46 和图 4-58 可知，我国球员的平均挥速大于日韩球员的平均挥速，在我国球员中，李昊桐的挥速最快，为 123.11mph，吴阿顺挥速最慢，为 110.50mph；在日本球员中，松山英树的挥速最快，为 119.56mph，浅地洋佑的挥速最慢，为 111.94mph；在韩国球员中，任成宰挥速最快，为 117.39mph，安秉勋的挥速最慢，为 117.20mph。我国球员最快挥速快于日韩球员，而最慢挥速慢于日韩球员，可见我国球员的整体挥速水平有待提高。本研究虽未发现中日韩球员平均挥速的差异，但我国球员的最慢挥速慢于日韩球员挥速。结合挥杆用时可知，日韩球员在准备时刻到击球瞬间用时较长，其中韩国球员用时相对更长。分析认为，日韩球员上杆幅度大，整体挥杆节奏较慢且击球瞬间击球稳定性更好，均可能会影响球员的挥速变慢，尽管挥速较慢，但日韩球员在球速、起飞角度和击球距离等方面均有一定优势。

表 4-46 中日韩球员一号木挥速和击球距离对比

球员	挥速/mph	击球距离/Y
李昊桐	123.11	298.2
白政恺	117.97	300.3
张新军	117.20	291.8
梁文冲	112.99	288.8

续表

球员	挥速/mph	击球距离/Y
吴阿顺	110.50	272
袁也淳	117.21	295
石川辽	117.42	318
川村昌宏	112.59	283
崛川未来梦	114.99	286
浅地洋佑	111.94	279
松山英树	119.56	312
安秉勋	117.20	311.5
李泰熙	112.36	282.5
任成宰	117.39	312

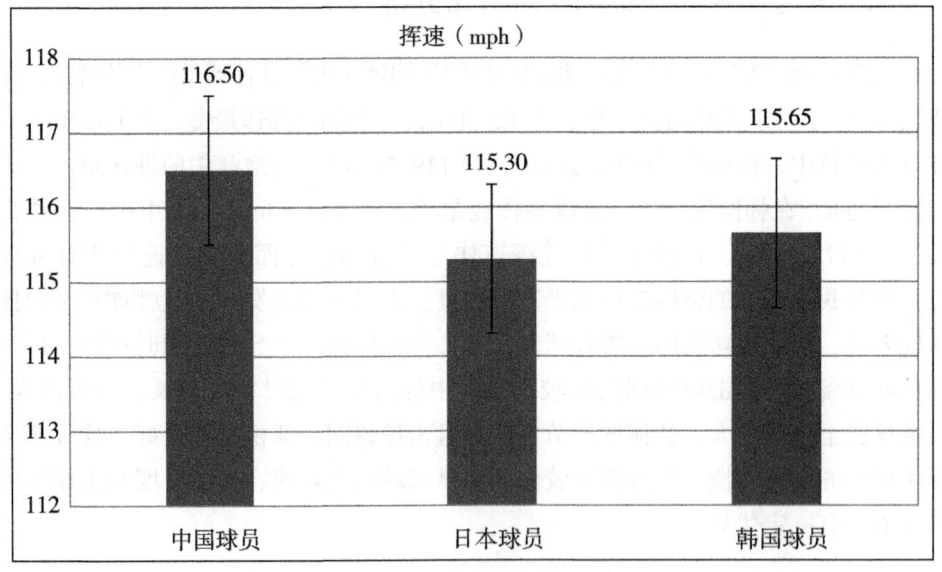

图 4-58 中日韩球员平均挥速对比

由表 4-46 和图 4-59 可知，中国球员的平均击球距离小于日韩球员的平均击球距离。在我国球员中，击球距离最远的是白政恺，为 300.3Y，击球距离最近的是吴阿顺，为 272Y；在日本球员中，石川辽的击球距离最远，为 318Y，击球距离最近的是浅地洋佑，为 279Y；在韩国球员中，击球距离最远的是任成宰，为 312Y，击球距离最近的是李泰熙，为 282.5Y。可发现，我国球员最远的击球距离小于日韩球员，最近的击球距离同样小于日韩球员，说明在一定条件下，我国球员的整体击球距离小于日韩球员，需要进一步提高，这样才能在比赛中取得优势。在相同条件下，挥速和球速是影响击球距离的两个因素，表4-47为挥速与球速和击球距离的相关性分析。

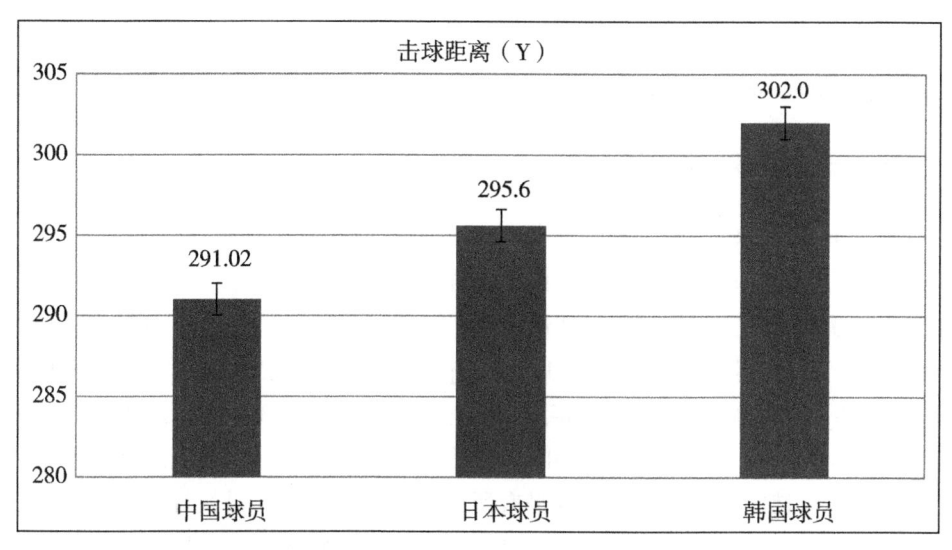

图4-59 中日韩球员平均击球距离对比

表4-47 挥速与球速和击球距离的相关性分析

统计项目	球速	击球距离
挥速	0.809*	0.734*

注：*表示$P<0.05$，二者呈显著相关性。

由表4-47可知，中日韩球员挥速与球速呈显著正相关（$P<0.05$），相关系数为0.000，即在其他条件不变的情况下，挥速越快，球速越大。中日韩球员挥速与击球距离呈显著正相关（$P<0.05$），相关系数为0.003，即在其他条件不变的情况下，挥速越快，击球距离越远。分析认为，当球员挥速增大时，最终作用在球上的力量增大，使得球速增大，在其他条件不变的情况下，挥速和球速增大，可使球飞行距离更远，最终击球距离也随之增大。

综上所述，挥速是影响球速的重要因素之一，进而影响击球距离，因此，提升球员的高尔夫一号木全挥杆挥速是重中之重。我国球员的平均挥速大于日韩球员的平均挥速，但球速却小于韩国球员，击球距离小于日韩球员，这可能与球员的挥杆节奏及击球效果有关。我国球员李昊桐的挥速是中日韩球员中最快的，但击球距离却较近，可能是由于在击球过程中，受挥杆节奏、击球稳定性等影响，使得击球效率降低，从而影响击球距离，而日本球员松山英树和韩国球员任成宰的挥速分别为119.56mph和117.39mph，虽然挥速均小于我国球员李昊桐，但他们的击球距离却大于李昊桐，我国挥速最慢球员的挥速小于日韩挥速最慢球员，击球距离也小于日韩球员，表现出我国球员之间一号木挥杆技术水平存在较大差异，并且与日韩球员的技术水平也相差较大，故在后期训练中，解决我国球员之间技术水平的差异，以及高尔夫挥杆的核心要素意义重大，且迫在眉睫。

三、一号木球速对比分析

由表4-48和图4-60可知，韩国球员的平均球速大于中日球员的平均球速，中国球员的平均球速大于日本球员的平均球速。在我国球员中，李昊桐的球速最大，为180.51mph，而吴阿顺的球速最小，为162.83mph；在日本球员中，球速最大的是松山英树，球速为172.73mph，最小的是浅地洋佑，球速为159.85mph；在韩国球员中，任成宰的球速最大，为196.39mph，最小的是李泰熙，为166.31mph。研究发现，韩国球员球速最慢球员的球速大于球速最慢的中日球员，可见韩国球员整体球速水平有所提高，我国和日本最快挥速与最慢挥速球员之间差异较大，进而影响我国和日本球员球速的整体水平，因此，我国和日本球员需提高整体挥速水平。本研究未发现中日韩球员球速具有显著差异，但发现球速与击球距离具有显著相关性。

表4-48 中日韩球员一号木球速对比

球员	球速/mph
李昊桐	180.51
白政恺	177.69
张新军	172.62
梁文冲	167.91
吴阿顺	162.83
袁也淳	173.36
石川辽	167.11
川村昌宏	165.31
崛川未来梦	160.72
浅地洋佑	159.85

续表

球员	球速/mph
松山英树	172.73
安秉勋	178.54
李泰熙	166.31
任成宰	176.39

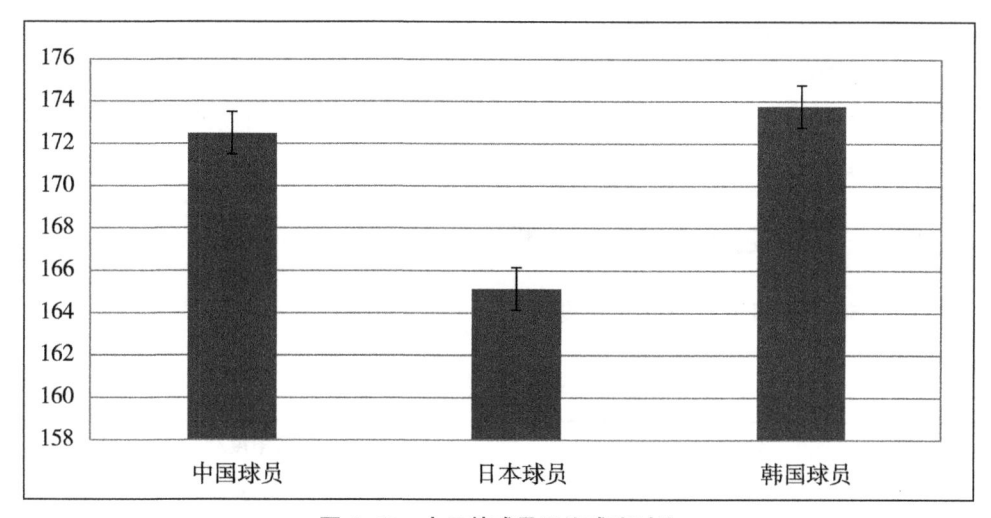

图 4-60　中日韩球员平均球速对比

由表 4-49 可知，中日韩球员球速大小与击球距离呈显著正相关（$P<0.05$），相关系数为 0.655，在一定条件下，球速越大，击球距离越大，反之，击球距离减小。John Stobbs 的相关研究也验证了这一结论。分析认为，球员的一号木挥杆过程是杆头上升时击球，当杆头通过最低点上升击球时，利用鞭打原理，使最终作用在球上的力量增大，球速增大，球在空中飞行距离更远，最终使击球距离增大。

表 4-49　球速与击球距离相关性分析

统计项目	击球距离/Y
球速	0.655*

注：* 表示 $P<0.05$，二者呈显著相关性。

综上所述，球速是影响一号木击球距离的重要因素之一，因此，为增大击球距离，我国球员可通过增大挥速或者球速来实现。我国球员白政恺的挥速和球速均低于李昊桐的挥速和球速，但白政恺的击球距离却大于李昊桐的击球距离，日本球员石川辽和韩国球员任成宰的挥速和球速均不是最大的，但他们的击球距离却相对较远。分析认为，除了挥速与球速影响击球距离外，起飞角度、击球效率以及球员自身情况和天气都对击球距离有一定影响。本研究中，在条件相同的情况下，我国球员李昊桐在挥速和球速较大时，击球距离较小，这是因为其击球效率不高，也可能是因为其挥杆技术水平与日韩球员存在一定差距。在后期训练中，我国球员应通过提高球速等方面的练习，来增加击球距离。

除挥速和球速是影响击球距离的重要因素外，起飞角度通过影响球速，也会间接地影响击球距离。在一号木挥杆过程中，实际起飞角度为击球角度和实际杆面角度的固定比值，在击球时，一号木实际杆面角度对起飞角度的影响较大，而击球角度对起飞角度的影响较小。

四、一号木起飞角度对比分析

表4-50为中日韩球员起飞角度对比。

表4-50　中日韩球员一号木起飞角度对比

球员	起飞角度/°
李昊桐	10.3
白政恺	11.8
张新军	9.0
梁文冲	13.4
吴阿顺	12.9
袁也淳	11.6
石川辽	10.1
川村昌宏	16.3
崛川未来梦	7.8
浅地洋佑	12.1
松山英树	9.6
安秉勋	13.0
李泰熙	7.0
任成宰	10.2

由表4-50和图4-61可知，我国球员的平均起飞角度大于日韩球员的平均起飞角度，在我国球员中，张新军的起飞角度最小，为9.0°；在韩国球员中，李泰熙的起飞角度最小，为7.0°；在日本球员中，崛川未来梦的起飞角度最小，为7.8°。分析认为，日韩球员起飞角度较小的原因可能是实际杆面角度较小。在中国球员中，梁文冲的起飞角度最大，为13.4°；在日本球员中安秉勋的起飞角度最大，为13.0°；在韩国球员中，川村昌宏起飞角度最大，为16.3°。在国际上认为10°~13°为最佳起飞角度，我国球员起飞角度相对较大，这可能也是导致我国击球距离较近的原因之一。

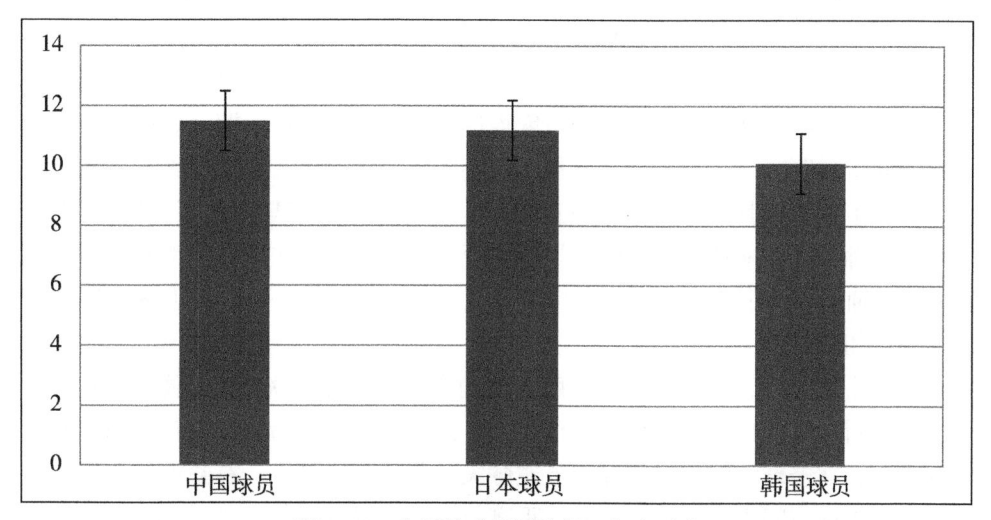

图4-61 中日韩球员平均起飞角度对比

研究发现，中外男子球员高尔夫一号木的挥速与起飞角度呈显著负相关，球速大小与起飞角度呈显著负相关，起飞角度与击球距离呈显著负相关。本研究发现挥速、球速与起飞角度之间的相关性，以及起飞角度与击球距离之间的相关性，我国球员起飞角度较大，但击球距离较近，反映了起飞角度与击球距离呈显著负相关，即起飞角度越大，击球距离越近我国球员平均挥速和球速较大，平均起飞角度也较大，未能反映出挥速和球速与起飞角度呈显著负相关，其原因可能是我国球员挥杆时重心转移，实际杆面角度受到影响。在后期训练中，我国球员可通过降低起飞角度来增加击球距离。

本章小结

①在准备时刻，我国球员肩转动角度较日韩球员向球的左侧转动更多，更有

利于完成击球动作，我国球员的左膝关节角度小于日韩球员左膝关节角度，在准备时刻右膝关节角度与起飞角度呈负相关。

②在上杆阶段，我国球员上杆用时小于日韩球员上杆用时，我国球员上杆节奏较快；我国球员在上杆阶段肩部转动不充分；球员在上杆7点钟髋转动角度和在上杆9点钟肩-髋相对转动角度与击球距离呈正相关；球员在上杆阶段右膝关节角度与起飞角度呈正相关；球员在上杆9点钟重心在x轴上移动距离与击球距离呈正相关，在上杆中期重心在y轴上移动距离与挥速和球速呈负相关；在上杆中期重心在z轴上移动距离与挥速呈正相关。

③在下杆阶段，球员下杆后期用时与挥速和球速呈负相关；在下杆各阶段，肩转动角度与挥速和球速呈正相关；下杆时我国球员未能发挥出髋转动的优势，导致击球距离减少；下杆各阶段肩-髋相对转动角度与挥速和击球距离呈正相关；在下杆阶段，中日韩球员左膝关节角度均逐渐增大；在下杆中期，右膝关节角度与挥速和击球距离呈正相关；在下杆10点钟重心在x轴上移动距离与挥速呈负相关，在下杆前期其与起飞角度呈正相关，在下杆阶段其与击球距离呈负相关；下杆8点钟重心在y轴上移动距离与击球距离呈负相关，在下杆中期和下杆后期重心在z轴上移动距离与挥速呈正相关，在下杆9点钟重心在z轴上移动距离与球速呈正相关。

④在击球瞬间，球员肩转动角度与挥速和球速呈正相关，肩-髋相对转动角度在击球瞬间与挥速和击球距离呈正相关；击球瞬间中日韩球员髋转动角度靠近目标方向；在击球瞬间，中日韩球员左膝关节角度差值较大，右膝关节角度差值较小；在击球瞬间重心在y轴上移动距离与挥速和球速呈负相关。

⑤中日韩球员随挥阶段用时与击球距离呈负相关；中日韩球员在随挥阶段肩转动角度差值较大；送杆3点钟髋转动角度与上杆12点钟重心在z轴上移动距离呈正相关；随挥结束时右膝关节角度与球速呈正相关；随挥结束时重心在x轴上移动距离与挥速和球速呈负相关。

⑥我国球员挥杆用时大于日韩球员挥杆用时，我国球员挥杆节奏较快；我国个别球员挥速较慢，且击球效率较低，起飞角度较大，使得我球员击球距离较近。

针对以上原因，提出如下建议：

①建议我国球员在准备时刻找到适合自身的肩转动角度，提高击球效率，同时通过减小准备时刻右膝关节角度，来降低起飞角度，从而增大击球距离。

②建议我国球员增大上杆用时，保证上杆时肩充分转动，增大上杆7点钟髋转动角度，减小右膝关节角度，增大上杆9点钟重心在x轴上向后移动距离，减小上杆阶段重心在y轴上向右移动距离，增大上杆中期重心在z轴上移动距离，

来增大挥速、球速,降低起飞角度,从而增大距离。

③建议我国球员减小下杆后期用时,增大下杆各阶段肩转动角度,发挥出髋转动的优势,增大下杆中期右膝关节角度,减小下杆阶段重心在 x 轴上向前移动距离,减小下杆 8 点钟重心在 y 轴上向左移动距离,从而增大击球距离,通过增大下杆中期和下杆后期重心在 z 轴上向上移动距离,从而增大挥速和球速。

④建议我国球员增大肩向目标方向转动角度,增大肩-髋相对转动角度,减小击球瞬间重心在 y 轴上向左移动距离,从而增大挥速和球速。

⑤我国球员挥杆技术水平各有优势,但为进一步提升开球质量,增大挥杆用时,保证个别球员提高挥速水平,增大球速,降低起飞角度,提高击球效率,从而增大击球距离。

REFERENCES 参考文献

[1] 顾跃，辜德宏，陈志辉. 韩国高尔夫球运动的崛起及对我国的启示［J］. 草业科学，2019，36（9）：2280-2291.

[2] 傅亮. 我国高尔夫职业化现状、问题及发展对策研究［D］. 北京：北京体育大学，2007.

[3] 吴亚初. 试论我国高尔夫运动的产业发展特征［J］. 中国体育科技，2004（3）：42-45.

[4] 李勇勤. 中国高尔夫职业巡回赛动态解析及其可持续发展策略选择研究［J］. 南京体育学院学报（社会科学版），2009，23（6）：113-116.

[5] 许沛冬，张晓波. 中国高尔夫赛事发展现状及趋势［J］. 体育文化导刊，2014（7）：79-82.

[6] 刘惠英，胡庆龙. 我国职业高尔夫运动的发展困境及对策思考［J］. 西安体育学院学报，2008（4）：46-49.

[7] 李洪梅，曹焕男. 我国高尔夫球职业赛事文化发展研究［J］. 文体用品与科技，2019（21）：75-76.

[8] Steven M. Nesbit, Ryan S. McGinnis. Kinetic Constrained Optimization of the Golf Swing Hub Path［J］. Journal of Sports Science and Medicine，2014（13）：859-873.

[9] 薛知奇. 青少年羽毛球运动员下肢肌等速收缩诱发疲劳前后 EMG 信号特征分析［D］. 武汉：武汉体育学院，2020.

[10] 李俊延. 两种核心力量训练动作模式下核心区肌肉表面肌电特征对比研究［D］. 北京：首都体育学院，2020.

[11] 张志明. 大学生高水平男子 100 米运动员全程跑过程中下肢肌电活动特征研究［D］. 长春：吉林大学，2018.

[12] 赵焕彬，李建设. 运动生物力学［M］. 北京：高等教育出版社，2008.

[13] 朱瑶佳，霍洪峰. 高尔夫不同球杆类型挥杆动作的肌电特征研究［J］. 天津体育学院学报，2022（2）：233-237.

[14] 张国杰，王泽峰，韩丽菲，等. 高尔夫球员不同体能训练方法肌肉工作特点比较分析［C］//中国体育科学学会、第十一届全国体育科学大会论文摘要汇编，2009：8026-8027.

[15] 尚明强. 职业与业余男子高尔夫球手全挥杆表面肌电活动特征的对比分析［D］. 天津：天津体育学院，2020.

[16] 朱红. 高尔夫不同类型杆全挥杆动作中下肢的生物力学特征分析［D］. 长春：东北师范大学，2021.

[17] David W. Meister, Amy L. Ladd, Erin E. Butler, et al. Rotational Biomechanics of the Elite Golf Swing: Benchmarks for Amateurs [J]. Journal of Applied Biomechanics, 2011 (4): 223-230.

[18] 王德志. 我国高尔夫球手挥杆技术运动学特征的研究分析 [D]. 北京: 北京体育大学, 2010.

[19] 朱黎明, 钟璧蔚, 李晓峰, 等. 优秀高尔夫球手全挥杆技术运动学特征研究 [J]. 广州体育学院学报, 2018 (1): 90-93.

[20] 李淑媛. 高尔夫球手全挥杆技术特征及其相关身体素质特征的研究 [D]. 北京: 北京体育大学, 2012.

[21] 董汉滨. 两种不同高尔夫挥杆模式的生物力学特征对比研究 [D]. 长春: 东北师范大学, 2021.

[22] Meister D W, Ladd A L, Butler E E, et al. Rotational biomechanics of the elite golf swing: Benchmarks for amateurs [J]. Journal of applied biomechanics, 2011, 27 (3): 242-251.

[23] Vanessa Mac Kinnon. Gender Differences in Golf Swing Technique from the Perspective of LPGA Professionals [J]. International Journal of Sport & Society, 2013 (3): 1-11.

[24] Dong Jun Sung, Seung Jun Park, Sojung Kim, et al. Effects of core and non-dominant arm strength training on drive distance in elite golfers [J]. Journal of Sport and Health Science 2016 (5): 219-225.

[25] Nils F. Betzler, Stuart A. Monk, Eric S. Wallace, et al. Variability in club head presentation characteristics and ball impact loaction for golfers' drives [J]. Journal of Sports Sciences, 2012 (2): 231-236.

[26] Jiann-Jyh Wang, Pei-Feng Yang, Wei-Hua Bo, et al. Determine an effective golf swing by swing speed and impact precision tests [J]. Journal of Sport and Health Science, 2015 (4): 244-249.

[27] Steven M. Nesbit, Ryan S. McGinnis. Kinetic Constrained Optimization of the Golf Swing Hub Path [J]. Journal of Sports Science and Medicine, 2014 (13): 859-873.

[28] 毕志远, 王泽峰, 何文捷, 等. 国家女子高尔夫球队选手全挥杆技术生物力学分析 [J]. 中国体育科技, 2021, 57 (11): 20-29.

[29] Cole M H, Grimshaw P N. The X-factor and its relationship to golfing performance [J]. Journal of Quantitative Analysis in Sports, 2009, 5 (1).

[30] Ball K A, Best R J. Different centre of pressure patterns within the golf stroke I: Cluster analysis [J]. Journal of sports sciences, 2007, 25 (7): 757-770.

[31] Beak S H, Choi A, Choi S W, et al. Upper torso and pelvis linear velocity during the downswing of elite golfers [J]. Biomedical engineering online, 2013, 12 (1): 1-12.

[32] Kwon Y H, Han K H, Como C, et al. Validity of the X-factor computation methods and relationship between the X-factor parameters and club head velocity in skilled golfer [J]. Sports Biomechanics, 2013, 12 (3): 231-246.

[33] Nils F. Betzler, Stuart A. Monk, Eric S. Wallace, et al. Variability in club head presentation characteristics and ball impactloaction for golfers' drives [J]. Journal of Sports Sciences, 2012 (2): 231-236.

[34] David W. Meister, Amy L. Ladd, Erin E. Butler, et al. Rotational Biomechanics of the Elite Golf Swing: Benchmarks for Amateurs [J]. Journal of Applied Biomechanics, 2011 (4): 223-230.

[35] Villene Alderslade, Lynette C. Crous, Quinette A. LOUN. Correlation between Passive and Dynamic Range of Rotation in Lead and Trail Hips During a Golf Swing [J]. South African Journal for Research in Sport, Physical Education and Recreation, 2015, 37 (3): 15-28.

[36] David M Lindsay, Theo H Versteegh, Anthony A Vandervoort. Injury Prevention: Avoiding One of Golf's More Painful Hazards [J]. International Journal of Sports Science &Coaching, 2009, 20 (1): 129-148.

[37] David F. Wright. Weight Transfer, Golf Swing Theory and Coaching [J]. ARGC, 2008 (1): 69-70.

[38] Hume P. A., Keogh J., Reid, D. The Role of Biomechanics in Maximising Distance and Accuracy of Golf Shots [J]. Sports Med, 2005, 35 (5): 429-449.

[39] Jiann-Jyh Wang, Pei-Feng Yang, Wei-Hua Bo, et al. Determine an effective golf swing by swing speed and impact precision tests [J]. Journal of Sport and Health Science, 2015 (4): 244-249.

[40] Meister D W, Ladd A L, Butler E E, et al. Rotational biomechanics of the elite golf swing: Benchmarks for amateurs [J]. J Appl Biomech, 2011, 27 (3): 242-251.

[41] 李淑媛, 罗冬梅, 周兴龙. 高尔夫球员全挥一号木杆技术动作运动学分析 [J]. 北京体育大学学报, 2013 (6): 131-135.

[42] 毕志远, 王泽峰, 何文捷, 等. 国家女子高尔夫球队选手全挥杆技术生物力学分析 [J]. 中国体育科技, 2021, 57 (11): 20-29.

[43] 徐华雨. 国内外优秀男子高尔夫球员一号木杆挥杆技术运动学分析 [D]. 北京: 首都体育学院, 2021.

[44] 赵紫龙, 王泽峰, 展更豪. 我国高尔夫球奥运选手与世界优秀选手一号木数据对比分析 [J]. 河北体育学院学报, 2020, 34 (6): 85-90.

[45] 徐华雨, 王泽峰, 朱鹏岳, 等. 世界优秀女子高尔夫球员准备姿势对挥杆技术的影响研究 [J]. 河北体育学院学报, 2020, 34 (4): 19-23.

[46] 吴淑元. 中、韩优秀女子高尔夫球员一号木全挥杆技术动作比较研究 [D]. 北京: 首都体育学院, 2022.

[47] 吴淑元, 展更豪, 赵紫龙, 等. 髋部旋转对我国优秀女子高尔夫球员一号木开球距离的影响 [C] //中国体育科学学会运动生物力学分会. 第二十二届全国运动生物力学学术交流大会论文摘要集, 2022: 77-78.

[48] 赵紫龙, 韩丽菲, 崔岩, 等. 高尔夫铁杆全挥杆技术生物力学研究 [C] //中国体育科学

学会运动生物力学分会.第二十二届全国运动生物力学学术交流大会论文摘要集,2022:655-656.

[49] 李淑媛,罗冬梅,周兴龙.高尔夫球员全挥一号木杆技术动作运动学分析[J].北京体育大学学报,2013(6):131-135.

[50] 车旭升,金春光.高尔夫木杆挥杆技术动作的运动力学分析[J].河北体育学院学报,2012(4):41-45.

[51] N. Zheng, S. Barrentine, G. Fleisig, J. Andrews. Swing Kinematics for Male and Female Pro Golfers [J]. Int J Sports Med, 2008, 29 (12).

[52] 王泽峰,毕志远,展更豪,等.我国与世界优秀男子职业高尔夫球员一号木挥杆技术的运动学比较研究[C]//中国体育科学学会运动生物力学分会.第二十二届全国运动生物力学学术交流大会论文摘要集,2022:45-47.

[53] 朱黎明,钟璧蔚,李晓峰,等.优秀高尔夫球手全挥杆技术运动学特征研究[J].广州体育学院学报,2018(1):90-93.

[54] Zhang X, Shan G. Where do golf driver swings go wrong? Factors influencing driver swing consistency [J]. Scandinavian Jouranl of Medicine Science in Sports, 2014, 24 (5):749-757.

[55] 朱红.高尔夫不同类型杆全挥杆动作中下肢的生物力学特征分析[D].长春:东北师范大学,2021(3).

[56] 钟璧蔚,朱进虎,张剑,等.高尔夫铁杆击球时骨盆位置对击球瞬间的影响研究[J].体育世界(学术版),2019(9):19-21.

[57] 张方同,周兴龙.对高尔夫挥杆技术动作左足底的力学参数研究[C]//中国体育科学学会运动生物力学分会.第十五届全国运动生物力学学术交流大会(CABS2012)论文摘要汇编,2012:1.

[58] 石晓苏.不同训练水平男子高尔夫专业学生挥杆动作中下肢关节的运动学分析[C]//中国体育科学学会运动生物力学分会.第十八届全国运动生物力学学术交流大会(CABS 2016)论文集,2016:1.

[59] 朱红.高尔夫不同类型杆全挥杆动作中下肢的生物力学特征分析[D].长春:东北师范大学,2021(3).

[60] 于术君.站位宽度和膝关节弯曲角度对高尔夫长距离推杆影响的研究[D].长春:东北师范大学,2018.

[61] 孙胜.职业高尔夫球运动员推杆技术动作的运动学分析[J].中国体育科技,2012,48(1):86-88.